U0846299

BLACK SWAN 黑天鹅图书

为 人 生 提 供 领 跑 世 界 的 力 量

BLACK SWAN

THE 50 LIST

a father's heartfelt message
to his daughter

好爸爸能做到

我与女儿的50个约定

[英] 奈杰尔·霍兰德◎著
刘静◎译

中国華僑出版社

图书在版编目（CIP）数据

好爸爸能做到 /（英）霍兰德著；刘静译. —北京：中国华侨出版社，2014.4

ISBN 978-7-5113-4552-3

Ⅰ.①好… Ⅱ.①霍… ②刘… Ⅲ.①家庭教育 Ⅳ.①G78

中国版本图书馆CIP数据核字（2014）第074789号

THE 50 LIST by Nigel Holland
Originally published in the English language by HarperCollins Publishers Ltd. under the title THE 50 LIST:-A Father's Heartfelt Message to his Daughter: Anything Is Possible

版权登记号 图字01-2014-1767

好爸爸能做到

著　　者：[英]奈杰尔·霍兰德
译　　者：刘　静
出 版 人：方　鸣
责任编辑：付改兰
装帧设计：红杉林文化
经　　销：新华书店
开　　本：710mm×1000mm　1/16　印张：18　字数：230千字
印　　刷：北京慧美印刷有限公司
版　　次：2014年7月第1版　2014年7月第1次印刷
书　　号：ISBN 978-7-5113-4552-3
定　　价：36.80元

中国华侨出版社　北京市朝阳区静安里26号通成达大厦3层　邮编：100028
法律顾问：陈鹰律师事务所
发 行 部：（010）82068999　传真：（010）82069000
网　　址：www.oveaschin.com
E-mail：oveaschin@sina.com

★★★

致我亲爱的妻子丽萨，以及我亲爱的孩子马特、艾米、埃莉：正因为你们的陪伴，我才拥有无所畏惧的勇气。

同样感谢我的哥哥们，马克和盖里，还有我的妹妹妮可拉：你们的爱和支持对我来说意味着一切。

最后，亲爱的父亲、母亲：感谢你们为我做的一切。

所有人都做梦，但是却不尽相同。那些晚上做梦的人白天醒来，会发现这些梦是虚无的。但是那些白天做梦的人却是非常危险的，因为他们会行动起来，让自己的梦变成现实。

——托马斯·劳伦斯

目录
THE 50 LIST

前言

THE 50 LIST

正如天下所有的父母一样，我也想要给我的孩子最好的。我希望他们能有安全感、有信心，希望他们在成长的过程中，不论遇到何种困难，都能够不断地去挑战人生、探索人生、享受人生。我和我的妻子育有三个可爱的孩子，他们让我非常自豪。老大马特（15岁）和老二艾米（13岁）从小就开始承担他们的同龄人不必承担的责任。和孩子们一起踢足球、骑自行车等活动在其他父亲看来都是再平常不过的了，可是对于身体残疾、坐在轮椅上的我来说却可望而不可即。然而，孩子们对我的理解使我们之间形成了一种独特的关系：亲密、关爱，最重要的是，愉悦。两个孩子从小就学着更多地去关心别人、体贴别人，比同龄人更懂得设身处地为别人着想。

10年前，我的妻子丽萨，生下了我们的小女儿埃莉。埃莉和我一样，被确诊患有腓骨肌萎缩症，又称为“新型遗传性运动感觉神经病变”，其实际症状就是下半身肌肉萎缩。如今我已经无法行走，手部力量也很弱，从而限制了我行动的灵敏性。埃莉眼下还可以行走，但是她的步伐已经受到了影响。2010年，由于肌腱将双脚内拉，埃莉不得不接受腿部手术来加强其脚踝的力量。这种疾病对不同的人会有不同的影响。

我和我的妻子都希望埃莉能和她的哥哥姐姐一样快乐成长，我们也知道，她在成长过程中将面临很多问题，但是我们想让她明白的是，这些问题都是可以克服的。回首过去，我做过很多在旁人看来超出我能力范围的疯狂大胆之事：滑水、4×4越野赛、卡丁车比赛、滑翔、潜水等。20世纪80年代的时候，我甚至在乐队中当过鼓手，表演的激情不亚于莱斯特广场上马戏团的表演。2010年，我驾驶着福特野马赛车参加了全国赛车锦标赛。从来没有任何事情可以阻碍我去实现自己的梦想，所以我也希望埃莉明白，她的潜力是无限的。我不仅要告诉她，勇于尝试是没有错的，更重要的是要让她知道，如果不去尝试，她就永远都不知道自己的潜力有多大。

然而，就在不久之前的某一天，我突然看到了一句名言，一句大家都耳熟能详的名言——“行胜于言”。那一刻，我知道我该怎么做了，我不能仅仅通过语言来告诉埃莉，我要用行动向她证明。

奈杰尔·霍兰德

2012年12月

2011年9月

“爸爸，”埃莉对我说，“你疯了。”

“呵呵，这你早就应该知道啊。”我笑着说道，同时看着她手里拿着一张纸，一副不解的表情。那张纸就是我列出的清单，上面写着在接下来的几个月里我打算去做的各种疯狂的事情。如果你们能看到埃莉脸上当时的那种表情，就会知道这些事情究竟有多么疯狂了。

“我是知道啊，爸爸，”她说，“但是这个清单太长了。你怎么能在一年之内把这上面所有的事情都做完呢？”

“我要做的还不止这些呢，”我纠正说道，“因为这个清单还没有列完呢。你要是有什么好的想法可以提出来，我再加上。”

她又低头研究这个清单，用纤细的食指从头顺到尾。那实际上是两个列表，一组标注着“极其困难”，另一组标注着“其他”。埃莉指着“极其困难”那栏下的一个项目，问道：

“这是什么？”

“悠波球？”我看了看，说道，“哦，那是件非常有趣的事情。就是坐在一个很大的弹力球里面，从山坡上滚下来。”

她好像听懂了，但是脸上那种不解的表情并没有消失。我努力跟埃莉解释说，我这么做的主要原因就是要鼓励她，但是埃莉对此理解起来还是有困难，也就是说她并不能对此有一个全面的认识。不过，也许她也并不需要理解，至少现在不需要。我只希望她能感受到其中的乐趣，拥有一种“我能行”而不是“我不行”的积极心态，对我来说，这就足够了。不过，“悠波球”，也许埃莉说对了，我真的是疯了。

那是9月末的一个下午，雾蒙蒙的太阳快要下山了，我们一起讨论我提出的这个想法：列一张包含50个挑战的清单，在一年之内完成这些挑战，以此来证明：（1）一个人只要下决心努力地去做一件事，就一定能成功；（2）进入50岁之后并不意味着步入了碌碌无为的老年生活。这个想法一开始听起来宏伟极了，可现在却让我看起来像个疯子。

我之所以会产生这样的想法，是因为几周前，一个同事偶然提起我马上来临的50岁生日。他说，50岁是人生中尤其让人感觉压抑的一个转折点，它意味着一个人年轻不再，开始步入老年。而我，对此并没有做好心理准备。“那又怎么样呢？”我反驳道，并不知道自己已经中了对方的激将法，“年龄上的增长我并不介意，但是我可不会让自己的心变老。”之后这种想法——这种心态——就一直挥之不去，最终在我心里生根、发芽。起初一时兴起的想法不知怎地就演变成了一个周密详尽的计划，一个向我自己、我的孩子——尤其是我“残疾”的小女儿证明人生是可以挑战的计划。

“好吧，”我对埃莉说，“你也想想有什么要征服的挑战。”她若有所思地咬着下嘴唇，想了想，最后说道：“嗯，从高楼上跳下来怎么样？”我很肯定她当时只是在开玩笑。这点很好——因为能成为孩子心目中的超级英雄——但是她的这个挑战是不可行的，即使对我来说也是如此。我说的是真的。

“那么，飞行怎么样？”她说。

“什么？你是说乘坐飞机飞行吗？”

“不是，”她一本正经地解释说，“就像超人那样飞行！”我真蠢，我早就应该料到这一点的。她当然是说像超人那样飞行。我就是她的超人，就像我的父亲曾经是我的超人一样。

我父亲去世差不多有30年了，我的人生也过了大半辈子了。而我却仍然无法相信父亲再也回不来了这个事实。

“唉，”我对埃莉说，“这个有点难度，因为我没有能穿在裤子外面的红色内裤。”她知道我是在逗她，脸上马上露出一副不情愿的表情。“哎哟，”我说，“可是你先挑起的哦。你想怎么样呢？不过我也算是能飞行，”说着我指向自己已经在清单上添加的一个项目，“室内跳伞运动。这跟飞行差不多。”

“什么？你可以飞行？”她这回看起来很佩服的样子，“真的吗？不用借助绳子什么的？”

“不用借助绳子或其他任何东西，靠的是空气。”我想解释一下其中的原理，但是不确定她到底能不能理解。“来来来，”我说，“还有别的吗？再想想——如果你要挑战一下自己，还有什么想做的？”

“放风筝，”她非常肯定地说道，“我想要放风筝——大大的，粉红色的风筝。嗨，爸爸！”

“怎么了？”

“我替你想到了一个绝妙的主意。把你的头发染成粉红色的！”这个突如其来的想法让她兴奋不已，两眼发光。不过对我来说，这可不那么激动人心。

“好——吧，”我慢吞吞地说，“这一项可以列在‘备选’那一栏下面。”埃莉摇了摇头说：“不能放在‘备选’下面，你得跟我保证一定会做。”

我想重新整理一下思路。我到底该怎么做到这件事情？我的本意是想通过挑战这些项目来鼓舞其他人，包括埃莉在内，而不是为了打赌，把自己弄得像个彻头彻尾的傻瓜。

“我没办法保证，”我说，“我可能没有时间做完这么多事情，是不是？”

“但是如果你有时间的话……”

“那我把它列在‘备选’一栏下面怎么样？”我提议道。无论如何，我还是要满足“客户”的要求。我在清单的最下面写上“备选项”，然后在下面接着记上“把头发染成粉红色”。她脸上的表情表明，这种做法让她稍微得到了些许安慰。“还有别的吗？”我问道，试着转移她的注意力，虽然有点儿冒险，但是没关系。

“拼图怎么样？”她提议说。

“七巧板拼图？太棒了，埃莉，”我拾起铅笔，说道，“这真是个很棒的主意。不过当然，你一定得帮我。”我扭动着自己的手指，我猜，它们此时一定因为我刚给它们揽下的这桩重活儿而责骂我呢。

“我当然会帮你的，”她说，“我可是拼图高手。”

“好吧，”说着我把这个项目添加在清单上，“我们要玩多大的拼图？”

“5000块儿的。”她毫不犹豫地说道，“你的手指能受得了吧，爸爸？”

“没问题。”我告诉我的女儿说，而且在那一刻，我自己也相信这句话。

我疯了，就像埃莉之前说的那样。

2011年11月

2011年11月11日

有多少挑战有待于我去征服？50项。

有多少次连我自己都不知道被什么所羁绊？不计其数。

如今，既然我已经决定要这样做，那么就无路可退了。其实，我知道，严格说来，我还并没有迈出第一步——到目前为止，我的计划还仅仅是个雏形。但是有了这个想法之后，我意识到，能够下定决心去应对这些挑战，这种行为本身就是一种挑战。默默地对自己说“我能行”需要勇气，敢于在众人面前说“我能行”则需要更大的勇气，而当你为之付出这一切的那个人正是你生命中最珍爱的人之一时，你需要的则是百倍的勇气。

结果，在挑战自我的这个问题上，命运跟我开了一个天大的玩笑。就在我提出这个想法，并且和埃莉兴致勃勃地探讨了一番的两周后，命运就给我安排了一个挑战，而且还是一个不小的挑战，对我这个年纪的人来说，算得上是一个巨大的挑战。因为，在网页设计这一行无忧无虑地干了13年之后，我突然下岗了。

坐在那间由我的书房改造而成的“办公室”里，我审视着自己眼下面临的这种激动人心的人生新局面。这时，我想起了喜剧演员魔术师汤米·库伯，我笑了，因为他那句著名的终场词：“没想到吧？”我下岗了，真的没有想到。虽然我早就应该预料到会有这种结果并为此做好心理准备，可我还是感到有些出乎意料。同时，我也不禁在想，这一切都太巧了。也许命运是在帮我的忙，因为现在真的没有什么能阻挡我实施我的计划了。如今我有大把大把的时间，没有任何退缩的借口。而且我还调整了挑战清单上的内容，去掉了“尝试失重飞行”这一项，改为“工作上东山再起”。这也是合情合理的，因为失重飞行成本太高了，尤其是对一个突然失业，还要养家糊口、偿还贷款的男人来说，更是负担不起了。

但是，我确实很喜欢我之前的工作。近几年，在我的公司被一家美国公司收购了之后，员工工作热情降低，人心惶惶，生意也不太景气。尽管如此，在这个时候下岗，从某种程度上来说，对我仍然是一个巨大的打击。因为在任职的最后几个月里，我遇到了一个很有能力的上司（虽然大部分时间我都是在家里办公，无法参与到办公室闲谈中去，感觉有些脱离群体），这让我燃起了久违的工作热情。如今，这一切都结束了，我难免会感到失落。

当然，还有一个更大的问题：我该拿什么来还贷款？一个简单的办法就是，凭着我的技能，再出去找一份工作。但是之前就在我心里蠢蠢欲动的一个想法此时变得更加强烈：我应该利用这个机会自己创业。机不可失，时不再来，而我当然不想错过这个机会。眼下我面临的状况就是——要么破釜沉舟，要么坐以待毙。这是一个既振奋人心又惊悚可怕的选择。相比之下，报名参加银石赛道半程马拉松就不再是令人却步的事情了。之前，我感觉这是所有挑战当中最艰巨的任务之一——坐着轮椅跑完13英里[1]，而且还需要进行训练。可是一想起我刚刚在“事业的悬崖峭壁上”进行的这一跳（我希望是腾飞的跳跃，而不是坠落悬崖的一跃），半程马拉松突然就变得“实际可行”了，因为毕竟这是我能控制得了的事情。

当我坐在电脑前填写网上报名表的时候，眼前浮现出我父母的模样。很可惜，我没有很多他们两人的合照，大多数都是用老式照相机拍下的黑白个人照片，而且由于年代久远，已经有些破损了。没有一张离现在比较近的照片，也没有很多两个人恩爱甜蜜的照片。如果上天能满足我一个愿望，我想让他们回到我的身边，看着我去完成这些挑战。我想，不管到了多少岁，这种感觉，我都不会消失。

★★★★★★★★★★★★★★★

家族逸事往往都是不可信的，但是家里人对我“总是喜欢隆重登场”这一评价，我还是有几分相信的。因为据家里人说，在1962年12月8日那一天，当我终于在母亲的肚子里按捺不住，想要来到这个世界上的时候，我的母亲正忙着为不少于12位客人准备晚餐。

也许由于我是位男性，无法感同身受，但是在我看来，怀着孕还要招待客人，这的确是种很大胆的举动，尤其是在即将临盆的时候，更是不可思议。我不知道当时那场晚宴和那些客人怎么样了，我所知道的就是几个小时之后，我来到了这个世界，在伍斯特的灌木山医院呱呱坠地，当时全家刚刚跟着父亲匆忙搬到了伍斯特。家里人还说——这次绝对百分之百可信——我是被晚宴上烤牛肉那令人无法抗拒的美味吸引到这个世界上来的。

[1] 1英里约等于1.61千米。

我是家里三个男孩中最小的一个（也许这就是为什么面对十多个饥肠辘辘的客人，我的母亲仍然能够如此淡定），当时我的大哥马克6岁，二哥盖里4岁。但是我的特权地位并没有保持太长时间。在我刚满两岁的时候，小妹妹妮可拉的降生彻底打乱了我的生活秩序。

其实，妮可拉的到来并不仅仅是打乱了我的生活秩序。父亲和母亲之前并没有打算要第四个孩子，因此妮可拉一直被他们认为是“上帝赐予的惊喜”，但是对我们兄弟三人来说可并不是这样的。我们本来想养一只狗，而且父亲和母亲也承诺会给我们一只狗。好吧，即使不是严格意义上的承诺，至少是让我们相信，这件事情不是绝对没有可能的。因此在母亲怀孕期间，我们三兄弟一直闷闷不乐（拿我来说吧，也许当时我一直希望生出来的能是一只小狗），据母亲回忆说，在她怀孕的前6个月里，我们一直要求把这个孩子命名为“路虎”。

“幸亏你是个女孩儿，”我记得母亲后来跟妹妹说，“不然你可能真的就被叫作‘路虎’了。”在我出生的时候，我们全家人住在伍斯特不列颠尼亚广场上的一栋房子里。如今，我对这栋房子只有零星几个片段的记忆。房子很高，有三层，被刷成亮白色。当时在我看来，这栋房子，也就是我们的家庭住所，非常宏伟。当然，那时我还小，只是从孩子的角度来看，也许事实上根本就谈不上宏伟。

可是不管怎样，那是我的家，是我幸福的家。尽管对它的记忆只剩下零星的片段，我还是记得那个发条老鼠玩具。有一次，我给它上足了发条，它一下子冲了出去，掉进了我的尿壶里——当时我刚刚在尿壶里撒了一泡尿。而且我还清楚地记得，父亲爬上屋顶，修理松动的盖瓦。父亲是个“全面能手”——建筑工，装饰工，同时还是个巴士司机。我仍然能记得自己抬起头——看着父亲高高在上，在我头顶上修葺屋顶时——那种崇拜的感觉。

不过，那时候父亲做的每一件事都让我感觉不可思议。我还记得和母亲、哥哥、妹妹一起沿街走着，看着一辆双层巴士从我们身边经过，开进车站。接着我们就跟上这辆双层巴士，因为母亲要把准备好的午饭给父亲送去。我仍然记得看着父亲从那辆双层巴士的驾驶座上下来，我有多么自豪。

我们没有在伍斯特待太长时间。家里人都说，我父亲什么车都会开——小汽车、巴士、长途公车、卡车、大型拖车。只要有车轱辘和发动机，我父亲就没问题。于是，妹妹出生不久之后，考虑到家庭成员的增加与日常开支的增大，父亲就另找了一份薪水更高的工作，在希思罗机场为英国欧洲航空公司开车。

我们搬进了位于海斯和哈灵顿的一栋巨大的半独立式住宅，这样方便父亲在附近的机场工作。不过房子年代久远，需要装修一下，当然这项工作就由父亲来负责。这样，我再一次对父亲产生了无比的崇拜之情，似乎在他面前，任何事情都可以迎刃而解。换门窗，做家具，刷墙壁，围篱笆：父亲似乎每天都忙忙碌碌的。同时，我们这些孩子们就在花园里玩儿。那里有一个家庭防空洞，是第二次世界大战时期遗留下来的，尽管早就被泥沙给塞满了，但还是成了我们的神奇乐园：在长满青草的土堆上打滚儿，骑自行车从小坡儿上俯冲下来，或者把它融入任何我们能够想象出来的游戏当中。

★★★★★★★★★★★★★★★

既然已经把银石赛道半程马拉松的报名表提交上去了，就不能临阵退缩了，即使可以临时退出，我还是决定要把自己的后路封死，于是就在脸谱网上宣布我要参赛，彻底断了退缩的念头。这就像是你大张旗鼓地告诉自己的朋友说，“我决定要戒烟”，之后就无论如何都不能反悔了。

尽管我第一时间将自己的计划公之于众，可一想到自己真的要去跑半程马拉松，心里还真是没有底气。但是为了守信用，我必须打起精神，迎难而上。所以我必须开始着手训练，而随之而来的不仅仅是体能训练，还必须要培养自己的自律精神和献身精神。而对于比赛本身，我究竟要如何去准备，还真是毫无头绪。我只能对自己说：抓紧时间，全力以赴。

2011年12月

2011年12月6日

圣诞节之前还有多少个购物日？19天。

距离我的49岁生日还有多少天？3天。

也就是，距离我的50岁生日还有多少天？368天。

因此，平均每天要完成多少项挑战？0.137741个。

而实际上平均每天完成多少项挑战？0.000000个。

不过，我一直在忙着训练，对吧？说实话，我刚刚绕着镇上训练了5英里。而且我把励志口号都想好了，就叫作：只要能环行威灵堡，我就所向无敌了（当然，银石赛道半程马拉松也不在话下）。当然，这个口号没有“纽约，纽约”那么朗朗上口，但是我相信这句话是真的。

很显然，最重要的是要有积极性。眼看着目前的这种天气，很可能在圣诞节之前，我都没有机会到户外训练了。所以之前训练的这5英里让我感觉很欣慰。说实话，半程马拉松是13英里而不是5英里，但是单从路况上来看，都是一样的。坑坑洼洼的路面，破碎的路边石，更不用说众多随意停放的车辆，仅仅是与车主们商量，请他们让路，本身就是一个巨大的挑战。同时，这样崎岖不平的路面对坐在轮椅上的我来说，双臂会非常累。因此，考虑到以上所有的状况（坐在轮椅上，我有足够的时间来考虑），在平整的跑道上跑13英里，如今已经不足以让我感到惧怕。

我在Skype上与我住在德国法兰克福市郊的哥哥盖里视频通话。他在学校里研究过健身运动，而且现在仍然是壁球高手，因此由他来指导并鼓励我的训练进程是再好不过的了。盖里让我吃碳水化合物含量高的食物，保持积极的精神状态，而且在比赛之前的这段时间里要彻底戒酒。所以到3月份比赛结束之后，我的第一个冲动就是想痛饮一大瓶啤酒。

2011年12月10日

来到这个世界多少年了？49年。每天我都感觉很年轻（训练之后的副作用——比如，肌肉酸痛）。

已经完成多少挑战？这个嘛……还没有怎么着手做。

不过，喝了多少瓶优质梅鹿汁？1瓶。

昨天，我度过了自己的49岁生日，而我脑子里想得最多的事情是，这下我只有364天去完成这50个挑战了。我的生日过得不错——不过我们另外给它起了个名字。当我和丽萨在贝克沃思花园商场共享圣诞午餐（真的很不错，餐厅很棒）的时候，我们决定把这次庆祝活动称作“曼提斯网络员工圣诞聚会”，“曼提斯”是我给自己的新公司起的名字。这当然给了我们一个放纵的机会，不过我们俩都没有做出什么疯狂的举动。

尽管圣诞节不能提前庆祝，但是在我的生日过去之后，节日的气氛也越来越浓了。可我和丽萨还是不知道给孩子们买什么礼物。我的裁员费已经都用来支付贷款了，手头并不宽裕，所以今年的圣诞节不得不节俭一点了。但我并不觉得这是件坏事。也许简单一点儿反而更好，就像我小时候的圣诞节一样，只有3个电视节目频道，没有全天24小时的庆祝活动安排，那时候脏兮兮又发黄的雪球不是用来朝你伙伴儿们身上扔的，而是母亲们取饮用水的来源，反正我母亲是这么干的。尽管如此，我还是会时不时地想起以前的圣诞节，希望如今的圣诞节能多有些过去的味道。

★★★★★★★★★★★★★★★

尽管与今天节日时的奢侈相比，过去我们在物质上非常匮乏，但是那时候的我们仍然感觉非常富足。那时在圣诞节的时候，为了表示感谢，父亲每年都会送给清洁工人们一箱棕色爱尔啤酒，而且饮料橱（其实就是餐具柜）里所有的饮料都会被摆出来，装饰得就像婚宴上的自助吧台一样。那时候卧室里会贴满彩带，圣诞树上也会挂满闪闪发光的金属箔片，当然，圣诞树绝对是货真价实的树。

这话现在听起来可能有些陈词滥调了，但是我们所有人的袜子里都能装满金橘、巧克力（当然是非常有节日气息的巧克力——金币巧克力或者是小猫形状的瑞士莲巧克力）、扑克牌或者是一些小玩具。我记得有一年我得到了一个悠悠球，却根本不知道该怎么玩儿，所以只能在头顶上抡来抡去，差一点儿砸坏家里的灯饰。

礼物分发完之后——这简直就是一场军事演习，四大堆礼物，四个迫不及待的小孩子，然后就是疯抢一气——我们这些孩子就陪着父亲，像快递员一样去给亲戚们送礼物，与此同时，母亲在家准备午餐。母亲做菜的手艺特别棒，能做出世界上最好吃的洋葱面包酱，无人能比。在我们霍兰德家，圣诞节能喝到的最好的酒就是“百美”——这种穷人家的香槟酒是用苹果酒制成的，喝起来感觉特别高雅——或者说本应该会特别高雅，如果父亲没闹出那次糗事的话。那次父亲拔酒瓶的木塞子时用力过猛，木塞飞了出去，急速飞向天花板，弹了回来，一下子打翻了酱油瓶，结果大半瓶酱油全都洒到哥哥马克身上了。在那之后，每次父亲开酒瓶的时候，我们就特别紧张。

吃过午饭之后，也许是由于喝了“百美”酒的缘故，母亲开始给我们讲她那一年一度的圣诞节笑话。说实话，那些笑话实在没什么新意，但是为了烘托节日气氛，我们每次都特别捧场。

母亲说：“当老鼠跑过象鼻子的时候，大象会怎么说？”

我们会说：“不知道。当老鼠跑过象鼻子的时候，大象会怎么说？”

母亲用拇指和食指捏着鼻子，尖声尖气地说道：“哼哼！你觉得这很好笑是不是！”

你们猜对了，这时候就必须得捧场。

尽管我的童年有这么多快乐的回忆，但也并不意味着没有烦恼。虽然我自己并没有意识到问题的出现，我的父母却发现了。大概是在我三四岁的时候，父母发觉我的脚趾头不太正常。每次在穿威灵顿长筒靴的时候，我的脚趾头都蜷缩在一起。穿普通的鞋子或拖鞋都是没有问题的，但是要穿进威灵顿长筒靴的时候，脚必须要摆成一个特定的角度，而这对我来说就有难度。穿进去之后，我自己没办法把脚趾伸开。我父母还发现，我走路时的步伐也不太自然。如今想起来，我会把当时自己走路的方式称为“满心希望”式，因为我不是自然地迈出小腿，而是将小腿轻弹出去，希望脚跟能比脚趾先着地。如果顺序恰巧相反的话（随着我年龄的增长，这种概率越来越大），结果就是俯身摔倒，让人十分难堪。当然，那时候我不知道这让父母多么担忧。我的脚趾发挥了作用，我的步伐也就是这样，我自己并不为此感到沮丧。我只要去适应就好了。但毕竟，我还只是个小孩子，什么都不懂。而且，我脑子里琢磨的另有其事。父母刚开始为了寻求自我安慰，说我的这些问题都是成长过程中正常的反应，与此同时，我关心的则是另一件成长过程中必经的事情：我已经长大了，我想要去上学了。当时我的两个哥哥已经上学了，我也迫不及待地想要加入他们。我可不想整天待在家里陪着小妹妹，我想要跟哥哥们在一起。终于有一天早上，我哥哥盖里宣布我可以上学了，当时我那股兴奋劲儿简直是无法言喻。可是我的希望注定是要落空的。第一件扫兴的事情就是，我们一到学校，就被告知我不能像之前预期的那样和哥哥们一起待在小学，我得去其他的地方——唉，和哥哥们隔着一个大操场的距离——因为，按我的年龄，我显然只能跟那些小屁孩儿一起玩儿。第二件扫兴的事情是，母亲一离开，我的信心也随之消散。几个小时之后，之前的那种昂扬斗志已经荡然无存了。我感到焦虑、孤独、不知所措。不过，后来我发现，出乎意料的是，在这里交朋友是件非常简单的事情，似乎只要简单地寒暄几句就行。

“这是你第一天上学吗？”一个男孩儿说。

“是的。”我嗫嚅道。

“好吧，想要一起踢足球吗？”

就这么简单。

最妙的地方在于这招儿似乎对所有人都有用（当然，女孩儿们除外）。只要跟某个人一起踢踢球，你就能交到“一辈子”的好朋友，或者就只是在上课铃响之前这段时间里的好朋友，因为在一个4岁孩子的概念当中，这已经是一段很长的时间了。但是我脚趾蜷缩的问题并没有消失，反而开始影响我上学穿衣服的速度了。我穿衣服时慢腾腾的样子，让母亲开始怀疑，我是不是因为不想上学而故意拖延时间。事实恰好相反，我特别喜欢上学。但是很显然，身体上的问题给我带来越来越大的困难。而我仍然没有意识到自己的问题，反而是我的父母越来越担忧。他们最担心的就是我走路的步态。我走路的姿势和哥哥妹妹的都不一样，大家都不知道这是为什么——而且随着时间的推移，这个问题并没有得到改善。几个月之后，我的母亲终于下定决心：她要带我去当地的医院看医生。

我仍然记得我对这次医院之行特别不理解。我没有觉得不舒服，嗓子也不疼，也没有起疹子，但父母还是去学校给我请了假，带我去看医生。这到底是为什么？我们一到医院，医生就立刻脱掉我的鞋子和袜子，然后拿一个小橡胶锤头敲打我的脚踝，这就让我更加困惑了。检查完脚部之后，医生又开始检查我的胳膊和手部，这次轮到我母亲感到困惑了。她正要开口问医生这跟我的手臂有什么关系，医生发出了一声意味深长的“嗯——”

“怎么了？”母亲赶紧问道。

“嗯——”医生又说道，“我觉得小奈杰尔需要去找个专家给他看看。”

之后他就在我的头顶跟母亲交流了几句，同时母亲帮我穿好鞋袜。医生说的话我大部分都听不懂——尽管在那之后我很快就能懂了——但是医生的基本意思很清楚：“霍兰德太太，我不知道您儿子得了什么病，所以我给您推荐一个专家，他可能可以找出病因。”

从医院里出来，我的感觉就跟每次看过医生之后的一样，有点儿如释重负，更加勇敢，又有点儿悲壮。我希望，甚至是志在必得，母亲会给我点儿奖励，也许是个小玩具、一包糖果，或者是一个小棒棒糖。但结果什么都没有，母亲从来都不会溺爱自己的孩子。我被直接送回了学校。

2012年2月

2012年2月8日

威灵堡的一月份留下多深的积雪？很简单——积雪深度足以让我无法出门。

因此，到目前为止完成了多少项挑战？仍然是0。

不过，今天本来打算完成的挑战（机会终于来了）：

1项——“献血”。

但是今天实际上完成的挑战：还是0哦，对了，而且我还被淋成了落汤鸡。

唉，这可不是个好兆头。你们也许也注意到了，尽管一开始的时候我激情满怀，雄心壮志，但是1月份基本上就没有什么值得书写的。这是因为事实上1月份什么事情都没有发生。是的，的确是这样，什么都没有发生。我们每天吃饭、睡觉，做些必需的日常活动，但是我那个宏伟的计划却毫无进展。

我知道我不应该给自己施加这么大的压力。毕竟门外厚厚的积雪本来就不适宜我这种坐在轮椅上的人出行，不过我也不能总是为清单上的项目找这样的理由。其实我也并没有闲着，我一直在打电话，发邮件，收集各种资料。

除了报名参加半程马拉松（而且尽管圣诞节之前我训练了很久，最后我也并不一定会真的去参加），我一直以为献血会是我完成的第一个挑战，而且特别期待去做这件事情。正是因为如此，最后的落空才愈发让我感到沮丧。

献血的计划落空之后，我感到特别气恼，其实一开始事情进展得很顺利。可是，说是顺利，其实没有一件事儿是顺利的。有的只是赤裸裸的恐惧，说实话，我很害怕。

“那么你为什么要这么做呢，爸爸？”埃莉想知道答案。这是个非常合情合理的问题。虽然我很确信，到现在为止，女儿已经可以理解这份清单的概念以及我这样做的原因了，但是我并不确定，她能不能理解我为什么要因此去做我并不想做的事情。

当时我们都在吃早餐，孩子们马上就要去学校了。虽说是“我们”，但是我根本就什么都吃不下，因为不到一个小时之后，我就要去献血了，这个想法已经让我彻底没有了食欲。

“因为我要面对自己的恐惧。”我大义凛然地说道，其实是想给自己打打气。“我们就应该这样做，”我继续说道，“这样才能称得上是挑战。挑战的意义就是其本身是有难度的。如果对我来说很简单的话，那就称不上是挑战了，是不是？如果是你妈妈去做这件事情，”（丽萨经常献血）“那就是很容易的事情了。但是由于我有恐惧症——”

埃莉一脸茫然地问道：“什么是恐惧症？”

“一种极其害怕的感觉，”马特插话说道，“就像你特别害怕蛇或者蜘蛛——”

“蛇和蜘蛛不一定都特别可怕，”艾米接话说，“除非是眼镜蛇、响尾蛇或者是黑寡妇，等等。”

“那你最害怕的就是针管子？”埃莉问道，“针管子被插进你的胳膊里？”她一边说一边演示给我看，“然后把你的血都给抽出来……”她越说越形象，“就像吸血鬼那样？”

说实话，这种比喻并不是十分恰当。这都得怪《暮光之城》这种电影。

“不像吸血鬼，”丽萨看到我的脸都被吓绿了之后，赶紧说道，“一点儿都不像吸血鬼。事实上，都是护士们在操作，她们都很温柔的。你爸爸根本就不会感觉疼，因为护士们动作都很熟练……”即使这样，吸血鬼的画面还是在我脑子里挥之不去。

★★★★★★★★★★★★★★★

我有针管恐惧症这件事情并不稀奇。从5岁开始到我童年结束，我就一直备受针管的折磨。

在我第一次看过家庭医生的几周之后，我们收到了一封信，信里要求我前往伦敦盖伊医院接受已经提前预约的会诊，于是我在毫无防备的情况下被扔进了一个让人痛苦的世界。

当时我还小，根本就不知道发生了什么。虽然我很确定父母跟我说了此行的原因，但是我还是无法将自己蜷缩的脚趾和这次伦敦之行联系起来。对我来说，伦敦之行一直都只有一个目的，那就是去拜访我的贝蒂姑姑。

我的姑姑和姑父住在艾比路上一栋特别大的房子里，每年夏天我都会去他们那里住上一段时间。我非常喜欢去看贝蒂姑姑和格里姑父，他们两人一起经营一个赛车队，所以跟他们在一起总是特别刺激。他们常常到全国各地去参加赛车国家冠军赛，还会把普通的汽车改装成当时F1赛车装备区里常常可以看到的那种大型货车，然后开着它上街。车厢里装载着赛车，里面经过改装，人不仅可以坐着，而且可以躺着。在贝蒂姑姑家的经历点燃了日后我对赛车运动的热爱。从很小的时候开始，每次去伦敦，经过A4路上那段长长的隧道时，就是我最开心的时候，那时候我会满心期望，知道我们很快就能到姑姑家了。这次却和之前都不一样，我记得最大的不同就是最后不是像往常那样来到贝蒂姑姑家，而是来到一个可怕的地方，那里满是高楼大厦。事实上，那些楼也并不是很高——与曼哈顿的高楼根本没法儿比——可是在小小的我看来，这些楼特别高大，把太阳都给遮住了。而且周围还特别吵，噪音特别大。到处都是汽车发动机的声音——所有的车笛声都同时响起来，仿佛路上的司机都特别愤怒。还有狗吠声，我清楚地记得那些狗吠声。现在回想起来，还真是很奇怪——我们当时离巴特西还是很远的——但这就是我记忆最深刻的事情。

同时，我对那家医院里的场景以及我马上要见到大人物记忆犹新。我被召来见两位当时非常有名的医生：被称为麦卡德尔兄弟的两位会诊医生，当时是神经学领域里的顶级医生。

不足为奇，我对当时最深的记忆就是阴郁。与如今大部分医院里明亮的环境不同，麦卡德尔兄弟的办公室就像是一片阴暗的森林：高大的木质文件柜，每个抽屉上都贴着白色的手写标记；暗色的木质椅子——两位医生每人一把，还有三把更普通、颜色更暗的学生椅，我和父母各坐一把；一张巨大的暗色木质办公桌，桌面镶嵌皮革。现在回想起来，这幅画面里唯一缺失的就是两个注满水、闪闪发光的球形玻璃瓶，尽管我到现在都不知道，这种瓶子的作用是什么。同时与当下的潮流一样，麦卡德尔兄弟——穿着白大褂，看起来挺可怕的——在开口下结论之前不停地抽着烟。我前来接受检查，两位医生也不遗余力地给我安排了各种检测。经过一系列针扎、化验、听诊、注射，最后，两位医生终于给出了医学诊断。父母的担心是正确的：我的确是有问题。我患有某种遗传性肌肉萎缩症，很显然，为了进一步确诊，他们还得做一些检查。

那一天彻底改变了我父母的生活。现在想想，我并不感到奇怪，对他们来说，那一定是个令人震惊的消息。尽管我的问题显然是遗传性的，但是父母双方家族都没有遗传病史，这就意味着我这病是某种基因变异造成的。

我们回到家里，尽管我仍然跟其他小男孩一样蹦蹦跳跳，对自己的"病情"毫不了解，我的父母却只能看着我的肌肉慢慢地萎缩——对我的这种病情既无应对经验，也没有医疗知识——对我的未来充满了担忧。

而且，从那天开始，我的童年生活也不再是正常的了。尽管父母从来不让我因为自己的病因而感到困惑（如果我玩累了，他们就让我休息，但是却从来不会阻止我去做任何事情），但我的生活仍然越来越受到影响。主要是因为正常的生活节奏不断地被打断：经常进出医院，等待医生为我做出更确切的诊断。很显然，我别无选择，只能默默忍受这一切。但是医院——以及医院里发生的所有事情——很快就成为我生活中的痛苦之源。我不喜欢这一切——事实上，也许用"厌恶"这个词儿都不过分。有哪个小孩子愿意经常进出医院，不能和小朋友们待在一起，也不能去做自己喜欢做的趣事儿？我尤其厌恶在西灵顿医院和皇后广场上的国家神经外科医院那些似乎没有尽头的住院的日子。这两个地方都让我感到焦虑和恐惧。主要的原因是我感觉信不过这两家医院。他们常常跟你说一通很好听、很乐观的话，然后病情却仍然继续恶化。

最严重的一次是在皇后广场上的那家医院。当时7岁的我必须要反复接受神经感应测试。测试过程中，我的脚踝上要戴上刺激电极，大腿上要插进一根带有电线的针头。然后他们会给刺激电极通上一股弱电流，通过检测电线中的信号来测量我的末梢神经里的信号强度。我觉得自己多少明白他们为什么要这样做，但是我无法理解的是他们每次说的那些话。

“好了，奈杰尔，一点儿都不疼的。”他们会信心满满地跟我保证。

“你能感到的就只是腿部肌肉的‘跳动’。”结果的确是这样的。但是我似乎永远都不能让他们明白的是（能在这里说明这一点真是太好了），那是我自己的腿，事实上是会疼的！

由于我年纪小，而且按当时的规矩，得被成天“囚禁”在病房里，医生们会聚集在我的病床边上议论我的病情和治疗方法，当父母不在我身边帮我解释的时候，我总是从查房的护士那里得知自己接下来会被什么样的“医学酷刑”折磨。

“他们要对你进行职能治疗。”我记得有一次住院时一个护士对我说，“进行进一步的诊断。”她最后神神秘秘地说。我什么都听不懂。到底什么是“职能治疗”？我连怎么读都不知道。而且就像他们跟我说的其他很难发音的词汇一样，我一点儿都不喜欢这个词儿的发音。

“他们要对我做什么？”我很想知道，“还要进行‘测试’吗？”

我认识“测试”这个词，但是还是对其很焦虑。因为，经验告诉我，几乎所有的测试都要扎针。“不是的，根本不是，”她回答说，“真的，别担心了，奈杰尔。”

虽然她的宽慰起了作用，但是很快就失效了。

“测试之后，”她又很快地补充说道（也许她以为不经意地说出来我就不会在意），“他们还要带你去做腰椎穿孔。”

这又是一个新词儿，我一点儿也不喜欢它的发音。护士刚一解释完，我就害怕了。好吧，尽管并不是被树枝鞭打，但是事实上是要被一个很大的针头扎进身体，这听起来更加恐怖。

腰椎穿孔就是把针插进脊椎，抽出一点脊髓液。我窝在床上，按医生指导的那样，蜷缩成一个球状，将膝盖抵住胸部，看着那根针，简直惊呆了。

“很快就好了。”护士拍着我的脑袋，不停说道。

“你不会感觉到疼的，”医生适时地安慰我说，“因为我会先把扎针的部位给麻醉了。”为了对医生公平点儿，我得说，这次他说对了。除了一开始的一点点刺痛感——这我的确感觉到了——我真的没有任何感觉。唯一痛苦的是，腰椎穿孔之后，我得仰面躺上24个小时，同时忍受着我这个年龄所能感受到的最严重的头疼。

更糟糕的是，尽管我的恐惧症越来越严重，我在西灵顿医院还是要接受无止境的验血。给我抽血的是一个吸血鬼医生团伙——一定是的，因为给我抽血似乎是他们最喜欢的消遣活动。现在回想起来，我才知道他们之所以那么感兴趣是有正当理由的：我的这种病例是极其罕见的，他们一直在研究，我也因此成了一个完美的实验品和针线包。

在我小的时候，医学界对腓骨肌萎缩症的了解还不多。在英国，大约有23000人患有这种病，为了找出医治方法，研究过程非常重要。这种病的症状有很多，比如：足下垂、长期疲劳、骨骼发育异常、肌肉萎缩、平衡感差、灵敏度差、四肢疲乏及慢性疼痛。还是个小男孩儿的我当然不懂这么多，但是我还是不得不同意当这只“小白鼠”。根本就不能拒绝——如果我想要治好自己的病的话。医生和科学家们必须先要了解这种病，更重要的是，父母也要了解这种病，我可怜的父母。作为一个孩子，我得适应这种病给我带来的各种不适，但是我的父母却必须得从旁帮助我度过童年和青年时期，他们知道我的神经系统功能会逐渐退化，最后很可能会造成严重残疾。我的父母必须要接受我即将面对的困难。虽然我知道自己必须成为“小白鼠”，这个过程还是很痛苦。一有机会，医生就要抽我的血，随着扎针的次数越来越多，我的恐惧症也越来越严重——有一次他们甚至动用了三个护士和一个医生来按住我，才得到了他们想要的液体。“好样的！”他们会说，“好了，根本就不疼，是不是？”

嗯，疼，确实疼，真的很疼。

而且还不仅仅是疼：这已经成了我恐慌的源头。

像其他的孩子一样，我很爱我的父母，想让他们高兴。他们已经在尽力接受没有人能理解的事情，而且很自然的是——也很合情合理的是——他们只能信任那些也是刚刚开始了解腓骨肌萎缩症的医生和科学家。只有把我当作“小白鼠”来研究（不管我愿不愿意），才能收集到相关的信息，才能像所有人都希望的那样，让我以后的生活不至于那么困难。所以，我从来都不会埋怨我的父母让我接受了那么多年的医学实验。他们已经尽力了，尽力给我提供最好的，就像我和丽萨现在想要为埃莉提供最好的一样。不过感谢上天，埃莉出生在如今这个医学发达的时代。

★★★★★★★★★★★★★★★

孩子们都去上学了之后，我和丽萨把厨房收拾干净，然后就前往威灵堡，去那个我要面对内心恐惧的教堂大厅。

我感觉自己准备好了，只不过还是会有持续的恶心感，手心会出汗，并不断克服自己的恐惧感。我查过资料，也经常会读到一些文章，说要克服恐惧症就要“直面内心的恐惧”。有一个让我印象特别深刻的案例就是，一些患有蜘蛛恐惧症的人通过“直面内心的恐惧”这一方法彻底克服了自己的恐惧症，最后都能让毒蜘蛛在自己的胳膊上爬来爬去。这让我大受鼓舞，我经常浏览国民保健服务的网站，还和一位非常热心的女士通过电话聊这种治疗过程，同时还主动去了解我的身体残疾可能会造成的并发症，而且我还报名成为了第一捐赠人。

那么，今天就是我实践诺言的时候了。

毕竟，这并不仅仅是在约定清单上划掉一项那么简单的事情。这是为了享受成就带来的自豪感——一想到自己的血能够帮助到世界上的某个人，我就感到非常自豪。我要直面自己内心的恐惧，做正确的事情。还有什么举动能比这个更适合为埃莉做出榜样？即使如此，当我们的车到达教堂，开进停车场的时候，我满脑子想的还是赶紧进去，献完血，然后赶紧离开这里。

“你会没事的。”在我把车停在教堂停车场的时候，丽萨安慰我说。那天早上从我们起床那一刻起，她就不停地重复这句话。对此我非常感激。

在我感到焦虑的时候，丽萨总是给我莫大的支持。

然而她的宽慰只能是对牛弹琴。我知道，我应该不会有事的，但是恐惧症就是这样：你脑子里想的是一回事儿，但是你的行为举止却是另一回事儿。

那天的天气也不怎么让人舒服。天气预报说接下来的几天会有大雪，或许是变天的先兆，又或许是我个人命运的不祥征兆，那天下了一夜的大雨。由于有一辆车停在我所需要的轮椅坡道上，我要进教堂，就只能经过一个大泥坑。通常说来，这对我来说并不是什么困难的事情，我已经可以很熟练地驾驭轮椅了。但是由于当时情况特殊，而且我心里对即将发生的事情极其恐慌，所以当我摇着轮椅走过泥坑，同时埋怨那些不为别人着想的司机时，我心里的不祥预感愈演愈烈。

走进教堂大厅，就可以看见那些临时搭建的放血设备——哦，不，是献血设备，我心里那种恐慌怎么都压制不下去。一共有7张轮床，我数了数，报上名字之后，我们就被带去了等候区。每张轮床上都躺着一个顺从的献血者，每个人胳膊上都插着一根针，针头连着一根管子，管子里流着那个人的血，然后深红色的血一滴一滴地流入一个塑料包里。如果有机会可以逃跑的话，那就是这个时候。但是奇怪的是，尽管这个场面很像《神秘博士》里面的场景，但那些吸血鬼，哦，不，是那些现场的护士们，不知怎地，让整个场面看起来出人意料地平静与安详。而且更让人宽慰的是，现场没有人哭喊。所以让我惊讶的是，我心里竟然开始感到些许平静。

“你会没事的。”丽萨注意到我的神情，以为我是被吓傻了，所以小声地安慰我说。

“你猜怎么着？”我小声地回答说（在这种地方，人们就会不自觉地小声说话），“来到这儿之后，我反而很期待这件事儿呢。”

“是吗？”丽萨不太相信。

但是我没有时间跟她解释我内心产生的那种平静感了，因为叫到我的名字了，我们俩赶紧来到一个临时的隔间里，一个胸前别着一支圆珠笔的护士开始询问我的身体状况。这的确是出乎我的意料，因为这些之前都在电话里详细报告过了，而且还在报名表上详细填写过了。

我幽默了一把，解释说我的身体状况就是“只能坐着”，很显然这个护士并没有觉得好笑，她进一步解释说，她不了解我这种病症，如果没有我的医生开具的证明，她是不能给我抽血的。

“可是我献血绝对没问题啊，”我解释说，“我没有病。”我还解释说这些问题之前通过电话都已经沟通好了。

但是这个护士根本就听不进去。虽然我了解自己的病情，但是由于他们不了解，所以我还是得先出示医生的证明，他们才肯冒险抽我的血。

事情就只能这样了，这次我只能回去，然后等下次这里有采血活动的时候再来。

“还有其他的解决办法吗？”我问她，“今天能到这里来献血对我来说真的很重要。这是我要完成的挑战之一。”我把自己列出50个挑战的清单这件事情告诉了她，心里默默期望着她之前曾在报纸上听说过这件事情。我跟她说我为什么要这么做，打算怎么样来完成这些挑战。“这件事情对我来说尤其重要，”最后我说道，“因为我对针头有恐惧症。从小就有，我决心要克服它，直面这种恐惧……”

但是从她脸上的表情我可以看出，我今天是献不成血了。“你有恐惧症？”她说，“哦，如果是那样的话，我们就更不能抽你的血了。”

很显然，他们觉得这不是摆脱恐惧症的好办法。结果就只能是这样了。他们跟我道了歉，我摇着轮椅从教堂里出来，针头恐惧症仍然没有克服，以后再找机会吧。

任务失败之后，我们只好开车回家。在回家的路上，丽萨说道：“没关系，你只要再找一个挑战替换上去就好了，肯定还有别的……”

接着我们俩都沉默了，希望能想到别的方法。

结果还真的想到了。我脑中突然闪过一个念头：“我要做木雕。”

“木雕？”丽萨问道，“你怎么会想到这个主意？”

“嗯……因为这需要灵巧性，需要运用我的手指，而且可能会有点儿难。”

如果考虑到我小时候在木雕课上的成绩的话，这件事情对我来说非常有难度。

“你们肯定会想，”我不耐烦地说道，“但愿我别把手指给削了，然后需要输血来救命，是不是？”

丽萨被逗乐了，她很肯定地说道：“你会没事的。”

2012年2月14日

还有多少挑战需要完成？嗯……还是50项。

但是在接下来的10天里，很可能会一下子完成多少项挑战，而且还会成为BBC报道的新闻：3项！啊哈！这就对了！

刚刚和一个名叫马特·拉夫的人通了电话。他是英国广播公司的一个电视制片人。他对我的这个挑战清单非常感兴趣，说到底，一个人的一天该怎么过才算有意义？

每个人都会在新年的时候制订新的计划，是不是？戒酒，排出体内的结石，阅读《战争与和平》，成为更好的人。但是我在圣诞节之前就已经做出50项计划了，远远超过了大多数人，所以在新年的时候我不需要再做计划了，我需要的是行动起来，着手去完成这些计划。可是眼看着春天已经来了，除了献血未果之外，我还任何事情都没有做成。我开始觉得在2012年12月9日我的50岁生日之前完成这些挑战是一件时间非常紧迫的事情。

我无法出门为半程马拉松进行户外训练，一开始的那股兴奋劲儿已经被彻底浇灭了。事实上，真的是被冻雨浇灭的，因为正如天气预报预测的那样，大雪下个不停。很多时候，你只能在家绕着茶几转圈儿，万念俱灰。

“你需要宣传一下。”我的朋友西蒙·柯克斯坚决地对我说。那天是个星期二，孩子们都上学去了，他过来跟我谈工作上的事情。他现在是我的客户，也是我的好朋友，我们先是讨论了一下如何为他的公司开发电子商务渠道，然后我就给他看我创建的50项挑战清单的新网站，这是把孩子们送去学校后我在家的消遣活动。

而且当时，我已经设立了一个接受赠款的账户。我在脸谱网上公开了我的挑战清单，马上引起朋友们的广泛关注，他们希望通过某种渠道为我提供捐赠，而且更重要的是，他们也想知道这些赠款被用在何处。所以正式将这些信息通过网站公布出来也是有道理的，告诉大家，如果有意愿的话，可以直接为腓骨肌萎缩症联合组织捐款，这个慈善组织是腓骨肌萎缩症患者的第一个安全港，当然其中就包括我自己。募集来的善款将被等分为两部分，一部分用于病症研究，另一部分用于救助像埃莉这样符合条件的年轻患者。我已经给自己设定了非常有挑战性的目标——筹集5000英镑的善款。

“我知道，”我对西蒙说，“目标有些不切实际，是不是？”

“这就是为什么你要进行宣传，”他说，“激发人们的想象力。给他们一个参与的机会，甚至是给当地商人一个参与的机会。这种事情是地方新闻报道最热衷的事情，相信我。这样就会找到赞助商——赞助资金，等等。”他指的是我给自己设立的那些稀奇古怪的挑战项目，“看起来，你还真的会需要。”

也许是因为我一直认为我能靠自己的力量来实现这份挑战清单，我从来没有想过要把当地媒体拉进来。我这样告诉西蒙。

“你疯了吗？”西蒙笑了，“现在是1月份，记着——做不了什么事情。相信我，媒体一定会非常感兴趣的。看看窗外，我敢说，他们现在只要发现跟‘下雪’没有关系的新闻，就一定会蜂拥而上。”

我接受了他的建议，承认他说得有道理。现在连我都会阅读任何跟

“下雪”没有关系的新闻。尽管我不想抱怨、发牢骚，但是下雪天和轮椅真的无法融合，这就是现实。

“说真的，”他继续说，“媒体一定会蜂拥而至的。告诉你吧，我有个朋友认识《先驱邮报》的记者。我看看能不能让她找哪个记者写篇报道为你做做宣传。怎么样？”

“真的吗？”我说，“你真的认为记者会对此感兴趣吗？”

西蒙笑了笑：“奈杰尔，伙计，你真的不知道自己做的事情有多轰动，是不是？你就等着瞧吧，等着瞧吧。”

我并没有等很长时间，大约24个小时之后——绝对不超过24个小时——真的有一个《先驱邮报》的记者给我打电话，想了解我打算做的事情，还想跟我约时间派个摄影师来给我和埃莉照几张合影。埃莉一听说要上报纸了，特别兴奋。

“不过为什么要拍照呢？”她在拍照的那天早上不停地问。

“拍照”这件事儿本身就已经让我有点晕晕乎乎的了。

“这样大家就都能知道我要做什么以及为什么要这样做了，”我对她解释说，“宣传一下，而且我希望为腓骨肌萎缩症患者募集一点钱。”

“哦，”她说，“但是他们为什么要给我拍照？”

“因为你是爸爸这样做的主要原因之一。”丽萨说道，同时激动地挥舞着手中的掸子。她一早上都在这样忙活着打扫屋子，绝对不留死角。她一定会让报纸上展现出一间完美无瑕的卧室。

而且不出我所料，我也被要求把自己好好拾掇一番。丽萨甚至连家里的狗也打扮了一下。“但是如果你不想拍的话，就不要拍了。”我迅速地说。尽管我之所以这样做是想鼓励我的小女儿，但是我绝对不会强迫她做自己不想做的事情。埃莉虽然个性要强、果敢，但是也很害羞。我不想让这些事情给她带来任何压力，或者让她感觉自己要被迫面对媒体。但是她的回答让我很惊讶。“好吧，”她说，“我不介意，听起来挺酷的。”然后就匆忙上楼去换衣服，穿上她那件最喜欢的米妮老鼠T恤衫。

之后，就像媒体在那年冬天最不愿意再提及的说法一样，这整件事情引起的轰动效应就像滚雪球一样越来越大，这真是出乎我们的意料。第二天报纸就对我的事情进行了报道——甚至在头版上还有引语——结果就是家里的电话开始响个不停。

一开始是英国SWNS（South West News Service，南西新闻服务）打来电话，他们非常积极地想要报道我的“故事”，这是我从来没有想过的事情。这是一个计划，我的计划，仅此而已。但是他们并不同意这种看法，他们告诉我说，这其实是一个故事，他们想在全国范围内报道这个故事，然后看看能引起什么样的反响。

他们说做就做，第二天早上，他们打电话告诉我说，我的故事已经登上了《地铁报》《太阳报》《镜报》以及《每日电讯报》。篇幅不是很长——大多数情况下只是几个小专栏的长度，但我还是大吃了一惊，丽萨和孩子们也是。

接下来的几天也并不平静，事实上，那是我所经历过的最疯狂、最神奇的日子。

接下来是来自广播电台的电话。我准备好在电台谈一谈我这份50项挑战的清单了吗？当然。然后是来自各种杂志的电话。我能接受他们的采访吗？自然可以。接着是电视新闻5频道。我准备好去伦敦录制电视节目，跟世人分享我这份50项挑战的清单形成的故事了吗？

到目前为止，电话已经快要被打爆了。我刚挂上上一通电话，跑去厨房去把最新的消息告诉丽萨，“丁零零，丁零零”，另一通电话又响起来了。

“你能相信吗？”每次电话响起的时候我都这样问丽萨。“这就是一夜成名的感觉，对吧？”我在生活中从来没有遇到过这样疯狂的事情。令人高兴的是，新闻机构出来帮忙，成为我的发言机构，我可以把所有的电话都转给他们。这样我和丽萨就有时间好好想想我们该做什么，不该做什么。

事实上，去伦敦接受第5频道的采访是一种使命。这是一个绝妙的起点，是乘坐公共交通开始的一次复杂的旅行，其前景和开销都让人有点瞠目结舌。但这会对我的事业有莫大的帮助——而且，但愿能帮我实现募捐的目标。我应不应该去呢？

就在我还在犹豫不决的时候，一天早上我收到一封邮件——一封极其重要的邮件。

你好，奈杰尔：

我是英国广播电台《金铅笔》节目的编导。我今天在《地铁报》上读到你和你女儿埃莉的故事。很遗憾，你的女儿患上了这种病，但是我看到你为了鼓舞她，打算做一件非常令人惊异的事情。

我能否了解一下你的挑战计划？这样我们就有可能为你提供某些帮助，同时为《金铅笔》节目录制一期节目，如何？如果你感兴趣的话，请随时跟我联系。我会非常高兴解答你的疑问，我们可以一起讨论可能做或不可能做的事情。

感谢你抽时间阅读这封邮件，希望能很快收到你的回复。

祝好。

卡罗琳娜

我立刻给马特·拉夫打了个电话，尽管我不敢相信这是真的，但是这的确是真的。在2012年2月23日这一天，我已经完成了不止1项，而是3项挑战：参加室内跳伞运动、4×4越野车比赛以及开汽艇。这下我们可不是纸上谈兵了，而是真刀真枪地干起来了。

★★★★★★★★★★★★★★★

我小时候接受的检查并不是每次都要扎针，都会感到疼痛。有些检查就是很奇怪。有一次，在我14岁的时候，我被召唤回到了伦敦皇后广场上的国家神经外科医院，那里的医生在我头上贴满电极，然后连到一台巨大的机器上。自然，到这个时候为止，我已经对所有穿着白大褂的人都心存警戒，所以他们费了好大的劲儿才让我相信，他们这次不仅不会杀死我，而且我还根本就不会感到疼痛。

“一点儿都不疼，”医生不停地跟我说，“根本就不可能会疼，因为大脑不会感觉到疼的——你知道吗？这台机器仅仅是用来读取你的视神经发出的信息。”这些话听起来也挺令人害怕的，但是我除了乖乖合作以外，别无选择。我只能安静地坐着，任其摆弄。他先是用瓷器描笔和卷尺在我头皮上标出贴电极的位置，接着用胶水将小白片儿贴上去，然后在电极上接上各种电线，这大概一打儿的电线（每个电极上接一根儿）又被连到一台巨大（真的很大）的金属柜子上，柜子上面是满满一片的灯、按钮、开关和示波器。我终于“被准备”好了，而且脸上明显露出被吓到的神情，医生赶紧补充说，这台机器上的任何一个按钮都不会对我造成伤害。

那天我受到的唯一伤害就是精神上的伤害。我只需要盯着网状板中间一个个的移动点，仅此而已，别无其他，就这样盯着看了一个小时。我从来没有干坐着看着油漆慢慢变干，但是我想这两件事肯定差不多。我父亲本来是要在旁边给我加油打气儿的，但是他很快就闭上了眼睛，然后狂眨了40多次眼睛。但是就像其他的孩子们一样，对我来说，有比厌倦更糟糕的感觉，那就是极度地难堪，而我很快就会尝到这种滋味了。

第一个检查做完之后，我被从那台机器上解放了出来，医生让我们去吃点午饭，然后下午回来继续接受检查。我记得当时是夏天，医院楼前没有食品摊，于是父亲决定去附近广场上的小商店里买些吃的，然后坐在阳光下吃。这些都没有问题，除了我身上连着的那些电线——临时接上去的，当时已经被整齐地贴在肩膀上了——我这个样子看起来就像是从某部科幻电影中走出来的怪物，而且从路人投来的目光中可以判断出来，是非常可怕的怪物。现在回过头来想想，我这么说可能有点夸张，因为那些路人可能都是护士和医生，他们应该已经看惯了这种场景。唯一让我的羞愧感有些减轻的是，我看到另一个头上也贴满电线的男孩儿从我眼前走过。如果当时我们年纪大一点的话，我们很可能会感同身受地对彼此点点头。当时，我感觉自己比他更幸运，因为他的情况比我还要糟糕：他还穿着病号服。

但并不是说我对医院的所有回忆都是痛苦的。尽管大多数情况下，去医院都会让我感觉疼痛、有压力或者感到难堪，但是有时候其实又是很开心的。在我16岁的时候，我哥哥马克和他的同伴们迷上了摩托车。当我被关在医院里接受无聊的检查时，他们决定来看我。当时我住在二楼的病房里，但是仍然能够“未见其人，先闻其声”，他们停车的声音简直太好听了，就像枪炮齐鸣一样。我从窗户上望出去，看见他们全都穿着皮衣，酷极了。看见他们，我简直是太高兴了。当这6个全副武装的年轻人走进病房区的时候，连护士和其他病人的态度都变随和了。当然，他们的行为是无可指摘的，他们的面容本身就是一道风景。他们在病房里非常礼貌，也没有待太长时间，然后就离开了。我再次跑到窗口，看着他们集体声势浩大地离开。我感到特别自豪，特别有面子，激动得心都快蹦出来了。

2012年2月16日

好消息：拼图到了！

不过，说实话，这并不是我们一开始打算完成的那幅拼图。按照我清单上写的，我们本来是要完成一幅5000块儿的巨大拼图，这是从我的朋友琼·佩雷拉那里借来的，是一幅世界名画的图像，而且是利奥波德·威廉大公挂在布鲁塞尔画廊里的一幅名画。它看起来很复杂，但是在拼图的世界里，这反而变得更简单了，因为全图的形状和色调越复杂，拼起来就越容易。真正让那些拼图狂人们绞尽脑汁的是那种海景拼图和景观拼图。而我可不是拼图狂人，所以从这个角度上来说，原本的这幅拼图根本就不难。但是我一看见这幅拼图，就知道自己不可能完成，不是因为像埃莉那样感觉拼起来有难度，而是因为我没有考虑到这幅拼图的尺寸。简直是太大了！不仅茶几上放不下，餐桌上也放不下，而且丽萨也显然不愿意把餐桌贡献出来给我们做拼图。

最后，我和埃莉不得不重新选了一幅只有1000块儿的拼图：几个著名蒸汽机的合成图（《急速苏格兰》和《表演者》，等等）。这很可能是丽萨几年前给我买的，但是从来没有打开过就被束之高阁了，找到的时候已经满是灰尘了。虽然对埃莉来说，这就像是可怜的老利奥波德与她最喜欢的单向乐队一样没法比，但是她还是接受了这幅替补拼图。

拼图对我这种腓骨肌萎缩症患者来说，尤其有难度，对埃莉来说也是如此。我们不仅是下肢肌肉群受到了影响，胳膊和手部也会受到影响，这对我们的灵敏性造成严重的影响。对我和埃莉来说，肌肉萎缩无力就意味着我们的手指不能像常人的那样活动自如，就连拧开瓶盖，端起平底锅等重物，或者是捡起掉在地上的东西这些简单的事情都办不到。我花了很长时间来练习如何解决这些问题，最后发现总结成一点，就是要自立。我知道，总有一天，我连自己系鞋带，自己穿袜子，或者自己扣扣子这样的小事儿都做不到了，因为我身体的肌肉越来越弱。不过我还是有解决办法的——电动开瓶器，电动开罐器，简易纽扣，等等。有时候我不需要任何设备或改制物，只通过改变做事方法就可以了。这有助于我集中精力做我可以做的事情。对埃莉而言，她才刚刚开始体验这种生活，这些挑战仍然是非常有挑战性的。非常幸运的是，埃莉的学校尽力让她参加各项活动，埃莉也仍然在努力保持跟其他同学一样的生活。她的灵敏度虽然比我的强，但是疾病已经开始给她带来麻烦了，就跟我当年一样，她也在慢慢适应这种不可避免的命运：病情只会越来越严重。埃莉已经开始学着通过键盘写字了——这并不像我小时候那么困难，因为如今的孩子都可以熟练地操作电脑。但是有很多事情对她的同龄人来说非常简单，而埃莉却办不到，这显然让她显得与众不同，因此让她非常沮丧。

这次的拼图也是一样，毫无疑问！我们两人都会失望的。肯定是这样的，因为拼图需要我们捡起特别小的图片，然后把它们安在确切的位置。这的确很有困难，但是我想向埃莉证明，这也是有可能的。我们需要付出的不过是时间、决心以及极大的耐心。最后，我们两个人都会感到非常自豪。但即使我们无法感到很自豪——也就是说即使最后我们被打败了——

埃莉仍然能学到非常重要的一课：最重要的是要敢于尝试，直面挑战。这就是一种振奋、充实的生活的关键所在。

那是个周日的晚上，我们决定全力以赴拼拼图。丽萨在厨房里熨烫明天早上孩子们要穿的校服。马特和艾米在楼上忙他们自己的事情。

“咱们比赛，看谁能最快地找到最多的边角图片，好不好？”当我们一起在茶几旁边坐定之后，我对埃莉挑战道。

我用“坐定”这个词儿可能有点儿不太准确。如果要够到比轮椅低的地方，我就必须得从轮椅上“转移”出来——这听起来非常谨慎有度。实际上的确是这样。我喜欢用“可控制下降”。所以我“扑通”一声从轮椅上跌坐下来，然后马上就意识到一个战术上的错误：每次我们拼图的时候，我都得这么做，因为如果坐在轮椅上的话，茶几对我来说就太矮了，什么都做不了。

但也只能这样了。除此之外就只能把所有的拼图搬到餐桌上，不过既然我们已经开始着手干了……唉，反正很快就结束了。外面天已经黑了，后花园里的积雪看起来就像一张银色的地毯。我和埃莉坐在那里，两个人一起朝着一个共同的目标而努力。在春天到来之前，我们俩可有事情忙了。我看了看拼图箱子，知道肯定要花上一段时间了。

“爸爸，我当然会赢的。”埃莉很有信心地说道。

我知道她说的可能是真的，所以也就没有反驳。我们俩小心地把所有的拼图倒在桌子中间堆成一堆，小心不让任何一块儿掉落到地板上，省得我们的狗，贝利（这个名字是埃莉给起的，她是家里最小的孩子，所以得到了这个权利）把它当成食物给叼走。的确，它连硬纸板也不放过。在我宣战之后，我们俩都没怎么说话，因为埃莉一直在忙着要打败我。仅仅在几分钟之后，她就找到了一大堆——比我面前这堆更多。

“好了，”她说着把已经拼好的四排推了过来，显然已经打败了刚刚找到一块儿边角图片的我，“我们今天晚上能完成吗？”她一边把自己的那部分作品摆在桌子上，一边说道，“我打赌咱们能完成，爸爸。这太简单了，非常简单。”

“太棒了，”我表示同意，“但是我觉得可能得多花些时间。”

大概三周吧，我认为，最多三周。

★★★★★★★★★★★★★★★

我的病情在不断地恶化，小时候是脚趾伸不直，后来肌肉萎缩更加严重了。到了八九岁的时候，我就不停地摔倒。

摔倒这件事情永远都不会有什么好处。尽管这经常会给我的同学们带来意外的笑料，但对我来说，这简直就是痛苦的深渊，因为我从来都不知道自己什么时候会再次摔倒。前一分钟我还走得好好的，下一分钟我就摔得嘴啃泥——一点儿都不夸张。基本上每天我都会受伤——通常是嘴唇磕破了，或者是膝盖出血了。

小时候那几年我经常摔倒，现在回想起来，我竟然没有留下满身伤疤，或者拳击手那种扁平鼻子，这简直是个奇迹。我真的是很幸运，因为我的鼻子仍然完好无损——也许是那些大量的药膏、冰袋和创可贴起了作用。我只需要闻一闻那气味刺鼻的粉红色药膏，然后就被送回到学校操场上了，手掌上还沾有沙砾，脸上还流下泪珠，同学们还忍不住会发出窃笑声。相反，女孩子则更有同情心，她们会对眼前的状况感到很震惊，对其他同学的幸灾乐祸表示反感，同时老师们则跑过来安慰我。

我之所以摔倒得越来越频繁，是因为我患上了所谓的“双边足下垂”。想象一下，你双脚和脚踝的肌肉全部萎缩，如果想要移动双脚，它们就像两个附体一样软趴趴的，你就知道我当时的情况是多么糟糕了。一旦双脚不听你的使唤，无法按照你想要的角度迈出去，那么摔倒就是再自然不过的事情了。

不能正常走路已经让我的自尊心大受打击，更让我受不了的是，我必须得穿上矫正靴和双脚规形夹。

20世纪60年代长大的孩子们都知道什么是双脚规形夹，主要是因为那时候小儿麻痹症在英国还很常见。虽然在60年代初期，疫苗已经很普遍了，但是几乎所有人都见过戴着双脚规形夹的小儿麻痹症患者。我还记得第一次见到伊恩·杜里的情景。他可能是患有小儿麻痹症的最有名的现代音乐家。当时我脑子里只有两个想法：第一，他写了很多很棒的流行歌曲；第二，他是怎么能让他的双脚规形夹不嘎吱嘎吱作响的？

双脚规形夹是用来支撑下肢的，那个时候，双脚规形夹带有一个沉重的矫正及踝靴（厚厚的鞋底、鼓鼓的鞋帮以及圆圆的鞋头，看起来非常像怪物弗兰克斯坦穿的那种鞋），鞋跟上有个别针，连着两根钢管，竖在两腿旁边。顶端连着一根皮带，一直延伸到膝盖下面，也可以为了舒适而调节到小腿处。在钢管的底部有一个弹力装置。这样我的脚就可以伸展，同时，我也可以将脚提起来，向上提拉，防止脚部下垂，从而避免摔倒。

尽管矫正靴是按照尺寸定制的——有黑色和棕色两种选择（至少比亨利·福特能多提供一种颜色选择），可穿起来还是很不舒服。一旦穿上了双脚规形夹（这种装置的穿戴也很困难），就更不舒服了。的确，它们发挥了作用——使我的脚能保持正确的角度，从而防止我摔倒——但是它们也使我走起路来呈现一副僵硬的姿态。因此当我的哥哥们忙着到镇上去买各种流行的鞋子时，我只能非常难为情地在家或在学校里穿着这种装置，看起来像怪物弗兰克斯坦。尽管我的膝盖以下看起来很古怪，但是对于膝盖以上的部位，我尽力去弥补，总是露出一副灿烂的笑容。不过，由于身体上的不舒适，这种笑容其实也就是一种怪怪的表情而已。

从穿上这套装置的那一天起，我就感觉自己与众不同了。我突然变得特别特别显眼。的确，我现在可以随意走动，而不用担心自己会摔倒，但是穿着难堪的靴子、乱响的双脚规形夹，再加上靴子背后带有的钢管，我意识到自己与其他的孩子们都不一样。我以前会经常摔倒，但是，说实在的，所有的孩子都会摔跤，有的孩子还会经常摔倒，除此之外，我与其他的孩子没有什么不同。但是如今情况发生了变化，这套装置让我一下子变得与众不同。

这让小小年纪的我感到非常悲伤，因为我特别希望能跟别人打成一片，不想让这种病妨碍我。但结果我还是受到了影响，怎么能不受影响呢？突然之间——真的就像是从我穿上这套装置的那一天开始——我一下子变成了一个很可怜的人。现在我变成了足球队组队时那个最不受欢迎的男孩子。每次挑选队员的时候，我听到的都是这样的话："对不起，你不能参加比赛，因为你动作太慢了。""对不起，我们不缺人手。""对不起，我们需要能踢直线球的人。"每当这种时候，我就会转身离开，尽力不让他们看到我难过的样子，假装我还有更重要的事情去做，努力不让自己受到影响。但我还是会难过，这些都被我母亲看在眼里。我假装若无其事的面具不够厚，无法彻底掩饰我的失望，瞒不过我的母亲。

"告诉你吧，"一天母亲到学校来接我的时候说道，"我今天到镇上去的时候，看见C&A店里有些非常好看的新裤子，非常时髦。"

然后她就马上带着我来到镇上，去试试那些裤子。母亲说得对。那些裤子非常时髦，很有运动气息，特别好看。而最重要的是，这些裤子不仅好看，而且特别宽大，正好能遮住我的双脚规形夹。我想，我得感谢20世纪70年代的流行趋势，更要感谢我的母亲。我永远都忘不了那一天。

尽管这些服饰极大地提升了我的自信心，但是穿上双脚规形夹之后，我就正式变成了残疾人。的确，没有什么正式的宣布仪式或者证书什么的来宣告我变成了残疾人，但是这也没有必要。因为任何一个残疾人都知道，一旦成了残疾人，周围的人马上就会将你区别对待。

这一点可以理解，即使还是个孩子，我当时还是感到非常沮丧，因为人们仿佛不约而同地认为腿上装上双脚规形夹之后，我的大脑也受到了影响。仿佛一夜之间，我就变成了傻子。

虽然在学习成绩上，我从来都没有在班里名列前茅，但是我也从来都不是垫底的差生。可是现在，非常出人意料的是，一些老师（并不是所有的老师都这样，有些老师还是例外）开始给我优惠待遇。就好像我已经失去了双腿，装上了假肢，然后他们就有责任来保护我，防止我做一些进一步伤害自己的事情似的。这种感觉特别糟糕。就好像我一下子失去了自理能力一样。不，事实上，情况更糟糕：我已经失去了自理能力，因为他们不会再让我做以前做的那些事情了，尽管穿上这套装置之后，我还和以前一样能够自己处理这些事情。这套装置成了我的标牌，告诉别人我现在已经正式成了残疾人，需要他们像对待残疾人那样来对待我。我伤心过，自怜过，但是并没有一蹶不振。沮丧过后，我决定乐观地去面对，也许在潜意识当中，我一直都很反叛。他们觉得我是个残疾人，但我偏要证明我不是！

我一直拒绝让自己被边缘化，这似乎起作用了。到了那年年底，我穿着双脚规形夹已经能够行动自如了，尽管老师们还是会紧张兮兮地围绕在我身边，但是我已经不像以前那样需要经常涂抹药膏了，这让他们松了口气。

终于，他们认为我有能力演好我的第一个话剧角色——学校圣诞剧里的角色。那是一部喜剧，让我非常高兴的是，我得到了一个可以展现我才华的角色。那个角色并不重要——我只有一句台词——但是这是一句肯定会把大家逗乐的台词。我很擅长倒立，所以被挑中来演这个角色，我的任务就是先说一句："水桶里有什么？"然后向前扑倒，在里面倒立。

演出只有一次，所以不能出错，我特别认真地对待这次演出任务。我表现得不错，台词说得响亮大气，接着开始做倒立的姿势，观众们都被吸引住了，发出阵阵掌声。问题是，彩排的时候，水桶都是放在舞台中间的，而演出时却被放在了舞台后侧，靠着墙，贴着学校光滑的木板条。我倒立起来——梆！——滑了下来，顿时心里一阵紧张。我又倒立起来——梆！——又滑了下来。最终，第三次的时候，我决定保持不动了，在我尽力保持身体平衡的时候，我的小腿处开始发出军乐队演奏般的声音，同时其他的演员只能大声地喊出台词儿，以盖过这种噪音。在我腿上的装置与木板条亲密接触了几分钟之后，我终于可以下来了，这时那些备受学校维修工珍视的木板条已经被我的双脚规形夹划得不成样子了，看起来就像是被一个满腹怨气的男人安装的一样。直到我从那所学校毕业，那些木板条也没有被换掉，也许现在还在那儿。我希望还在。

到我10岁的时候，疲劳已成为一个很严重的问题。上幼儿园的时候，我走路上下学就有些困难；当我上小学的时候，尽管在学校里会到处走动，但是上下学的时候，父母还是用小推车接送我。他们认为，如果我能在路上省些力气，那么我在学校里或者到家之后就不会那么累。

尽管小推车并不像双脚规形夹那样显眼，但这还是给我带来了问题，因为这让我成为那些小霸王们欺负的对象。大多数时候，我都不理他们，我别无选择。如果我追着他们满学校跑的话，我肯定会摔倒，这肯定会让他们变本加厉的。很幸运的是，我在学校里有个好朋友——直到现在，我们俩还保持联系——他的名字叫安德鲁·拉塞尔，有好几次都是他帮我逃脱困境。但是我有一个死敌，他跑起来速度很快，为人刻薄，而且长得比我壮。由于我经常摔倒，知道那有多疼，所以我可不想被他推倒。说实话，“不想”这个词儿也许根本就不足以表达我对这个男孩儿的戒备：我恨不得离他远远的，如果知道躲不过他和他那些小跟班儿的话，我就会有想吐的感觉。

他们骂我的那些话特别难听，也并不出人意料——瘸子、钢管腿，等等。但是其中最过分的一个就是：锭轴腿。“锭轴腿来啦！”他们一看见我走来就会这样喊。这句话总是尤其让我伤心。我不知道是为什么，但是这个外号在脑中引起的那种画面真的很伤人。现在想想，也许对这种事情一笑置之是非常简单的，但是在当时，正如每个被欺负的孩子都知道的那样，我们心里是特别难受的，尤其是对我这种本来就已经与众不同、自信心不足的孩子来说。我很庆幸自己还记得当时的那种感受，因为这让我看到了我们的社会在这些年里有了多大的进步。当然，校园里总会有小霸王，他们也总能找到欺负的对象，但是在这方面，埃莉面对的情况已经好多了。埃莉可以就读各种学校（上午去“特殊学校”，下午去普通类学校），她能在这些地方进行理疗，得到支持与帮助，从而更好地生活，同时社会上对残疾人也更加包容了。有一点我和埃莉一样幸运，那就是我也有对我非常支持的兄弟姐妹。马克上了高中之后，盖里也很快就上了高中，但是在他还在初中学校的时候，他总是保护着我。尽管我们在学校里并不能经常碰面，但是放学之后他总是会和我一起回家，让那些欺负我的人不敢靠近。

不过对我支持最大的还是我的小妹妹，妮可拉。她年龄小，但是性格争强好胜，是我最大的保护者。跟我过不去的人就是在跟她过不去，她的作用不可忽视，今天仍然是这样。

这并不是说我在学校里就是个任人欺负的角色——正相反。上了初中之后，我变得越来越自信了。那时，我已经学会了如何发挥自己的长处，其中一项就是在正确的时间出现在正确的地点，这反而让我在足球场上有了自己的优势。我不擅长追着足球满场跑，所以我就“守株待兔”，如果有球过来了，我就使劲儿踢过去，希望能踢进去。第一次竟然就踢中了，此后同伴们对我的态度大有改观。选队员的时候我不再是最后一个被挑中的球员了。同时，上了初中之后，老师们对我的态度也不一样了。尽管他们仍然阻止我做那些我自己认为可以完成的事情，但他们已经不会给我优待了。

这对我的个人发展至关重要，因为如果成为一个整天认为自己可以享受某种特权的人，对我来说可能未必是件好事。

我也和其他孩子一样，经常不守规矩。最常见的就是在上课铃声响过之后还没有进教室，得到的惩罚就是站在黑色的地板砖上。我不知道是谁想出了这个惩罚措施，但是的确是个不错的方法，因为这样人人都知道你犯错误了。黑色的地板砖一共有六块，加起来有20平方英寸[1]大小，拼成了一个图案，位于学校主楼梯的下面。如果犯了错误，就要被罚到这里站在其中一块儿黑砖上。我猜，这跟20世纪时的惩罚措施差不多，那时候如果犯了叛国罪，就要把脑袋挂在伦敦大桥的竿子上，让所有人都能看得见。

但是我不能长时间地站着不动。尽管双脚规形夹矫正了我的足下垂，

[1] 1英寸为0.0254米。

但是却并没有改善我的平衡感，因此站着不动对我来说很困难。所以，我记得，有时候当有老师经过，看见我的窘境时，就会准许我换个惩罚姿势，但实际上并不算惩罚。

“好了，”这个老师会从走廊里搬来一把椅子，说道，“坐下吧。”

这也许是生命中很重要的一个教训。

另一个教训是我慢慢悟出来的，但同样也发人深省，那就是年纪不小了还要母亲用小推车送去上学的话，别人会怎么看你。坐着成人小推车上学从一开始就让我认清了很多事情，它让我从成年人的角度重新认识了这个世界，让我明白，当其他人看见这个小推车，就会对我区别对待。我记得有一天下午，母亲推着我往家走，我一个同学的妈妈停下来和我母亲说话。那天我父亲身体不舒服，请假在家休息。所以当那位女士一脸关切地问我母亲“他还好吧？”的时候，我们都以为她是指我的父亲。“哦，他今天好多了，谢谢。”母亲回答说。然而那位女士却热切地看着我，那时我们才知道她其实说的是我。当时我已经会说话了，也知道该说些什么，更重要的是，我还是她儿子的同学，可就因为我是坐在小推车里被推回家的，她就认为应该询问我的病情，而不是直接跟我说话。

现在想一想，我真希望当时我开口说话，然后口水全都流到她的鞋上。

不过我在普通学校就读的日子很快就结束了。1974年，在我12岁的时候，父母决定让我转学，不是转去我两个哥哥当时就读的那所高中，而是去伦敦西区豪恩斯洛的一所名为马丁代尔的公立学校，父母认为这所学校更适合我。

尽管我心里其实很想和两个哥哥一起在哈灵顿中学读书，但是现在想想，如果真是那样，对我来说很可能是个噩梦。其中一个原因是，他们那所学校里楼梯特别多，上下学需要坐很长时间的公车，而且如果去那里读书，我肯定会遇到很多校园小霸王，跟初中时差不多。

况且当时，我的手臂功能开始严重受损，连写字都开始有困难了。父母当时给我买了一台人工打字机，我开始学着用打字机来写字。因此，如果去哈灵顿中学读书的话，我不仅要坐公车、爬楼梯、被小霸王欺负，而且还得拖着一台笨重的老式打字机去上各种课程，就跟一个巡回通讯员一样。综合考虑，还是马丁代尔中学更适合我。尽管完全陌生的环境让人有些担忧，但是我记得当时特别兴奋。

我在初中的最后一天正好赶上期中考试。尽管我在这里因为身体残疾而遇到了很多困难，但是一向多愁善感的我还是感觉这里大部分的人一直都对我很友好，很支持。我在这里建立起来的友谊使我有信心去面对接下来的挑战。我的朋友们还给我送了礼物：全班同学凑钱给我买了一块天美时的手表。我特别感动，那是我生命中少有的几次被感动得连话都说不出来的情境。

我希望埃莉也能像我这样幸运。

2012年2月23日

今天的口号就是：灯光！摄像！50项挑战，开始！

今天的祷文就是：别撞坏了保时捷。

早上6：00。

只要跟节目录制有关的事情，都是一大清早儿就开始的，这是常识。所以我很庆幸头一天晚上早早地就休息了，因为《金铅笔》节目的录制也不例外。幸运的是，当时正是期中假期，所以全家人都能参与进来。在期中假期这几天，我无疑成了当下的英雄人物，没有比那段时间更美好的日子了。

早上7：15我们就开工了，当时是在米尔顿·凯恩斯一个叫作艾尔克斯的地方，我们开车来到那里与录制组会合。

“他们会不会真的喊‘开始！’？会吗？”当我们停好车，下来跟录制组见面的时候，艾米问道。我们都不知道，但是希望如此。事情一开始就给我们留下深刻的印象。接待我们的是制片人马特·拉尔夫、主持人露西·塞加尔，还有一位节目助理（好像那人手里拿着所有的脚本和活动安排表），另外还有一位剧务，我想此人肯定是负责现场所有杂务的。（当时大家都情绪高涨，让我觉得惭愧的是，可能是因为自己很紧张的缘故，我没有记住这两位工作人员的名字，所以，在这里我要对他们补充一句道歉和感谢！）

见面寒暄之后，就要开始干今天的正事儿了，也就是录制今天第一个挑战完成的过程：室内跳伞运动。我得不停地掐自己，才能让自己相信，我今天真的要去完成这些惊人的挑战了！一直以来，我都是一个不甘平庸、寻求冒险的人，所以今天对我来说是再美好不过的一天。我特别感谢《金铅笔》节目帮我传递出我制定这份50项挑战清单背后的原因：向埃莉证明，如果你想做某件事情，就不要让任何困难阻挡自己的脚步，包括像腓骨肌萎缩症这样的小麻烦。

那天艾尔克斯开门特别早（我猜这就是英国广播公司的影响力），这样我们就能在这里正常营业之前早点开始录制，也可以早点“杀青”——看，我已经可以很熟练地使用这些术语了——避免周围聚集太多看热闹的人。

现场的人越来越多，又来了一个摄影师和一个音响师。大家都到齐了之后，剧务就马上去给大家买早餐了。她很快就买回了一堆煎鸡蛋、煎培根和香肠卷。早餐闻起来很美味，但是我几乎没怎么吃，因为我很快就要跳伞了，我可不想到时候都吐出来！

上午7：30。

一开始大家也鼓励埃莉尝试一下跳伞运动，所以她也一起参加了我们在活动开始之前举行的会议。不过尽管之前她热情还挺高，但这次会议彻底打消了她的这个念头，现场的摄像机和伴乐，不断强调的安全事项以及跳伞运动服让她立刻改变了主意——她决定还是当观众。没关系，本来就不是要强迫她去做自己不想做的事情，而是要让她知道，如果她想去做的话，她就可以去做。虽然今天她没有做，看到我的举动之后，她很可能以后也会自己去尝试一把的。

穿好跳伞运动服之后，我就要接受露西的第一次采访了。

"奈杰尔，"她说，"你为什么要把这一项列在你的清单上？"当然，这可不是为了有机会将自己打扮成一个老气的超人模样。"理由有点老套，"我告诉她说，"跳伞的时候我能像小鸟一样自由，不用坐轮椅，不用依靠双腿……"

说这些话的时候，我自己也意识到那将是一种多么美妙的感觉。我知道平日里我也不是依靠自己的双腿——除了在游泳池里的时候——但是能有那么一刻逃脱重力，完全由气流来支撑身体，自己能和跳伞指导老师做同样的事情，单是想想这些，就能给人一种解脱的感觉。我仍然感觉紧张，但是我知道这是正常的。

上午8：10。

真刺激！整个过程太美妙了，既虚幻又振奋。简单地说，我们就是在一个"垂直风洞"中"飞行"，这个"垂直风洞"就是一个室内的透明玻璃屋。进去之后，就感觉置身于隧道之中。屋内是网状地板，地板下面是20英尺[1]深的底部，将我们托起的“风”就是从那里吹来的，形状像一个大膛室，以大约140英里/小时的速度向外喷射气流。我们头顶是大约30英尺高的顶棚。将我托起的气流比我所经历过的任何一次风暴都要强烈。

感觉棒极了。我说是“飞行”，但是当我的指导老师带着我上升到高处，准备就绪之后，我真正做的是以终极速度自由下落。那是人体下落的最快速度。当然，我不会摔到地面上，因为有向上的气流托着我。由于这股向上的气流，我感觉自己“降落”的速度很慢，我的脸颊被风吹过，感觉就像僵硬了一样。这股气流非常强大，我必须得戴上防护眼镜，不然我的眼睛就会被吹成干梅子。尽管我戴着耳塞，但是噪音还是很大。这真的是对我各种器官的一种折磨。

我们回到了地面上，但是我的思绪还在半空飘浮着。我看见埃莉和丽萨、马特、艾米一起坐在外面的观众席上。从我两个大孩子的脸上，我可以看到那种非常羡慕的表情。我当时就决定，以后一定找时间资助他们来亲自体验一把。但是对于埃莉，我可以看出她并没有急于尝试的打算——至少目前没有。马特和艾米是一脸艳羡的表情，而她则是一脸的焦虑。我知道，看着自己的父亲在她头顶上空盘旋，让她有些害怕，但是我特别希望有一天她能自己来体验一下。

最后时间到了，我们得给后来的体验者腾出地方了。我看见很多人排着队，等待进入体验室，也许他们都和我一样是冒险家。

重新坐回到轮椅上之后，我看见排队等候的有10多个人了，我摇着轮椅回到座位上时，忍不住想跟他们开个玩笑。

---

[1] 1英尺为0.3048米。

“做好心理准备吧，”我故意说道，他们则好奇地看着我，“从里面出来之后我就变成这样了……”

中午12：30。

抵达银石赛道，为第二个挑战做准备。

孩子们的兴致非常高。

“他们的确会喊‘开始！’”马特说道，“他们真的会这么喊。‘开始！’真酷啊！”

我们都觉得很酷，同时我还觉得，主持人露西·塞加尔也很酷。她思维非常活跃，而且对赛车略懂一二，当我跟她讲自己参加过的赛车活动时，她非常感兴趣。

露西非常有能力，带着一班人马来到这里，一切都安排得井井有条。毫无疑问，我必须听她的指挥。作为一个男人，在她面前，我真是自叹不如。

整个录制团队都非常敬业。来到赛场上，我特别兴奋（我一直都对赛场情有独钟，在所有的尘世快乐当中，我认为这是最能给我带来精神愉悦的一种），同时还有另一件不可思议的事情在等着我们：可以在保时捷试驾环道上免费驾驶一辆价值60000英镑的越野车。

我已经有好长时间没有这样的机会了，这真是让我太高兴了。我上一次驾驶越野车已经是8年前的事情了，那时候我还勉强能够走路。当时我的邻居，格拉汉姆，买了一辆1985年的路虎，用于野外驾驶或者参加比赛。他非常好心地把车进行了小小的改装，这样我也可以开了。我们经常一起参加各种越野车比赛，一个开车，一个导航，玩得非常开心。然而，腓骨肌萎缩症的病症是不断恶化的，所以即使他把车进行了改装，使我能够在野外驾驶，我能开车的日子也是越来越少了。这也就是为什么这一项如今高居挑战清单的前列。幸运的是，随着科技的进步，如今无须对车进行改装，我就可以驾驶这种新型的21世纪智能车，我都等不及要一试身手了。唯一的遗憾就是家人无法和我一起踏上这段旅程。“哦，他们可以的，”在与我的指导老师杰瑞米·帕尔默开完会之后，马特·拉尔夫说道，“他们不能和你一起开车，但是他们可以和杰瑞米一起随后体验一下。”然后他转向丽萨。“你们想去吗？”他问丽萨。不用想，答案肯定是愿意，只要看看儿子脸上的那种表情就知道了。如果说我的表情是“锦上添花”，那他简直就是一副“猫掉进了奶油罐子里”的表情，而且还是一只柴郡猫，光看他那笑容就知道了。

保时捷试驾环道是专门用来展示保时捷卡宴4×4越野能力的，可以将赛车的最大潜力发挥出来。环道有一个倾斜度为1：1的陡坡，还有侧倾——就像滑板坡道，只有成年人才可以使用——这样你就必须以45度的角度驾驶，不停地上下坡，还要经过一段非常崎岖的路面，几乎只能两个轮子着地。总之，对于我这样的家伙来说，这里简直就是天堂。在我做准备工作的时候，我脑子里想得更多的还是孩子们也能够体验一把，这简直让我太开心了。尤其是马特，我意识到，他很可能继承了我骨子里那种寻求冒险刺激的基因，这让我既欣慰又有些担忧。我知道，他肯定会爱上这次体验的。而且还不止他一个人是这样的。当我试驾结束，从车里出来的时候（顺便说一下，出来时我就像一匹刚刚跑完越野赛的马，浑身溅满泥土，还散发着热气儿），我差一点儿被猛冲过来的孩子们（还有我之前一直温文尔雅淑女大方的妻子）给踩在脚底下，他们都想第一个冲进车里。最后马特抢到了副驾驶的位子，坐在上面扬扬得意。“哇噻！”我不禁感叹道。我知道马特·拉尔夫还得录制第二段原声摘要，但当时就像是用手去阻挡汹涌的潮水一般，根本无济于事。好像大家已经把录制节目的事情抛在了脑后——有谁不想来亲自体验一把呢？看着他们脸上兴奋的表情——连丽萨也不例外——我不禁笑了。他们刚刚等我的时候，根本就不知道我经历了怎样惊险的过程，他们对接下来要发生的事情其实毫无概念。

20分钟之后，当他们体验结束回到原点的时候，马特是第一个从车里下来的。在这期间，我一直在保时捷展厅里转悠，那里有几辆保时捷高速跑车——是专门用来比赛的。天啊，我真希望能有机会体验一下……

马特像个专业赛车手一样从卡宴上跳下来，两眼睁得大大的。

“真是太神奇了。”我还没来得及开口问他，他就说道。在他这个年纪的孩子们看来，只要是好事，都会用“太神奇了”来形容——他们喜欢大惊小怪——但是我可以看得出来，这次比以往任何时候都要更“神奇”。“爸爸，”他继续说道，“车几乎要翻过来了！真的！你都会觉得奇怪，它最后竟然没有翻车？！”

“没错。”我点头说道。

“然后我们开到一个坡上。这么陡的一个坡！”他伸出一只胳膊开始比画给我看，“然后我们就开到了山坡的另一面，来到坡顶，他松开脚刹，天啊，真是太神奇了！车子竟然不动了！”

“没错儿，”我说道，“那个山坡——”

“然后我们又经过一个山坡，车身几乎都立起来了！”

“真的太不可思议了！”艾米插了一句，她刚从车里出来就兴冲冲地跑过来。跟她的哥哥一样，她也是激动不已。“你们喜欢这次体验吗？”我问道，尽管这个问题听起来很多此一举。我感觉特别开心。能和我的孩子们一起分享这种欢乐，对我来说实在是太宝贵了，尤其是马特也在场，他是个男孩子，我想让他知道，他跟他的朋友们一样，也能和自己的父亲一起分享快乐的时光。

“爸爸，”马特似乎看出了我的想法，继续说道，“喜欢！这简直是太神奇了！”

但是好像并不是所有人都因为这次越野车体验而疯狂，那个例外的人就是埃莉，她脸上的表情显然是在说：“哼！到底是谁让我来参加这种无聊的体验活动的？”

“你不喜欢吗？”我问她。我能看出来，她都有点儿被吓到了。她的脸色有点苍白，两只手紧紧地抓住丽萨的手臂——我想刚刚整个过程她可能都是这样的。

“不喜欢。”她说道，“一点儿都不好玩，我连坐都坐不稳当，一直晃来晃去的。真可怕。”

这对我来说是一次很好的教训。我希望同样患有腓骨肌萎缩症的埃莉能够像我一样对待生活，但是同时我也要知道，她并不是我。毕竟，并不是所有人都像我一样渴望激情，像我一样想为自己创造一个公平的竞技场，从而享受到跟健全人一样的成就感。突然之间，我还意识到：难道我想做一个无能的过客吗？被随意扔在后面，毫无管制？想到这里，我突然就明白了。当然不是，也许我们并不是如此截然不同。

下午4：00。

今天已经发生了很多事情了，但是还没有结束。现在我们驱车南下，来到索普公园旁边的水上运动场地，我要在这里完成我的第三大极限挑战——开汽艇。这是我一直以来特别想尝试的一件事情。我以前从来没有开过汽艇，但是我从事过水上运动。大约15年前，我还曾是英国残疾人滑水协会的成员。

那时非常有意思，我跟在一些速度特别快的汽艇后面滑水，但是自从我开始频繁地从滑水板上摔下来之后，我就很少有机会来体验水上急速运动的快感了。我所能体会到的就是不断地被摔落水中之后的那种冰凉感和羞辱感。

今天我希望自己能驾驶（但是由于烦人的健康因素和安全因素，我还是无法亲自驾驶）的船只从动力上来看，也称得上是一只“猛兽”。那是一艘划水艇，安装了一个巨大的V8发动机，作为一个乘客，我知道我需要谨遵的教诲其实是最简单的那一句：“抓紧了！”

我的确抓得很牢，但即使如此，船一发动，我还是被其飞快的速度给震惊了。好像只用了几秒钟，不，真的就用了几秒钟，我们就到达了湖对面。船停了下来，当我擦去眼睛上的水雾时，我的指导老师詹姆斯看着我惊讶的表情，笑着问道：“够快了吧？”同时我们把船调转过来，准备开回去。此时的我已经惊讶得说不出话来了，只能一边滴水，一边点点头。哇噻！

但是游戏才刚刚开始。掉转船头准备开回码头的时候，詹姆斯一开始便开足了马力（难道他看出来我就是一个有冒险精神的家伙？），我们就在湖面上全速冲向码头。当我们把马特·拉尔夫以及音响师接上船的时候，我已经又一次浑身湿透了。马特·拉尔夫和音响师也上船了，因为他们想拍几个我在船上的镜头——主要是想要呈现我在船上的状态。

事实上，最惊心动魄的镜头并不是我的状态。当我们再一次全速出发的时候，主动要求坐在引擎盖上的音响师差一点儿就跌落到湖里去了。就是这样，我乘坐这艘大型V8汽艇时的反应是什么呢？不是“哇噻”，也不是“啊，天哪！”更不是像你们想象的那样无比兴奋的状态，而是一路充满了笑声。不过没关系，最后节目还是录制结束了。

晚上8：30。

哇！多么刺激的一天！

同时，也是多么漫长的一天。不足为奇的是，经过这样刺激的一天，当我们最后和露西以及整个录制团队告别的时候，我整个人仍然感到轻飘飘的。开车上路10分钟之后，我转过头想跟丽萨说话，结果发现全家人都已经睡着了。这也并不奇怪，我们天没亮就起床了，而且这一天下来，我们根本就没有任何休息的时间。连孩子们都坐上汽艇，体验了一把，也许这就是为什么车窗上覆盖着一层水雾，而且车里闻起来一股湖水的味道。到家之后，我也很累，但是并不像埃莉那样累。我知道这一天虽然很刺激，但是也把她累坏了。我希望这没有给她留下不好的印象，我想让她留下美好的回忆，把它珍藏在自己的脑海当中，在以后她自己去面对挑战的时候，可以从这些回忆当中寻求力量。我和丽萨知道总有一天她得自己去面对挑战。我希望这次经历能时刻提醒她，当生活中遇到不可避免的困难时，她能想到这一天，看到同样患有腓骨肌萎缩症的父亲是如何应对挑战的。“如果父亲可以做到，你也可以做到……”这就是我想告诉埃莉的，即使她并不想参加4×4越野车比赛，也没有必要参加。

“你今天玩得开心吗？”当丽萨递给她一杯牛奶的时候，我问道。她已经换上了睡衣，平时这个时候她早就上床睡觉了。她一定是筋疲力尽了，只是点了点头，没有说话，一定是太累了。“今天最好玩儿的事情是什么？”我鼓励她说。

她想了想，我以为她会说“当你做……”或者“当你在……”等。

结果并不是这样。显然，她脑子里想的并不是我做了些什么事。“嗯……那个东西叫什么来着？”她问我说，“就是他们装在你工作服上面的那个东西？”

“那是个麦克风，”我解释说，“给我装上麦克风，他们就能录下我的声音。没有这个，他们就听不见我说的话了。”

埃莉接过丽萨递过来的牛奶，一边喝，一边认真地听我说。

“那他们一直用棍子举着的毛茸茸的东西是什么？”

“那也是个麦克风，”我说，“只不过是个大麦克风，没什么差别。他们把那个叫作‘吊杆麦克风’。”

“因为它能把你的声音吊在空中吗？”

“当然不是，”我笑着告诉她，尽管我承认这其实是个很有逻辑性的问题，“‘吊’在这里的意思是用长长的杆子把话筒挂起来。你还记得吗？这样的话，就能把麦克风挂在能接收所有人说话声的地方。”

她把牛奶喝完，似懂非懂地说道：“哦，这样他们就能同时听到所有人说话的声音，是吗？”

这下我有点儿手忙脚乱了。我对音响方面几乎一无所知，但是埃莉似乎决心要打破砂锅问到底。

“嗯……”我说道，但是此时她已经开始打呵欠了，所以我没有继续回答问题，而是吻了吻她的额头，跟她道晚安。“睡个好觉，”我说，“明天还得早起呢。我们还得拼拼图呢，是吧？”

她点了点头。当她上楼梯走到一半的时候，她才想起来我最初的问题。“今天最好玩儿的事情是坐汽艇，”她说道，“湖水溅到身上的时候特别好玩儿。”

对我来说，也许这就足够了。

2012年2月24日

已经完成了多少个挑战？3项。终于有进展了。特别感谢英国广播公司。

已经拼好了多少块儿拼图？无数块儿。我们已经把角落处的图案都拼好了。只要把中间那块巨大但是一点儿都吓不倒我们的空白填满，我们就胜利了……

上午10：00。

我开始有点儿习惯这种生活了。仿佛昨天的那一切还不够惊险刺激一样，今天，我和埃莉将再次成为新闻人物。另一个摄制组要来我们家，拍摄一组我们日常生活中的场景，从而让观众们了解一下，腓骨肌萎缩症是如何影响人们的生活的。通过之前记录我完成挑战的节目，观众们已经知道，我必须要乘坐轮椅。所以这次，摄制组想要将腓骨肌萎缩症给日常生活带来的其他方面的影响展现给观众。

其中最严重的一个问题，就像我之前提到过的那样，是双手失去灵敏性——使用刀叉，穿衣服，用开瓶器打开瓶瓶罐罐，等等。对我来说，把掉到地板上的钱捡起来这样的小事儿也是越来越困难了（我都用绳子把钱包拴在身上）。埃莉的手目前还算灵活，不过有时候会颤抖，但这并不影响她的日常生活。但是我们希望当观众看见我们俩在一起的镜头时，能意识到这样一个事实——我现在的状态就是埃莉将来要面对的状况。于是，我们俩在镜头前面展示了一些日常活动，比如使用遥控器，打开电器开关，系鞋带，拼拼图，等等。所有这些都能表现出我们俩身体灵活性的弱化，让观众们进一步了解腓骨肌萎缩症。

当然，这不是我们俩的演艺事业，但是正如埃莉最后说的那句玩笑话，是的，我绝对会慢慢习惯这种生活的。

晚上7：30。

事实上，也许我还是不能习惯。我显然不是个天生上镜的人。不管是现在还是任何时候，成为电视明星从来都不是我的愿望之一。不过这都不重要了。我只是想提高公众对腓骨肌萎缩症的认识，从这个角度来说，我已经尽力了。

今天来的摄制组只有两个人——一个音响师和一个摄影师。他们大约上午10点到的，然后就忙活起来了。我自己也是个摄影爱好者，而且已经在当地报纸上发表过几张照片和几篇文章。此外，我还是网络杂志《告诉赛车解密》的技术编辑，所以我对他们带来的那些装置立刻就产生了浓厚的兴趣。当我们看电视的时候，所有的镜头看起来都非常自然，但实际上，为了达到这种效果，需要有大量的技术支持。其中一个关键的因素就是复杂的灯光系统，能够调出不同的色调，这样，就不需要把演员的脸画成大花猫了。

拍摄大约持续了半小时，大部分都是我们拼拼图的场景（唉，可怕的拼图）。这一次，尽管埃莉在旁边帮我，但是贝利却出来捣乱，因为音响师对狗过敏。

幸亏我很聪明，在开拍之前，我把之前已经拼好的几块儿给拆了下来，然后在镜头里重新拼上去，做得天衣无缝。因为拼图的实际过程应该是首先要找到需要的那块儿图案，而我们当时只完成了10%（也就是说，盒子里还有900块儿），要想现场找到的话，这个摄制组就得在我家等上10天了。

这个场景录制完了，其他几个事先安排好的展现灵活性问题的镜头也拍好了，接着就是我的“即兴表演”了。安排是这样的，他们中的一个人会在镜头之外给我提问题，然后我要直接对着镜头回答。我觉得这是个很好的机会，因为我想要筹钱，现在我就有机会直接与观众交流了。

很快，录制结束了，摄制组匆忙回到了伦敦英国广播公司电视中心，准备在当天晚上就播出这一段。

“你知道吗？”当我们把摄制组送走之后，我对丽萨说道，“我特别紧张，别人会有怎么样的反应呢？”

“你会没事的。”她说。

尽管如此，那天下午还是非常难熬。我有没有说错话？说错什么话了？我是不是说了很多废话？最可怕的是，我有没有下意识地挖鼻孔？可能没有吧（我赶紧安慰自己，因为平时没有这种坏习惯），但是如果你知道自己的一言一行将被超过450万名观众看到的时候，肯定会紧张得不得了。

不过最终，一切都平安无事。

“看起来挺好的，我认为。”丽萨最先给出自己的评价。她说得没错儿。节目被压缩到十几分钟的长度，我的主要印象就是一切都过得非常快。不仅仅是镜头里我的速度很快——空中跳伞，水上汽艇，嗯，拼拼图也算吧——同时我这15分钟的名人效应也很快就过去了。除了在汽艇上我笑得前仰后合的那个镜头之外，节目上的奈杰尔·霍兰德一直是一种温和的形象，然而一眨眼之间，这一切都过去了。

不过，天啊，真是太有趣了，我也特别心存感激。从头到尾只有一个小小的遗憾，本来我特别不想提出来。尽管我私下里对自己的表现很有信心，但是结果证明我还是说了一堆废话，因为我那段“即兴表演”根本就没有播出。

2012年2月27日

完成了多少项挑战？嗯……仍然只有3项。

不过……有多少项挑战已经在进行当中了？唔，很多很多。至少是在心里开始规划了。

有多少次我看着那幅拼图叹气？有10多次了。

有多少块儿拼图已经被狗吃掉了？我们确切知道的有一块儿。

今天要完成的挑战是那张清单上最让我期待的一项。不过首先，我要“抓住窍门”，我说的是真的。

这项挑战就是“打鼓”——很长时间都没有做过这件事情了。以前我经常打鼓，而且打得还不错，但是如今尽管对打击乐器的热情还在，技能却已经退化了。所以我决定要采取相应的措施了。

事实上，这个挑战完成起来并不是太难。我的朋友克莱文有一套超棒的电子鼓设备。是那种“邻居友好型”的电子鼓，不会吵到别人。我用长长的胶带将鼓棒黏到手上之后，一切就准备就绪了。这样我就能重温那有韵律的鼓点节奏，同时又不至于因为鼓棒脱手而对别人造成致命的伤害。

★★★★★★★★★★★★★★★

不论是上电视，还是成为英国唯一一个坐在轮椅上开赛车的人（后面会详细叙述此事），都比不过在名为“伊甸园神殿”的乐队里做鼓手的那段时间让我开心。我们的领队是才华横溢的作曲家歌手，达伦·希尔，我是在一家青年音乐俱乐部里认识他的。我们很快就一起演出，大约3个月之后，我们认识了一位很棒的贝斯手，菲尔·巴克。我们第一次演出是在豪恩斯洛艺术学院，当时乐队有很多备选的名字，后来我们决定用“伊甸园神殿”，这是从达伦的一首歌词中得来的。达伦写了很多好听的歌曲，我特别喜欢跟着这些歌曲打鼓，现在他仍然非常厉害。如今他是一名自由作家，专注于基督教义方面的写作。我们乐队最后的成员还包括吉他手盖里·霍尔德，键盘手伊恩·格雷。

20世纪80年代，“伊甸园神殿”在伦敦各地演出，其中就包括汉默史密斯的克拉伦登以及布鲁内尔大学的学术厅。但是我们最成功的一次演出（写到这里，我就仿佛能听到孩子们在我耳边说“知道啦，爸爸，我们都已经知道啦……”）是在莱斯特广场竞技场上。不过回忆的时候，对于某些细节，我就一带而过了。那是在一次儿童救助活动上，我们要在观众互动环节之后上台表演。我跟往常演出的时候一样情绪高涨，而更让我兴奋的是，这次舞台设施更加先进，有一个鼓架升降台，我可以像海神出水一样从下面升上来。

音响设备一切检查妥当之后，我们都非常激动地等待上台表演的那一刻。我要先待在舞台下面的鼓架旁，直到舞台指导按下按钮，乐队其他成员从两侧走上舞台之后，我才会和鼓架一起升上舞台。

万万没想到的是，事情并没有按计划进行。舞台指导按下了按钮，但是我立马感觉事情不对，因为台上的声音有些异常。没有报幕声，也没有欢呼声——不管是对刚刚表演完的演员还是马上要上台的演员——等我慢慢升上舞台之后，我才弄清楚状况：我眼前出现的那个画面让我终生难忘——当时最有名的电台DJ盖里·戴维斯正手持理发剪忙着为一个人免费理发。

最后，舞台上终于恢复了正常，乐队的其他成员也好不容易忍住不笑，上台来和我一起演奏了一首特别震撼的歌曲，尽管对观众来说，这首歌曲给他们带来了不小的文化冲击。但是我永远都忘不了当时那种尴尬的场面：盖里・戴维斯不紧不慢地给别人剃着头，而我则像个傻瓜一样呆坐在舞台中央，脸涨得通红。那段时间里，我一下子就出名了，而且过了好久，这件事情才被人淡忘。

我对音乐有热情很早就开始了。尽管在童年时期，我的下肢肌肉和脚部肌肉已经开始萎缩，但是我的手臂功能还算正常。与其他的孩子们一样，我也有自己创作音乐的方式。有人喜欢听录音，有人喜欢吹笛子，但我就是喜欢打鼓。在我十几岁开始就读于马丁代尔中学之后，我对打鼓产生了浓厚的兴趣。我喜欢各种音乐，常常花上几个小时来听歌。我尤其喜欢摇滚乐队，特别是平克・弗洛伊德、阿根特、超级游民、大卫・鲍伊以及齐柏林飞艇，其实，只要是乐曲节奏感强的乐队，我都喜欢。听歌的时候，我总是特别注意听鼓手的节奏，这几乎就变成了我的一种条件反射。一开始，我的“鼓架设备”极其简易，几个倒置的饼干铁盒，外加两根母亲的毛衣针，但慢慢地，我开始接触真正的鼓架，因为在阿克斯布里奇有一家由当地青年服务中心成立的青年俱乐部，里面创办了一个名为“回响”的音乐俱乐部，每周举办两次活动。这里就像是音乐爱好者的天堂，至少在涉世未深的我看来是这样的。在这里，年轻的音乐发烧友可以尽情释放他们对音乐的热爱，满足自己演奏乐器的愿望，同时还不用受到父母的干涉。

那时，我的运动技能已经开始退化。拇指周围的肌肉力量已经越来越弱，使我连从地上捡起一件东西都非常困难，而即使捡起来了，也很难抓握。拇指的确是上帝赐予我们的便利工具，这让我们与其他生物区分开来，使人类能够使用工具，缺少这项技能是一件非常可悲的事情，可没办法，这就是我的命运，所以我只能学着用其他方式来完成同样的事情。

尽管患有腓骨肌萎缩症，但至少我有时间慢慢来适应这种病症。一开始是我其他的手指力量变弱，书写能力变差，写出来的字越来越像医生开出的处方（或者像一只喝醉酒的蜘蛛在一摊墨水中挣扎的足迹）。老师如果能看懂我的字，那简直就是奇迹。因此，就在这个时候，我开始使用人工打字机，然后会在那上面完成我的家庭作业。在我刚开始学着打鼓的时候，我的双手还是有点力量的，也就是说我还能握住鼓棒。但是，令人沮丧的是，好景不长。随着肌肉进一步萎缩，我的双手越来越无力，最后唯一可行的办法就是用医用胶带将鼓棒绑在我的手上。

只要我能继续演奏，我就愿意忍受这种方式。因为一旦接触了真正的鼓架之后，我就深深地爱上了这种乐器，就是这么迅速。更令人欣慰的是，我显然在这方面非常有天赋。“你很有潜力。”我演奏完之后，俱乐部里的一位管理者说道。就在我因为他的夸赞骄傲不已的时候，他竟然追加了一句：“因为你显然不能演奏得比现在更糟糕了。”所以我只能接受这个事实。但是对于生性好强的我来说，这并没有击退我，反而督促了我的进步。我要学打鼓，而且要学得非常快。我也特别想能学得精——跟着专业人士学习。为了实现这一目的，我甚至利用周末的时间跑到克里登，去参加我最喜欢的鼓手比利·考伯汉姆和“简单头脑”乐队当时的鼓手梅尔·盖纳一起举办的大师班。比利·考伯汉姆如今仍然是一位出色的自由音乐家。那次大师班上，两位鼓手分别进行了表演，回答了观众的问题，还教给我们一些演奏的技巧，鼓励在场的所有鼓手去提升自己的水平。

当然，天赋是后天无法学习的，我永远学不到他们的那种天赋。我一直都非常努力地去尝试，去工作，所以我会小有成就，但是却从未真正地取得惊人的成绩，我一直都无法传递出那种音乐的细腻感。我多么希望我能借助大师们的献身精神、充沛的情感以及非凡的能力，传递出这份音乐的细腻感，然后传承给我的孩子们，那样该多好啊。

2012年2月29日

今天的挑战完成之后，一共完成了多少个挑战？5项，也可以说是总数的1/10。还有9个月的时间来完成剩下的45项挑战。所以，我现在已经步入正轨了，欢呼！

但是……到下午茶的时候，有多少个朋友可能会和我绝交？如果我不小心的话，肯定会有1个人。

今天的口号：头骨其实是很脆弱的。

我感觉自己目前进展得特别顺利——各方面都很顺利。打鼓这项挑战完成之后，我又踏上了新的征程：坐在轮椅上的双轮平衡赛。不是我一个人来做这件事情，而是我要教会别人来做这件事情。当初我之所以在清单上写下“教会别人如何在双轮轮椅上保持平衡”这一项，是因为我觉得这是一件很了不起的事情，我想跟其他人一起分享。我可不是什么精神有问题的虐待狂，而是能在轮椅上靠两个轮子保持平衡是一项非常必要的技能。一旦掌握了这项技能，你基本上就可以摇着轮椅去任何地方了。所以我想，教会一个健全人掌握这项技能也许是件有趣又有益的事情。我的朋友伊恩·布莱克特不仅是个健全人，而且还和我一样，喜欢冒险。他是一个“速度控”，同时还是桑踏-普德赛道假日比赛上的专业摄影师，除了给媒体提供照片之外，他为来参加比赛的赛车手们提供摄影服务。2005年的时候，他帮我拿到了进入假日比赛场地的第一张记者证，所以如今我一定要报答他。在他来之前，我把我的备用轮椅从汽车后备箱中拿出来，在他坐上去之前，我把轮胎里的气体放掉了一些。轮胎一旦充气不足，轮椅就容易控制，这样他尝试用两个轮子保持平衡的时候就会容易一些（不过说实话，我反倒希望不容易做到，因为我还和年轻的时候一样喜欢挑战困难）。但是即使这样，伊恩还是费了很大的力气，并且倒在沙发上好几次之后，才能在两个轮子上保持几秒钟静止不动，他也总算体会到了其中的惊险刺激。

“这比看起来难多了，对吧？”他说道，（我想，这难道不是显而易见的吗？）同时在一旁小心翼翼地摆弄着，不敢前行，害怕第三次摔个嘴啃泥。丽萨和伊恩的妻子则站在一旁，尽量忍住不笑。不过他很走运的是，孩子们都出去玩儿了，不在场。但是“紧张兮兮地不敢挪动”可达不到我之前那个“熟练地用双轮保持平衡”的标准。我的计划是，等他掌握了双轮平衡的技能之后，就用这项技能来做一点实际有用的事情——眼下就是360度转弯。这也就是为什么场地选在了温室而不是客厅。我可不能让他摔倒在我那幅快要完成的蒸汽机拼图上……

★★★★★★★★★★★★★★★

离开普通学校，前往马丁代尔中学读书这件事情，虽然让我感到有些紧张，但是也让我瞬间得到了自由。我戴着崭新的天美时手表，来到这个可以随意打扮而不受限制的新学校。熟悉的初中生活已经成为了昨天的回忆，新的高中生活即将开始。我没有时间焦虑，也没有时间来准备，甚至没有时间来思考。现在想想，也许这是最好的适应方式了。马丁代尔是一所专门为残疾青少年开设的学校。我的初中学校是那种标准的20世纪60年代建筑，但是马丁代尔是维多利亚时代修建的，虽然里面的设施还比较先进，但是你能看出来其年代久远。该学校在修建的时候显然处处考虑残疾人的需要：每面墙都被刷成了白色，下面装有护壁板顶木条，相当于扶手的作用，走路有困难的学生可以扶着走路。扶手下面的墙是用统一的红釉砖砌成的，高高的白色天花板上面悬挂着吊灯。学校的主廊也是学校的主厅，我们每天早上在这里集合聆听训导，中午在这里吃午饭，如果遇上下雨天，还会把这里当成操场。主厅有一扇门通向办公区和大楼另一侧的教室区。教室区也有一扇门通向操场。大厅里的地板被擦得特别亮，空气不太流通，还微微有些发霉的味道。当我在一个温暖的夏日早上第一次来到这里的时候，我感觉这里特别大，感觉自己一下子长大了，要去面对新的挑战了。我觉得那天早上我的父母比我还要焦虑。他们在学期当中让我从以前的学校退学，然后转入一个陌生的学校，周围全部变成陌生人，他们一定对我接下来的生活感到紧张。我也很紧张，但是我并没有像之前想象的那样恐惧，而是感到一种突如其来的自由感。我已经离开了之前的学校，也就是离开了我的那些死敌，光是这一点就足够让我开心了。那天去学校的路上堵车很厉害，一共5英里的路程，我们开了很长一段时间，等我们到了学校，之前那种紧张的心情也已经差不多被磨没了。但是我知道，等父母离开，把我一个人留在学校里的时候，这种紧张的心情一定会变本加厉的。

我们通过侧门走进大厅，校长希金斯先生正在那里等候我们。希金斯先生有60多岁了，身材高大，背着双手站在那里，在我们走近他的同时，他一直紧盯着我看。他身穿一套毛呢布料做成的西装，脚上一双棕色皮鞋闪闪发亮。

“嗯，奈杰尔，”我父母离开之后，他对我说，“好了，欢迎你成为马丁代尔中学的学生。”很显然，他对自己管理的这所学校非常自豪。“我肯定你会非常喜欢这里的。”他补充说。

他的声音在大厅里回响，尽管他脸上的表情很友好，但是我立马就能感觉到他可不是一个好惹的人。他就跟之前我的医学顾问麦卡德尔兄弟一样给人一种畏惧感，后来我知道这跟他的背景有关——他曾经是英国皇家空军的飞行员。我和当时其他的男孩子一样对他充满敬畏。他是学校的领导，得到全体学生的尊重，因为他曾经参加过第二次世界大战。

希金斯先生亲自把我带到了教室，在去的路上，他随意地问了我几个问题，比如喜不喜欢以前的学校，现在来到新的学校会不会有点紧张，今天早上是怎么过来的，是不是我父母带着我坐公车来的，等等。

当时我还不知道他曾经是一名空军战士，我记得自己特别骄傲地告诉他说，我的父亲是英国欧洲航空公司的司机，在希思罗机场工作，早上就是父亲开车送我来的。

同时，我一边走着，一边对这个新的环境感到特别新奇。我看到大厅墙角处整齐地摆放着轮椅、拐杖和助行架。甚至还有一辆用胳膊摇动驾驶的红色三轮车。这些东西我以前从来没有见过。

来到教室门口之后，希金斯先生打开门，带我走进教室，见过我的新老师，杰罗姆小姐。我不知道她当时有没有结婚（现在仍然不知道），不过她那种中规中矩的教师形象是你在任何一本故事书里都可以见到的。她面部轮廓清晰，表情严肃，但偶尔也会流露出些许母性的慈爱。我在她指定的座位上坐了下来，旁边是一个名叫安德鲁·斯格尔顿的男孩儿，他患有杜氏肌营养不良症，也必须要坐轮椅。我们俩很快就成了朋友，那天下课之后我们一起参加了一场足球比赛，尽管我们这种足球赛在大多数人看来都不太熟悉，因为球员都是残疾人，且我们的身体灵活性很差。

安德鲁坐在轮椅上，打防守位置，这是个很好的策略，因为轮椅本身就是一个不太容易绕过去的障碍，尤其是进攻队员自己脚步行动也不灵活的时候。尽管当时我也是脚部行动不太灵活，但是我至少不用坐在轮椅上，所以我就自告奋勇地成为另一队的主力（现在想想，自己当时还真是不自量力）。那时，我总是觉得自己应该踢前锋，所以当对手开场犯规，我被选为点球手的时候，我简直高兴坏了。不过我并没有告诉我那些慷慨的队友们，我可无法保证这个球到底会朝哪个方向飞出去。

我的确可以把球踢出去，但是能不能按照正确的轨道踢出去那就很难说了。操场墙壁上的足球门柱不知是谁画上去的，肯定是守门员家的亲戚，说实话，我踢进去的概率真是太小太小了。

不过，由于我是新转来的同学，队友们对我非常友好，所以我必须要努力来报答他们。至少我要拼尽全力来试一下。但是，当我还在沉思的时候，对手们（他们从一开始就因为被判犯规而不服气）为了表示抗议，所有队员在球门之前一字排开。

本来我踢进去的可能就不大，这一下看来我更必死无疑了，但是我还是决定要拼尽全力试一下。对方有两个坐在轮椅上的球员和三个可以自由活动的球员堵在球门那里，唯一的防守盲区就是安德鲁·斯格尔顿头顶上的那片区域。拼了，我心想，然后又转念一想，如果我把球踢进去了，同时还砸到了他的脑袋，那我们俩以后还能继续做朋友吗？不过，转学来的第一天如果就能踢进一个球的话，那就太棒了。

我瞄准了，把球踢了出去——或者，说得形象一点，就是用脚趾推出去了——球朝着球门飞了过去，让我不敢相信又惊喜万分的是，球竟然打中了墙上唯一那片没有被防守住的地方。这样，我就踢中了第一个点球，成功巩固了我在球队中的地位，同时也得到了队友们的尊敬。的确，当时球离安德鲁的脑袋特别近，差一点就砸中他了，但是最后竟然没有打到，反而成了表明我球技高超的证据。我也不用再解释什么了，对不对?

我在马丁代尔中学读书的那段时间跟安德鲁一直都是好朋友，但是令人惋惜的是，他很早就去世了，杜氏肌营养不良症患者一般都是这样。那年是1980年，我刚刚进入大学。我敢肯定，认识他的人都会为他的离去而感到惋惜。在马丁代尔中学读书的那段时间，我不仅认识到了自身的疾病给我带来的局限，同时也对残疾人的世界有了更深入的理解。这是我第一次接触那么多残疾的孩子，毫不夸张地说，那让我感到有些不安。和当时还处在病症早期的我不一样，那里大部分的孩子都要坐轮椅，除了还有一个使用拐杖的男孩和一个看起来毫无异常的男孩。我总是特别想知道（我想任何一个处在我当时那个年龄的孩子肯定都会好奇）那个看起来毫无异常的孩子到底是哪里有残疾。

我对那里所有的事情都非常着迷，非常好奇。刚去的那天上午，我们上了一堂课，但是说实话，我根本不知道那是一堂什么课，因为我在忙着观察我的新同学，而他们肯定也在观察我，所以我们是在对彼此的好奇当中度过了那一堂课。

很幸运的是，我们的教室是少有的几个临近操场的教室，于是我感觉自己就像一个置身于糖果店的小孩子。之前初中学校的操场是一片冰冷的钢筋水泥，而眼前的这个不一样，这才是真正的操场。好玩儿的东西太多了，我都玩不过来了。各种各样的自行车，两个大秋千（一个普通的秋千，另一个有安全带），还有人力车。我都惊呆了，这真的是学校的操场吗？

进入新学校的头几天感觉很好，我适应得很快。周围的环境都特别友好，想让我不适应都不行。首先，我不用每天都爬楼梯，那种感觉真是太轻松了。而且离开之前的学校，我也就不用面对那个欺负人的小霸王和他的同伙儿了，因此我也能比以前更有自信。

自然，每个学校里肯定都会有小霸王。而通常每当有新同学转来之后，他就会特地来找那个新同学。庆幸的是，这里只有一个。他身材魁梧，但是也要坐轮椅——我觉得他也患有杜氏肌营养不良症——他非常努力地想要表现出一副吓人的样子，但是往往达不到效果，因为事实上（我很快就发现）他的力气很小。可能是为了增强效果，弥补自己的身体缺陷，他让自己的一个同学推着他在学校里转悠，从而让大家都知道谁才是老大。

有一天下课的时候，他决定要来跟我挑战，当时我正坐在教室里，因为外面下着雨。我感觉他坐在轮椅上被推到了我身边。现在想想还觉得挺可笑的，他想来欺负我，却还得靠别人把他推到我身边来。不过，当时就是这样。他刚一在我旁边停下来，就用拳头重重地打在我的大腿上。当然，我之前被人欺负过，我一般的反应（也是明智的反应）就是避免正面对抗：一开始就别让他们靠近你，如果已经发生了冲突，那就转身走开。但是这次情况不同了。他并没有吓到我。他没有什么可以吓到我的地方，他身后跟着的那个闷闷不乐的小跟班，看起来也没有什么攻击力。所以我态度很坚定。毕竟，我比他壮，跑得也比他快。我让他走开，别来惹我，告诉他说，我绝对不会成为他悲哀的小跟班，成天推着他在操场上转悠。

让我非常自豪的是，他再也没来烦我。

不过，也许马丁代尔中学留给我的最重要的回忆就是我在这里得到了我的第一辆自动轮椅。用“兴奋”这个词儿简直都无法表达我当时的心情。那是我青年时代的转折点。突然之间，我可以自由活动，重新获得了独立。对我来说，这是一个极其重要的时刻。过了蹒跚学步的阶段之后，我的自理能力越来越差。随着我的病情恶化，我对旁人的依赖性也越来越强。如今，情况一下子转变过来了。当我自己转动轮椅的那一刻，我突然意识到，自己现在可以去任何地方了。以前总是要倚靠其他物体，或者扶着其他物体，为了两脚能站稳，避免摔倒，常常得在慌忙之中抓住身边的事物，如今这一切都不会再发生，这真的让我感觉到前所未有的解脱。以前坐在那里跟别人聊天的时候，还得一边观察周围有没有什么支撑物，一边注意保持平衡，以后再也不需要这样做了，这不仅让我觉得轻松不少，同时也让我更加有自信。同样还让我感到解脱的是，如今我不再像以前那样经常感到疲惫了。尽管之前我一直渴望能够“自己”走路，但是现在能够不用被别人推着，而是自己操作轮椅，对我来说，已经感觉重获自由了。同时，使用自动轮椅还给我带来额外的惊喜：我要去参加轮椅培训班。一开始，我对这个培训还挺困惑，我有轮椅，而且也知道如何使用，那么“轮椅培训”到底能教会我什么呢？这个新设备大大提高了我的自信心，我已经迫不及待地自己去探究其功能了。我用得特别顺手，启动、刹车，以及熟练地绕过路人与障碍物等。但是结果是，我特别喜欢这次的培训课程。上课的第一天，我就被学校的理疗医生给叫了出来，她把我带到理疗室，告诉我说她要教我平衡特技。我当时就惊呆了。平衡特技是自行车爱好者常常玩的一种危险的特技。我也吃过这方面的苦头。我的两个哥哥都会做，因此我对他们特别敬佩。在我还能骑自行车的那段时间里，我也尝试着做过这种特技，但是被摔得很惨，这让我明白，对马克和盖里来说很容易的事情，对我来说并不简单。的确，我也能像他们那样使前轮离地，但是我刚让前轮离地，车屁股也就抬起来了，就像一匹难以驯服的野马一样，立刻将我摔了个仰面朝天。我记得我从来就没有成功停留过1.2秒以上。

“真的吗？”我像一个小孩子那样兴奋地问道。我不敢相信。不仅仅是成年人想在自行车上表演平衡特技，在初中时我们不也经常喜欢坐在椅子上向后仰，跷起椅子的前腿吗？这听起来就很刺激，而实际上真的很刺激。尽管我不想吹嘘，但是我显然在这方面很有天赋。仅仅在很短的时间里，我就掌握了用两个后轮平衡的技巧——我想这主要是因为，我想抓住这个机会来证明我也可以做平衡特技。

掌握这种平衡特技并不仅仅是为了娱乐。当坐轮椅从学校出来之后，我们就发现，这其实是一项非常重要的技能。学校里的各种设施都是为了方便轮椅乘坐者而设计的，地面都是平坦的，最坏也就只是有个小小的斜坡而已，所以在学校里走动非常简单。但是在现实世界里——一个以健全人为主的世界——必须要使用平衡特技才行。

过马路的时候一开始还好，你只需要让轮椅“跳下”路缘石就可以了，但是一旦过了马路（当然，还要时常看着红绿灯），你就被困住了：3英寸高的路缘石在你看来就像一面6英尺高的墙挡在你的面前。但是如果你会使用平衡特技，你就只需要向后仰，靠后轮平衡，抬起前轮——然后将前轮挪动到人行道上，之后你要做的就是将自己和轮椅拉上去就可以了。

当然，这需要有臂力，幸运的是，我的胳膊还算有劲儿。我很庆幸腓骨肌萎缩症没有影响我的上臂肌肉。同时在这个过程中，我还锻炼了身体，给我带来了各种益处。

在12岁的时候学习平衡技能对我还有一个很大的影响：这也许就是我这一生抗争精神的来源。而这也是学校希望帮我们培养的精神。最终，“残疾”这个概念慢慢地消失了。当我们中间很多人都坐在轮椅上的时候，自己坐在那里就感觉跟健全人一样。而且，与其他学校一样，我们有一系列的体育活动——只不过稍微有些不同，我们会定期举办轮椅赛跑和大型障碍滑雪，我发现自己在运动方面很有天赋，而如果我待在普通学校的话，这种天赋肯定就被埋没了。

最让人开心的是，我经常会赢。现在我都还留着那时候赢得的金牌呢。在1972年到1976年的这段时间里，我经常会获得轮椅障碍滑雪赛和60米轮椅短跑赛的冠军。我甚至还有幸进入了马丁代尔中学代表队，去参加在斯托克·曼德维尔举办的全国比赛，能参加这种比赛，即使拿不到名次，我也会感到很高兴。当然，能拿奖就更好了，因为这就是残疾人奥运会的前身。

运动是我在马丁代尔学习生涯中非常重要的经历。除了轮椅赛跑，我还参加了射箭队，而且也拿过金牌。当时我对射箭非常有热情，父母甚至花大价钱给我买了一副弓箭，这样我就能去参加校外的比赛了。可是后来有一个晚上，射箭俱乐部着火了，烧毁了所有的东西，包括我的弓箭，那次我伤心极了。

勇于尝试似乎是马丁代尔学校的一种精神，这对于精力充沛的我来说，再适合不过了。除了射箭，我还尝试过掷铁饼和掷铅球，不过我最喜欢的田径项目是掷标枪，我还喜欢游泳比赛，这两个项目也都给我带来了金牌。

所有这些事情当中，只有一个因素是不变的，也许正是这个因素塑造了今天的我：我终于找到一个属于我的地方，在这里没有人会摇摇头对我说：“不行，奈杰尔，我觉得你做不到。”

在马丁代尔学校，我第一次觉得自己什么都能做到。

尽管我很快就发现，事实并不是这样的。

2012年3月

2012年3月4日

激动人心的消息！

蒸汽机拼图中有多少个主要人物及其相关图案已经拼好了？已经1个啦！好吧，说实话，1个并不算多。但是这可是个关键人物——戴着烟囱式的帽子，穿着时髦的黄色马甲，他就是伊桑巴德·金德姆·布鲁内尔。

不过，他现在一个人孤零零地站在那里，他和他那张极其详细的图纸片段。拼图就是这样，是一点一点叠加起来的，先是把相关的都组合在一起，形成各个小团体。这些小团体注定有很长一段时间都找不到组织，只能在茶几上被扔来扔去，直到找到自己在整幅拼图当中的位置。这些小团体经常会被忽视（当你实在没耐心继续按着模糊的概念去找那块儿“稍微带点儿白色的紫色图案”时，你就会放弃了），然后就被孤零零地放在一边，而同时，与其“接壤”的边缘图案增长得特别特别慢，恐怕到了双方终于“对接”的那一天，史蒂芬·霍金的新书可能都写完一个章节了。

说实话，我已经开始讨厌拼图了。这幅拼图让我大伤脑筋，汗流浃背，一块儿一块儿地研究，还要经常从狗嘴里夺回被它叼走的图案。我知道，我们才刚刚开始几周。要想完成这幅拼图，将是一个非常非常困难的过程。

“我讨厌这幅拼图。”当我和埃莉坐在地板上拼拼图的时候，我跟她说。马特和艾米现在已经学聪明了——速度非常之快。只要看见我坐在地板上，腿上放着拼图盒子，他们就逃得无影无踪。

不仅他们会逃跑，连他们的朋友也会逃跑。的确，他们会看看拼图，甚至会称赞一下其完成情况。但是动手帮忙？才不会呢。他们都很“懂礼貌”，这是我和埃莉要完成的挑战，所以他们插手不合适。天啊，帮帮忙吧！我们可以不说出来啊……可怜的埃莉，她现在有没有后悔呢？

“你并不讨厌它，”她非常有信心地对我说，“你只是嘴上说说而已，实际上并不讨厌它。不管怎么样，这能锻炼你的手指。”

她“啪”的一声把一块儿拼图放了进去，这样就把一个小团体连接到另一个大一点儿的团体上了，正好就在左上角大西方铁路公司标志的旁边。我继续在盒子里翻找，找那块儿带点儿白色的紫色图案。我想可能这块儿图案已经被狗吃下去了，但是问题是，我并不确定。

说实话，我们能坐在这里已经是个奇迹了。不是说“坐下”本身是个奇迹，而是说这幅拼图还完好无损地摆在这里，这才是个奇迹。昨天晚上，马特约了几个朋友到家里玩儿，今天早上我一下来，发现我们的卧室已经面目全非，简直就是立交桥下面那种混乱的场面——而且还是那种大城市里的立交桥。虽然看不见吸着烟的铜匠，或者散发援助流浪者传单的好心人，但是其他的很多场景都让会让你想起那种揭露社会底层凄惨生活的纪录片。屋子里到处都是睡袋（有几个睡袋我都不知道是从哪儿弄来的，其中有一个我确定是从车库里脏兮兮的杂物堆里翻出来的）；地毯上散落着不成套的被褥和枕头；两升大的空可乐瓶子；吃剩下的比萨面饼渣；硕大的碗里残留着几粒儿太妃糖爆米花。

好吧，去掉这最后一个画面，因为我们也许在天桥下面是看不到太妃糖爆米花的。但是另一件事情还是很有可能的：那些流浪汉一旦感觉有些无聊了，说不定就会玩起拼图来，反正拼图就在他们眼前。或者把拼好的图案给拆了（我认为这种情况的可能性更大，毕竟他们还只是小孩子）。

不过，这两种情况都没有发生。好吧，我们自己继续拼图……

★★★★★★★★★★★★★★★

尽管我在马丁代尔学校交到了不少朋友，但是我们都住得非常远，最近的离我有一英里多的距离，而大部分则住在大约六英里远的地方。所以在一开始那几年的周末里，我仍然会跟之前学校里的朋友们一起玩儿。

当时，我已经长大了，非常想获得更大的自由——这是我在初中学校里得不到的。那时候我曾经有一辆自行车，但是车不是很好，很难骑，也没办法用它来做平衡特技，所以，我只能又回归到之前唯一可用的那种交通方式——成人小推车，当然肯定得有人推着我。

不过，后来，我的地位提升了，因为残疾人服务中心给我送来了我的第一辆成人三轮车。这辆蓝色的车没有什么特别之处，很实用，但是不能随意改装。当时我看见我的同伴们都在他们的自行车上安装可调哑铃凳或贴上贴画，虽然那时候我还是个孩子，但我明白，装饰自己的这辆车只会让我看起来更加令人同情。我并不傻，我知道再怎么装饰，都无法让这辆车——或者是我——看起来很酷。有人建议在车后座上安装一个车筐，但是我拒绝了。我最不想要的就是车筐，尤其是安装在车后座上的车筐。因为有时候我可以让我的同伴坐在后座上，带他一段儿，这让我感觉在同伴儿当中还有点儿地位——我可不会因为一个破车筐而放弃这一切！

尽管这辆三轮车设计得不是很合理，但它还是很实用的。车上有3个齿轮，所以在缓坡上也可以行动自如，这就意味着我不必再被困在家里，而可以去其他正常孩子们可以去的地方了——对12岁的我来说，这就足够了。其实，我从来就没有走出去很远——去小朋友家里，或者在附近的操场上玩儿——但是，还是那句话，这让我获得了自由。同时，由于我现在掌握了平衡特技，所以很快我就在这辆三轮车上做起了各种疯狂的动作，比如抬起左轮，像骑普通自行车一样前行。不过，这可不仅仅是为了炫耀，尽管这的确让我得到了不少钦佩的目光。三轮车比普通的自行车要宽，所以有些自行车可以通过的地方，三轮车是过不去的，如果我想要跟上我的同伴儿们，就必须得学会如何越过各种障碍。当我最终掌握了这项技巧之后，感觉特别刺激，就像邦德电影中的007一样，为了追击坏蛋，将一辆野马侧身开过狭窄的小巷。

但是詹姆斯·邦德可不用像我那样应对父母的恼怒。有时候，尽管我并没有闯祸，还是会被禁足在家里，无法骑三轮车了，原因很简单，只是因为上完夜班回来的父亲正在睡觉，而他把车停在了存放三轮车的小屋门口。我当然不敢把他叫醒，让他去把车挪走，那结果将是无法想象的。这种时候，我就只能先将就着用我那辆自动轮椅，总比什么都没有强。但是除非你是个轮椅健将，否则很难跟上同伴们儿的自行车，不过很幸运的是，我的同伴儿们都非常友好、耐心。

乘坐这辆轮椅出去也会招来路人的注意，这是一个好面子的小男孩儿不希望看到的。当某个好心人以为我自己控制不了轮椅的时候，就会走过来扶住后面的把手（当时，自动轮椅也常常会有把手），这让我感觉很尴尬。作为一个懂礼貌的孩子，每当这种时候，我尽量表现出很感激的样子。但是时间久了，我也会觉得厌烦。我记得有一个可怜我的人，非常热情地想要推着我过马路，但是却被我训斥了一顿。

“不用了，”我说道（一开始很友好），“我自己能行，谢谢。”

“噢，没关系的。”他回答说，“我不介意推着你过去。”

这句话显然一下子点燃了我心中的怒火。

“换作是你，你会有什么样的感觉？”我火冒三丈地对他喊道，“换作是你，如果我抓住你的双腿，帮你挪动，你会有什么样的感觉啊？”我记得我最后甚至还让他“别再碰我的轮椅！”现在一想起这件事情来，我就感觉很惭愧，但同时也对儿时的自己深表同情，因为那时我的自尊心就跟其他男孩子的一样脆弱。这也说明，拥有自理能力，不管多么有限的自理能力，对我来说都是非常重要的。

我生活在一个对我来说处处都是挑战的世界，我需要知道自己的潜力和局限在哪里。所以有时候我必须拒绝外来的帮助，去努力发现自己的潜力。有些时候甚至都会超出我母亲可以承受的程度，所以在这些时候最好还是不让母亲知道。

我和我的朋友保罗·科索恩经常会在星期六带着为数不多的零花钱去海耶斯买东西。从五六岁时起，我们俩就是好朋友了。我们俩认识的经过也比较传奇。当时是在附近的游泳池里，保罗清楚地记得（对了，我还有他给我写的邮件为证），看见个头矮小的我坐在池子边上，他决定要把我猛地推下水。他并不是要害我，只是想跟我开个玩笑，他自己也经常被人这样整蛊。当然，他那时候并不知道我是个“残疾人”——他怎么可能会知道呢？——之后他就被当场赶出了游泳池。我当时的确很生气（具体细节我已经记不清楚了，我的记性比保罗的差远了），但是我并不想失去这个潜在的朋友。因此，当保罗在更衣室里一边换衣服一边哭鼻子的时候，泳池管理员走过来告诉他说，他可以继续留下来。

我们俩简直是天造地设的一对儿，嗯，算是吧。因为我们俩在一起几乎把能闯的祸都闯了。记得最严重的一次，我父亲刚刚花了好几个小时把我的轮椅修好（我玩特技的时候给弄坏了），保罗就立马像往常一样用自行车拖着我飞奔，结果我又摔倒了，轮椅又被摔烂了。

那天晚上，我们俩在保罗家的花园里支起帐篷，户外露营。我记得那天特别冷，但是再怎么冷，我那天也不敢去面对我父亲了。

跟所有12岁的孩子们一样，我们的口袋里永远存不住钱，经常会去买些巧克力啊，买几罐柠檬汁啊，或者买些新出的唱片。但是吸引我们的并不仅仅是购物本身，还有到镇上去的这趟旅程。因为路上我们会经过一座交通繁忙的主干路桥，桥下是通往伦敦市中心的火车轨道。整座桥呈一个倒V字形，桥中间两侧分别是一个很陡的上坡段和下坡段。所以上坡的时候就是一个实地检验轮椅性能的大好机会，或者用一个12岁的孩子更好理解的话来说，就是看轮椅到底能跑多快。

现在再想想那座桥，我都会对当年这种鲁莽的举动产生后怕。那时候我们的确是初生牛犊不怕虎。为了更刺激一点儿，我们两个人会同时乘坐轮椅，我坐在椅子上，保罗则手持轮椅把手，脚踩后杠，贴在我身后，然后猛冲下人行道，直到最后会出现两种结果。一种是我用手抓住车轮外缘，逐渐放慢速度，直至最后停下来，这时候我的手已经是火辣辣地疼了；另一种更为惊险的结果就是，有时候我会弄错方向，有一次没有把握好，结果就撞到了树上。幸运的是，在我的脑袋撞在树干上之前，我就被扔出了车外，尽管我们俩都难免会摔得鼻青脸肿，但是如今记得最清楚的还是那天我们笑得肚子都疼了。

我想，跟所有的孩子们一样，我也有心情沮丧的时候。有时候，我会因为自己的身体残疾而大发脾气，有时候会因为一些自己无法自理的生活问题而心情沮丧，有时候也会陷入深深的自责当中。父母一直希望我能乐观地成长，保有一颗感恩的心。由于我是从小就患上了这种疾病，自己都不记得发病初期的情形了，所以我基本上就慢慢适应了病情的逐渐恶化。我并没有刻意地去假装坚强，只是我并没有觉得应该自怨自艾。

但是在我14岁的那一年，突然有一天病情急剧恶化，我再也不能站起来奔跑了。

我想，可能自己之前一直生活在一种毫无忧虑的假象当中。当时，我已经在马丁代尔中学读书两年了，这段时间一直都很正常。最重要的是，感觉自己的病情并没有多大的变化，主要是没有明显的恶化趋势。如果说我那时并不会对将来病情如何发展有太多忧虑，那是因为我根本就没有想过这个问题。我只是过好当下的每一天，因此也就感觉日子很平静。由于平时我在学校里大部分时间都是乘坐自动轮椅，所以也不经常站起来跑动，但我这是为了节省体力，同时也为了避免摔跤，防止自己时不时地与地面来个“亲密接触”。不过我还是非常喜欢踢足球，经常不顾摔倒的危险而上场踢球，幸好学校的足球场比其他足球场要柔软多了。我还喜欢参加橄榄球比赛，在这类比赛当中，摔倒是必不可少的一部分，而我也确实经常跌倒。（我们并不是故意要摔倒的。由于很多学生都是要么坐在轮椅上，要么双脚不稳，如果我们是像健全人那样打比赛的话，学校只能备好一辆救护车，随时把我们送进急救室。为了避免这种情况，之前曾是橄榄球球员的地理老师奈特先生教给我们一种新的打法，用截球代替抢球的动作。）

但是有一天早上——仿佛是在一个早上——我睁开眼睛，发现自己再也不能站起来跑动了。事实上，我的病情一直在恶化，腓骨肌萎缩症的主要症状之一就是肌肉萎缩，而如今我膝盖以上直到大腿部位的肌肉都出现了这种症状。而不管我是接受还是不接受，总有一天，我会失去跑动的能力。

这一切发生得太突然了。我一直都知道跑动会变得越来越困难，我知道我能参加的运动项目会越来越少。但是我感觉自己似乎并没有经历一个过渡阶段，就直接被剥夺了这个权利。在夏天快要结束的那一天，仿佛一个开关被“啪”的一声关上了——这成为了我人生当中的一个转折点。我想站起来跑动，但是突然之间，我失去了这个能力。我在心理上和身体上都受到了重创。当我意识到这个悲剧的时候，我正在学校的操场上，看见一只足球沿着跑道滚过来——吸引着想要上前去踢球的孩子——当我想跑向那只球的时候，我感觉自己的下肢非常沉重，每条腿向前迈出去都要花很大的力气。我无法理解，也形容不出来当时的那种情景。我继续尝试着跑起来，但是随即便摔倒在地，我爬起来，喘了口气，抹去我手上和膝盖上的沙土，又继续挣扎着跑起来，想像我以前那样过去踢球。但是实在是太困难了，最后考虑到我的鼻子和牙齿，为了安全起见，我决定还是当守门员吧。

但是即使是当守门员也比以前要困难得多了。接下来那一整天我都思绪不宁。为什么我的膝盖一点力气都没有？是我在不经意间损伤了膝盖吗？我觉得没有。慢慢地，我开始意识到这个可怕的事实：也许这一天还是到来了。也许我的病情已经恶化到了这个阶段，肌肉萎缩可能导致我再也不能起身跑动了。

也许大多数人都把跑动这件事视为理所当然的，但是认真想想的话，你就会发现，这是人类一项非常重要的技能。尽管大多数人并不需要每天在“攻击或者逃离”这两种反应之中做出选择，但是当一个人身陷困境之中，面临危机情况，或者有某种迫切需求的时候，奔跑，仍然是非常有帮助的一种方法。

当然，我不需要每天跑着去争抢晚餐，但是失去一项技能，这本身就让人非常沮丧。况且，我失去的不仅仅是一项生存技能，还有奔跑时带来的那种兴奋感。尽管轮椅给我带来了一种重获自由的感觉，但是失去奔跑的能力，还是让我感觉沮丧和愤怒。那天，我从学校乘坐大客车回家的时候，一路都沉浸在沮丧与愤怒当中。从小到大，我第一次特别想知道得病的为什么偏偏是我?

与刚开始意识到这个事实的时候相比，我的心情一定是越来越糟糕的，因为等我回到家，想把这一切告诉我母亲的时候，我发现我已经有点语无伦次了。我彻底崩溃了，这让母亲非常震惊，因为一直以来我都非常理性而客观地对待自己的病情。那一刻仿佛一个闸门打开了，感情的洪水冲垮了我一直在认真堆砌的堤坝。在此之前，我从来没有对自己的病情如此愤怒过——不仅仅是愤怒，还有沮丧——这真的让我非常痛苦。

“为什么得病的偏偏是我？”我不停地这样问她，“为什么我会得这种病，而别人都没有？”

母亲显然不知道该怎么回答。她怎么会知道呢？她和父亲一定也和我一样感到茫然和无助。他们也许在我被确诊的那一刻就经历了我现在的这般痛苦。他们也要和我一样去接受现实：我的病情不仅不会好转，而且还会继续恶化。看着我忍受这一切，母亲也一定非常非常痛苦——而她这种心情只有在我看到埃莉的时候才得以真正理解。

所以，当我在厨房里大哭大闹的时候，母亲能做的也只有安慰我，任我大喊大叫，发泄心中的怨气——我毕竟是她的孩子——并最终看着我平静下来。

那天晚上茶点时间过后，我稍稍平静了一点，父亲和母亲想和我一起坐下来好好谈一谈。但是我仍然很难过，不想坐下来听他们讲话。

“儿子，”父亲在母亲旁边坐下来，对我说，“事情的关键在于你如何来看待它。”我不知道父亲这些话是什么意思。“我确实是生病了，不是吗？无论我怎么看待它，都改变不了我目前的状况，不是吗？”我低声说。

“你错了，”父亲继续说，“你看待问题的角度能改变一切。乐观面对，尽力而为，总是能得到更好的结果。”我还是没有明白。“为什么呢？”我问，“我的态度为什么会让结果变得更好呢？”

“因为这会让你把注意力放在自己能做的事情上，”父亲耐心地解释说，“如果你想在任何时候都能战胜生活中的困难，有所成就的话，这是唯一的办法。当然，你可以悲观失望——所有人都会有这样的经历，这很正常——但是如果一直悲观下去，对你有什么好处呢？你能取得什么成就呢？”

“我知道，”我不耐烦地反驳道，“在学校里，老师一直这样教育我们。”

“但是‘知道’跟‘实践’之间有很大的不同。奔跑并不是生活的全部，奈杰尔。”这我也知道。但是当时，失去了奔跑这项技能让我感觉自己的人生彻底结束了。奔跑在我看来就意味着一切。

“但它代表不了一切。”父亲坚持说道，“眼下你是这么觉得的，但是不能奔跑并不意味着世界末日的到来——你还可以做其他的事情啊。”这次父亲根本就没有给我插嘴的机会，我刚想说“我知道”，他就接着说下去：“你看，”他指着停放在角落里的轮椅（当时我拒绝使用轮椅，感觉它就是用来嘲笑我的工具），“你认识的几个孩子能像你一样在轮椅上做平衡特技？我敢打赌，几乎没有——包括你学校里的那些同学们。你之所以会做是因为你花了很长时间来练习——这就是关键。你认识多少人，”他继续说道，“能像你一样参加射箭比赛，还拿到了奖牌？嗯？”

的确，父亲说得对，几乎没有人。

“还有你的轮椅赛跑。”他再一次指向轮椅，“有多少人像你一样拿过障碍滑雪赛的奖牌？”

几乎没有人。

“所以你看，”他说，“你可以做很多别人做不到的事情。奔跑只是其中的一件事，不能代表一切。”父亲拍了拍他身旁的那张椅子，这次我坐了下来。

“不要因为这一件事情而否定了自己的一切。”父亲教导说，“坦然地去面对，不要让它把你打败。这就是你最应该做的事情——直视自己内心的恐惧，告诉自己：好吧，从此以后我无法以这种方式来得到自己想要的结果，那我就换用其他的方式。这就是生活的规则——这就是一切事物的起源。每个人都应该发挥自己的强项，”说着，父亲拍了拍自己的脑门，“都应该换个角度思考问题，然后找到解决办法，是不是？”

我点了点头。因为最终，我就是这样做的。

或者说，我至少是开始这样去做了。在那天的对话之后，我开始拥有了自己的人生准则：坦然地去应对生活以及腓骨肌萎缩症给我带来的任何困难，心中永远保有一个信念——如果这条路走不通，我就会反复努力，找到另一条可以走通的道路。我要学会适应，因为适应是我能做到的最重要的一件事情。如果我做不到的话，我就不仅仅是一个身体上有残疾的人了，而会成为一个我永远都不想成为的那种人——心灵残疾的人。

2012年3月6日

完成了多少项挑战？5项，当然要算上拼图里完成的那位19世纪令人尊敬的土木工程师。

距离银石赛道半程马拉松比赛还有多少天？5天。

这下好了。距离半程马拉松比赛还有不到一周的时间，我竟然感冒了——还有比这更气人的事情吗？我当然要把感冒这事儿归罪于孩子们，大人们不都这样吗？我特别坚强乐观地把它称为“感冒”而不是“流感”（不管是哪一种“流感”），就是希望能多得到一些同情。同时，我还咳嗽，这会带来更严重的问题，因为我只有一个正常的声带，所以与其他人相比，我咳嗽的时候呼吸更困难。声带问题是在我40岁的时候才出现的，也许这也是为什么当我最初出现奇怪的症状时，我从没想过这也是腓骨肌萎缩症的表现之一。有一天早上跟朋友通电话的时候，我的嗓音有些沙哑，任何人都可能会遇到这样的情形。当时我认为那一定是某种感染而已。但是奇怪的是，尽管我听起来像是嗓子肿痛，但实际上我的嗓子一点儿都不疼。过了很长时间，沙哑的症状才消失，但很快又复发了，而且还更加严重了。有一个周日，我在教堂里和青年小组里的孩子们聊天——或者说是打算跟他们聊天——突然问题出现了。当时，我已经感冒几周了，正处在那种烦人的干咳阶段。跟孩子说话的时候——我记得是在教育他们不要只根据第一印象就做出决定——我一直在清嗓子，因为总是有那种发痒的感觉。

就在我一阵咳嗽的时候，问题出现了：突然之间，我呼吸困难起来。不管我怎么努力吸气，我只能得到一点点的氧气，听见自己的嗓子里发出吓人的刮擦声，我就慌了，而我越是慌张，呼吸就越是困难。我感觉自己的气管被什么东西给堵住了——我快要窒息了——所以我挥手示意一个孩子去找人来帮忙。

他们找来了当时能够找到的最专业的人，特丽莎·吉列。她是个护士，能够进行急救。不过她最后的结论是情况紧急，必须要叫救护车，这对当时的我来说，也许并不是最希望听到的消息。

也许无法呼吸一直是我最害怕的一件事情。肯定所有人都是这么认为的。有一点我非常确定：在我要离开这个世界的时候，我不希望是因为缺氧而死。所以，不用想，我很快就进入了恐慌状态——因为我发现，除了咳嗽之外，还找不出到底是什么原因造成我呼吸困难。而在这种情况下，恐慌是最糟糕的选择。我越是挣扎着呼吸，就越是喘不上气儿来。所以，尽管我能够得到足够的氧气（我知道，如果氧气不足的话，我早就晕过去了），呼吸实在是非常费劲。我不知道自己还能支撑多久。还好，救护车很快就到了，经过迅速的诊断之后，我戴上了氧气罩，然后满心感激地吸着氧气瓶里的氧气。到了医院之后，我被送入了加护病房，看着身边的氧气瓶、医疗设备以及众多的医生，我稍微放松了一些，呼吸也不再那么急促了，还可以跟医生解释自己有哪些症状，帮助医生找出病因。在得知我最初呈现的症状之后，一位耳鼻喉科的大夫被叫了过来。医生认为我没有生命危险，但是要留院观察几天，做几项检查。我本可以拒绝接受检查的——之前的各种检查已经让我非常痛苦了——但是刚刚在鬼门关走过的那一遭让我明白，还是要以大局为重。

第二天，耳鼻喉科大夫安排我做鼻腔和喉部的扫描检查。虽然过程很痛苦，但为了查出病因，不得不接受检查。尽管喷了麻醉剂，但还是非常难受，尤其是鼻腔完全堵塞的那种感觉。最后问题终于被找到了：我的一条声带松懈了，无法正常工作了。为什么会出现这个问题还有待进一步研究。同时，为了消除感冒造成的炎症，我必须要服用类固醇和抗生素。几天之后，我回到医院复查，然后医生让我去做扫描。我不记得是哪一种扫描了，是电脑断层扫描、核磁共振成像，还是三录仪扫描？实在是想不起来了。我只记得设备挺大，我整个人都能刚好被装进去。当时我的心态已经平和很多了，知道也许这只是腓骨肌萎缩症的奇怪症状之一罢了，进行扫描检查只是为了进一步弄清楚病情，确诊一下而已。可是最后检查结果显示为“阴性”，这让我非常不解，而我母亲却非常高兴，后来我才知道，原来医生怀疑（也许还挺有把握）是某个组织的增生压迫了控制声带的神经，用丽萨的话来说，也就是他们怀疑有肿瘤。

事实上，我只是腓骨肌萎缩症患者当中非常不幸的一个而已。后来我才知道，声带瘫痪是腓骨肌萎缩症可能出现的症状之一，但是极其罕见——我只遇到过一个腓骨肌萎缩症患者也有这种情况（讽刺的是，此人现在是腓骨肌萎缩症组织的主席）。

如果我是那种整天愤愤不平的人，我想我肯定会抱怨的。

这次经历之后，我消沉了很长一段时间，因为很难接受失去高亢嗓音的这个事实。尽管我尽量不去想这件事情，但心里其实非常害怕，如果一个声带就这样突然停止工作了，那另一个会不会也突然就罢工了——然后会怎么样呢？一想到自己可能会彻底失声，我就特别害怕。而且这不仅仅是变成哑巴的问题：我知道如果两根声带都不工作了，呼吸也会变困难的。

但至少目前看来，一切还好。我觉得自己也算是幸运的一个：这个问题直到我40岁的时候才出现，情况本来可以更糟糕的。而且目前的生活当中，这并没有给我造成多大问题。的确，当我感冒的时候，说起话来就像巴瑞·怀特对着台下的女士们低声吟唱，偶尔还夹杂着尖锐的刺耳声，但是除非感冒特别严重，其余的时候我都可以忍受。所以每当医生们为了保险起见，建议我接受喉头切除术（去除两条声带）或气管造口术（在气管上拉一个切口作为直接的气道）时，我都会毫不犹豫地拒绝。我可以接受失去很多东西，但是目前我还不打算放弃我的声音。就像孩子们经常说的那样，我太喜欢自己现在的嗓音啦！

2012年3月11日

今天过后，就会完成多少项挑战？6项。

特别强调一下，今天要绕着银石赛道跑多少英里？13.1英里。（没错，那0.1英里也是非常重要的。）

早上6：30。

尽管早上一起来我就特别紧张，但是我肯定不会拿别人撒气。艾米早上通常会给我端来一杯茶，而今天早上我在她进来之前就已经醒了，而且感觉她这杯茶特别好喝。我们艾米竟然成了泡茶的高手，这在我们家还从来没有听说过，由此你就能看出我有多紧张了。我希望这只是肾上腺素激发的一种表现，也希望这股兴奋能最终有助于我的比赛，但是一想起来我为此付出了多少，我就感到有些眩晕。不过，做做深呼吸或者轻咳几下能稍微缓解一下我紧张的心情。头痛还是很厉害，胸口由于整夜不停地咳嗽而有种憋闷的疼痛感（也可能是丽萨夜里嫌我吵而一拳打的）。不过医生宣布，我的身体状况还是可以参加比赛的，没有问题。绝不会因病退出，我要参加比赛。参加半程马拉松比赛的这个想法真的非常出人意料。因为在我决定列出这张50项挑战清单之前，我是绝对不会想到要去尝试这项运动的。

“去参加半程马拉松吧，奈杰尔？”

“没问题啊。不过有一点——等下辈子吧。”

当然，我从来没有过这样的对话，但如果真有人这样问我的话，我也肯定会这样回绝掉的。自己推着轮椅跑上13英里这种事情并不适合我，因为我似乎更擅长快速的短程比赛。但是当我想要在清单上列入一项能检测我耐力的挑战时，我脑子里闪现出来的第一个念头除了看完一整集的《大话女人》之外，就是参加半程马拉松比赛了。但是前者实在是太难做到了，即使对我来说也是一样。我希望清单上能有一项重量级的耐力挑战，因为应对腓骨肌萎缩症在很多时候都需要有极大的忍耐力：日常生活中就非常需要耐力，因为很多日常活动对我们来说比对健全人要困难得多。这是为埃莉树立榜样的好机会，而也许这正是我会紧张的根本原因。这跟开赛车和坐汽艇不一样，得完全依靠我的体力，我要向埃莉证明，我可以做到。我当然可以做到。这是我自报名以来一直跟自己说的一句话。但这也只是思想上做好了准备，我还得做好体力方面的准备，而在这方面，我真是毫无进展。的确，我一直在试着减肥（这项也被列在清单中“其他”那一栏里了），但是“试着”真的就是我所努力的程度了。而且在决定减肥之后，我竟又打算要“学做法国焦糖蛋奶冻”，而这个挑战必然要不断地试吃才行，所以减肥这项挑战完成的前景实在堪忧。

报名表提交了之后，我最担心的就是比赛那天的天气了。的确，今天天气不错，但是眼下这个冬天却是史上最糟糕的一个冬天——极其寒冷，还经常下雨，最糟的是还有几英尺深的积雪。直到2月中旬，花园里的积雪还没有融化。这就意味着除了绕着威灵堡转过几圈儿之外，我基本上没有进行过训练。轮椅无法在积雪中行进。（自我提醒：也许《龙穴》这样的创业节目可以研究一下这个新的商机——在轮椅上安装除雪工具。）当然，天气依然很冷，这也不利于比赛。但是坐在这里细数这些万一我不能坚持完成比赛所准备的借口，是毫无意义的。我必须要坚持下来。没有其他的选择，就这么简单。

上午11：30。

很显然，提前到达比赛场地是非常重要的，（伦敦马拉松运动员不都是在比赛开始前5小时就到达比赛场地的吗？）不过，相信我，这根本就不能缓解紧张的心情。

尽管我和丽萨带着孩子们仅仅提前了大约一个半小时到赛场，我却感觉时间过得特别漫长。我所有的赛前手续都办好了，拿到了号码牌和计时晶片。现在需要的就是让心情平复下来，赶快脱离这种完全手足无措的状态。

“你会没事的。”当我们走向起跑线的时候，丽萨对我说道。孩子们都穿着印有“腓骨肌萎缩症”字样的T恤衫，埃莉挥舞着她为我做的标牌，以此来给我加油鼓劲儿。即使我心里知道我应该可以做得到（我必须要做到，我想让孩子们以我为荣），但感觉却并不好。胸口还是发闷，而且还有轻微的咳嗽。

当我踏上跑道，更加清楚地意识到自己马上要去做的这件事情有多么重要的时候，那种手足无措的感觉就更加强烈了。

今天有17个坐在轮椅上的运动员参加半程马拉松比赛，我之前已经调查过了。最有经验的运动员坐在他们专业的竞赛轮椅上，在最前方起跑，必须得这样安排，否则所有健全的运动员都会挡住他们的去路。因为他们速度非常快，其中有些人还非常出名，比如有残奥会金牌得主大卫·威尔，他的参赛也让大家备受鼓舞。

但是乘坐我所使用的这类轮椅的人——比赛时这种轮椅被列为“日常普通轮椅”——是和其他普通运动员一起开跑的。现在我就身处这股人流当中，放眼望去，我看到的全都是人的躯干，别无其他。对我这样成天只能坐在轮椅上的人来说，经常被人群埋没，但是眼下被这么多人包围着，准备起跑，我感觉自己就像是置身于一群成年人当中的小孩子，却没有母亲在身旁握着我的手。

这并不是说我被吓坏了，而是真的很让人担忧。我最先想到的是安全问题。前面的人会挡住我的视线，那同理，我后面的人还能看见我吗？很可能不能。所以真的有可能后面的人在看到我之前就已经撞在我身上，连带着我一起摔倒。

我向右边看去，发现一个看起来比较专业的女运动员。她体型健美，穿着颜色搭配协调的莱卡运动衣，胳膊上绑着一个小装置，我敢打赌那是个兼有MP3、心率检测器以及GPS导航系统功能的装置。我之所以知道是因为我也差一点儿买了一个。我也很喜欢这种小玩意儿。

“以前参加过这种比赛吗？”我问她，她点了点头，取下一只耳机，这样能更清楚地听见我说话。

她一边回答一边踮脚轻跳做着准备运动。“参加过几次。”她笑着回答我。我猜她可能已经参加了不下10次，光看她这身装束就特别专业。

“这是我第一次参加。”我非常自豪地说道，她又点了点头，露出鼓励的笑容。

“不错，”她回答说，“祝你好运。比赛开心！”她把“开心”两个字说得特别重，我忍不住想，这个词儿也许用得并不恰当。不过据说运动的时候大脑总会分泌引发愉悦和快乐感觉的脑内啡，希望我也是这样。

所以在我们起跑的那一刻，或者说是我起跑的那一刻，我就决定：要开心比赛。我离起跑线差不多还有1/4英里的距离，在那段路程上，我基本上就是被人流推着往前走的。等我们终于冲出起跑线之后，我就提高了速度。不过不至于快到1马赫，我还没有发疯，况且我还不断地咳嗽，但是跑起来之后，我之前的焦虑也随风吹散了，我只感觉到阵阵冷风拂过我的脸庞，耳边是人群发出的鼓舞人心的欢呼声。突然我看见了丽萨和孩子们——最显眼的是埃莉，在人群当中，她看起来个头更小了，此时她正使劲儿地挥舞着标牌，喊着牌子上写的那些字儿：“加油，奈杰尔！加油！！！”这果然起作用了。现在我浑身更有劲儿了，我只需要将这种状态保持下去，直到我跑完13英里。

一开始的5英里，我跑得还挺轻松的。的确，我感觉很热——今天的天气比我预料的要暖和得多。所以一有机会我就得喝水，在每个饮水站都取上一瓶水，然后塞在大腿中间，不时地喝上一小口，这样才不至于在到达下一个饮水站之前就把水喝光了。我本打算每跑完1英里就吃一块儿豆形软糖，但是后来不得不放弃这个念头，因为我发现咳嗽的时候不能吃豆形软糖，吃第一块儿的时候就差点把我噎死。

除了我自己，我没看见有其他坐在“日常普通轮椅”上的运动员，在一大片运动员当中，只有我一个人坐轮椅的感觉真的是非常奇怪。我会超过别人，也会有人超过我。看着这股涌动的人潮，我感觉非常棒。平时，我可以在镇上坐上几个小时，看着周边来来往往的行人，现在也是一样，只不过这次我们是一起前行。我惊喜地发现，跟我一起跑步的人各有特色。尽管大家是为了一个共同的目标来到这里的，但是每个人又有自己参赛的原因。我是因为腓骨肌萎缩症——而且我想我是这里唯一一个腓骨肌萎缩症患者——来参赛的，不过也有很多慈善组织的代表参加。还有人穿着古怪的道具服装，我敢说他们一定已经大汗淋漓了。我不知道自己为什么也引来了好多人好奇的目光，后来才发现我是唯一一个穿着运动牛仔长裤的人。能参加这场盛大的聚会感觉很好——甚至可以说是太棒了，不过当我发现自己被一个加速的“胡萝卜”超过了的时候，我还是有些失望。不过1英里之后，我又反超了。他是个有问题的“根用蔬菜”，耐力不够。现在轮到我反超他了。然而，很快悲剧发生了。在6英里的时候，我差一点毁掉我这次半程马拉松比赛。我不知道为什么会发生这种事情，因为我已经不是轮椅新手了，但是可能是我着急加速前行，结果一时放松，没有注意到轮箍，把左手小手指卡在了车轮和钢圈之间，然后我几乎是硬生生地把手指从轮缝里抽了出来。

剧烈的疼痛让我的眼泪都差点儿流出来了，不仅仅是因为疼，也是生自己的气，接下来的几码[1]，我不得不放慢速度，这样才能注意到跑道周边在场服务的医生。也许为了防止这样的事情再次发生，唯一的办法就是把小指与无名指绑在一起了。

最终，我看见了一位医生，然后就朝他移过去。但是当我解释完我的情况之后，他摇了摇头。“对不起，”他说，“我今天早上忘记带绷带过来了。”这也不能怪他。我本来也应该自己带些绷带过来的。于是，我只能继续回到跑道上。慢慢地，疼痛感减轻了一些。也许是因为此时我的肩膀也开始疼起来，所以转移了我的注意力。但我继续坚持——这种感觉在我之前绕着威灵堡训练的时候也出现过，我可以忍受——跑到10英里的时

[1] 1码为0.9144米。

候，我又夹到了我的小手指，这反而让我注意力更加集中了。因为我得时刻注意避免手指再次被夹住，所以剩下的几英里路程——以及最后冲刺的那一刻——都没有给我留下特别深刻的印象。

看到终点线的时候，我已经气喘吁吁，还不停地咳嗽，但是眼前的终点还是让我精神一振，以平稳的速度完成了最后的里程。不过刚一跨过终点线，我就停了下来，彻底筋疲力尽了。当我看见家人们朝我跑过来的那一刻，说实话，我一下子哭了出来。

马特最先跑到我跟前，张开双臂，给了我一个“熊抱”。“好样的，爸爸，”他说，“你真棒！”

我嗫嚅地说了一句“谢谢，马特”，因为我实在是太激动了。我当然对自己跑完了比赛感到非常骄傲，但是更令我骄傲的是，我的儿子能在这里对我表示祝贺。丽萨、艾米和埃莉也跑了过来，我们全家人抱在了一起。我想，当时世界上没有比我更幸福的人了。埃莉手里还拿着那块儿标牌，现在已经皱巴巴的了，等我把埃莉抱起来坐在我腿上的时候，这块标牌就更皱了。“爸爸累吗？”她用胳膊揽着我汗涔涔的脖子，问道。

“累啊，宝贝，”我告诉她说，“我已经没有力气了，不过我也很激动，很开心。”

“为什么呢？”埃莉就喜欢打破砂锅问到底，又到了我回答问题的时候了。

“为什么我会累吗？”

她摇了摇头。“不，笨爸爸。你为什么会感到兴奋，感到高兴呢？”

“因为，”我说，“我刚刚推着轮椅跑完13英里，这可是一段很长的距离啊！”的确很长，我自己都不敢相信。我至今为止跑过的最长距离就是绕着威灵堡跑了5英里，现在跑完了全程，我才意识到自己完成了一项多么艰巨的任务。我刚刚做了一件我从没想过自己会去做——或者能做到——的事情，这让我的心情无比激动。

“你会得到奖牌吗？”这时候埃莉非常实在地问了我一句。

“当然会了，”艾米跟她保证说，“还有一个礼品袋，我刚刚都看见了。”

“一个礼品袋？”埃莉说着一下子从我的腿上跳下来。

“是的，里面有礼物。”艾米说，同时带着我们去终点处领取礼品袋。“也许里面装的是糖果。”好吧，我们必须得踏上寻找礼品袋的征程了。“还有爸爸的奖牌，别忘了啊。”丽萨在后面喊道。

2012年3月12日

奈杰尔今天还需要推着轮椅走多少英里？估计一下，大概0.001英里。

奈杰尔今天还能推着轮椅走多少英里？绝对只有0.0000000001英里。

不过，往好的方面想，这样的话，今天会从那幅该死的拼图旁边经过多少次？噢，太开心了，是0次！

现在我总算明白了，就像电影《名扬四海》中所说的那样，到了该你还债的时候了。到了下半夜，我的胳膊感觉就像被安装了一副实心球钢架，后背也开始抗议，甚至都能听见骨骼发出的弹响。我的手指，尤其是小指，肿得看起来就像是和路雪冰激凌。不过这都是意料之中的事情，每一个跑过半程马拉松的人都知道。这既让我们骄傲，也让我们很痛苦。

但是最让我恐慌的是我的大腿内侧，我就是不理解为什么这个部位会痛得这么厉害。唉，反正就是特别疼！我决定给自己放一天假，坐在那里忍受疼痛，听着别人的赞美，沾沾自喜。谁知道呢，说不定我还会去看看什么时候能报名参加明年的比赛。

2012年3月13日

拼图？什么拼图？我动弹不了啊。

最后这句说得根本就不对。我现在是痛苦万分啊。不过我至少是弄明白了为什么我的大腿内侧会疼得厉害了。我怎么就没有想到呢？是因为我一直用腿夹着水瓶子！昨天全程13.1英里，我的两腿之间一直夹着两瓶水。我听说女人都会花大价钱请健身教练帮她们进行这种运动。也许我的双腿也会因此变得更加苗条而令人羡慕，不过，这种想法并没有让我好受一点。

“你需要的是，”丽萨告诉我，“来一次按摩。”我们刚好有个朋友雪莉·马里奥特，是专业的体育运动按摩师。也许是不忍看着我一直因为腿疼而痛苦的表情，丽萨给雪莉打了个电话，热心的雪莉马上就来到了我们家。她花了将近一个小时的时间帮我按摩胳膊、后背以及双腿，而且我在按摩的时候才意识到腿上还有几处酸痛的肌肉（因为浑身上下酸痛的部位太多了），按摩之后，我感觉好多了。我甚至都能到镇上去和我的朋友达伦见面聊天了，他住在威灵堡附近，特意在半程马拉松比赛期间回来，以帮助我解决任何可能出现的轮椅问题。当他得知我现在周身酸痛的时候，他又给我提供了一个解决方法——一种运动补充药物。

“试试这个，”他说着递给我一个瓶子，里面装了大约1/4的黄色粉末，“这是在剧烈运动之后吃的。”

我听从了他的建议，把药带回家，按照用量说明服用。不过这说明不厚道，明明写着“香蕉味”，但是这种“香蕉味”跟我吃过的香蕉可不是一样的味道。

我还是忍着吃了下去，就像一位专业的运动员一样。

2012年3月14日

我就知道我很快能成功，结果真是这样。今天我登录我在“奉献”网站上创立的个人主页，发现我已经为“腓骨肌萎缩症联合王国”筹得超过575英镑的善款。我还赢得了一根特别大的巧克力棒，毕竟参加马拉松比赛也消耗了不少体力。

看着网页上我那张满脸笑容的照片，我不禁想起了我的父母。这一路走来，我经常会想起他们，但是跑完半程马拉松，完成了这样一件艰巨的任务之后，我特别希望父母能在这里看到我的成就。我算了一下，到上个月为止，父亲应该是83岁了，母亲81岁。母亲已经去世3年多了，而父亲已经离开我们30年了。父亲去世的时候只有54岁——只比现在的我大不了几岁。

我非常感激我的父母，当然，我也很感谢丽萨——我的妻子，她一直是我的灵魂伴侣和坚强的后盾。在我成长的过程中，不管我面对什么样的挑战，都是我的父母给予我勇气与信心来战胜它们。他们一直支持着我，爱着我，一直保持乐观的态度。我甚至现在也能听见他们对我说：“奈杰尔，只有尝试过后才能知道自己的潜力有多大。”

父母鼓励我去尝试。他们从来不阻止我尝试的脚步。看着我不断地挣扎，他们一定也很痛苦——尤其是我的母亲，由于担心我会伤到自己，她总是坐立不安——但是他们放手让我去尝试，这样我才能发现自己的长处和缺陷。的确，有时候我会计算失误，结果出了很大的洋相——任何人都会有这种时候吧？——但正是通过“尝试—失败—换种方法再去尝试”，我们最终才能取得成功。

“勇于尝试”一直是我父亲鼓励我去做的事情，即使筹码是他自己的尊严也不例外。

父亲打高尔夫球很厉害——他将打高尔夫作为一种放松的方式——我记得我在16或17岁的时候跟他一起去高尔夫球场，这样我就能陪着他，并且了解一下打高尔夫球这项运动。

我们两个开着高尔夫球车，大约绕过半个球场的时候，我终于鼓足了勇气，对父亲说道：“我能试着打高尔夫球吗？”

“当然可以，”父亲笑着说，“给你。”

他递给我一根七号球杆，然后给我演示了一下正确的站立和握杆的姿势。当然，这可不容易，因为我的平衡力很差，但最后我站定了，按照父亲指示的那样挥出球杆，然后抱着胳膊，激动地等待高尔夫球发出的金属撞击声。然而不幸的是，根本就没有什么让人激动的金属撞击声。相反，小球就像被小猫的胡须轻轻弹了一下一样，从球座上“扑通”一下掉下来，向前滚了几圈，最后停在了离我仅有几英寸远的地方。

与此同时，球杆被用力挥出去之后，不仅没有将球击上天空，反而从我手中飞了出去（可能是我在失望之下，松开了手的缘故），朝着远处的树丛飞了过去。

父亲很体贴地没有笑出来（或者说，正相反，他很担心自己那根七号球杆），而是按球杆飞出去的轨迹，去它最后重重落下的球道那里捡了回来。“你知道吗，”父亲尽量忍住笑，假装严肃地说，“这是我见过的飞得最远的球杆。”

父亲在1983年去世了。跟我一生中所有其他重大的时刻一样，我清楚地记得那天的情形。那是10月份一个晴朗的日子，已经提前退休的父亲正在花园里干活，那几天的天气格外暖和，父亲就想趁着好天气，在冬天来临之前把花园修整一下。

当时我正在厨房里，这时父亲走进来，跟母亲说自己胸口有点儿痛，我看见母亲镇定地拿来一些药丸，往父亲嘴里塞了一颗，放在舌头下面。后来我才知道，那几天父亲一直有心悸，但是当时我对此事一无所知。我所看到的就是，父亲坐在那里，抱着双臂，脸色苍白——显然非常痛苦——同时有人，或许是我母亲，或许是我的哥哥，跑到客厅里去打电话叫救护车。

我来到卧室，心里非常着急，又感觉自己很没用，慌慌张张，不知所措，根本就不知道自己如何能帮上忙。很显然，我什么忙也帮不上，只能看着救护车停在门口，医生将父亲抬上去，然后载着母亲和父亲急速离开，我只能祈祷父亲能平安回来。

我从来没想到父亲会去世。我怎么会想到呢？他才只有54岁啊！在他入院的几个小时之后，情况还是挺乐观的。母亲打电话回家告诉我们说，父亲只是心脏病轻微发作，现在病情已经稳定了，也就是说我们很快就能去探望他了。等我们到了医院，我非常高兴地看到，父亲已经能坐起来了，虽然看起来有些累，但是一看见我们就非常高兴。

第二天，当我们再回到医院的时候，却发现父亲躺在那里，脸色有些苍白，我以为他是因为前一天折腾累了，而且还在医院这张不舒服的床上过了一夜（在这方面，我显然比较有经验）。那天当父亲最后跟我说“晚安”的时候，我从来没有想过那其实是最后的告别。“晚安，奈杰尔。”父亲用一种特别郑重的口吻说道。

半夜，病房里的护士打来了电话，电话铃声在寂静的夜里显得格外地刺耳和惊悚，我们所有人都被惊醒了，可以想象母亲当时慌张地穿上衣服的场景，因为大家都明白这么突然的电话一定是有严重的事情。

我记得自己无助地看着盖里扶着母亲坐上车，然后开走了。我站在门口，心跳得特别厉害。那时候我妹妹在上大学，所以家里只剩下我一个人。我爬到沙发上，守在电话旁边，等消息，我记得那是我人生中最孤独、最恐惧的时刻。

我记得当时我努力地转移自己的注意力，尽力——几乎是竭尽全力——去想自己即将到来的21岁生日，想我该举办一个什么样的庆祝晚会。这种方法的作用并不大，但至少能让我好受一点。我已经为即将到来的这个生日兴奋很久了，现在脑子里只想着这一件事情会让我觉得更有希望——虽然内心深处我知道这根本就不可能——如果我虔心祷告，祷告父亲也能出现在我的生日聚会上，那么他肯定就不会撒手人寰的。

大约过了一个小时之后，我听见钥匙开门的声音。我想那一刻我就知道了结果——他们离开家的时间并不久——他们已经去晚了：父亲已经离开我们了。母亲是被盖里搀扶着走进来的，她浑身颤抖，边哭边说：“孩子，你父亲已经走了。”

那是我人生中第一次体会到什么是剧痛。我的英雄，我的后盾，我的父亲，我的朋友。走了，永远地走了。那种痛苦是无法表达的，也是无法忍受的。我之所以能承受得住，是因为我有两个伟大的哥哥。他们和其他人一样悲痛，但是却要主持大局，安慰母亲，安慰我，安慰妮可拉，安慰所有的人。我在他们身上看到了死去的父亲之前展现给我们的力量。如果父亲看到哥哥们是如何帮助我、引导我的话，他一定会非常骄傲的，因为毕竟处在当时那个年龄，我跟其他的男孩子一样骄傲自大，不太容易听进别人的劝告。

同样，父亲也会为母亲感到骄傲的，因为尽管这么年轻就失去了丈夫，母亲还是坚强地振作起来，勇敢地面对一切。她当时一定非常孤独，因为我是唯一一个住在家里的孩子，而且白天也一直在外工作。母亲一直非常独立，从来不自怨自艾。尽管父亲一直是家里的顶梁柱，承担着所有的事情——清还贷款，支付开支，缴纳保险，等等——母亲在父亲去世之后勇敢地接过了所有的重担。

母亲的生活就这样在一夜之间发生了令人难以想象的变化，每当我回想起母亲是如何坚强地面对这一切的时候，我都深深地感到应该珍惜并感恩我们现在每一天的生活。

2012年3月26日

完成了多少拼图？我想大概完成了1/8。

多少边角图案已经丢失？肯定有25块儿。

还有多大热情去垃圾袋里翻找丢失的图案？很低，绝对很低。

今天的挑战还需要伊恩·布莱克特的参与，但是这次不会再让他头部受伤了。我们一起去拜访一位名叫艾格·德哈的女士。艾格在我们家附近开了一个定做蛋糕的店。她给我发邮件说她听说了我的那张50项挑战的清单，想联系我看看需不需要她的帮助。她说，这样应该会很有意思。当然。所以我们就这样决定了：伊恩跟我一起去，把我学做法国焦糖蛋奶冻的过程录下来。

我一直觉得，法国焦糖蛋奶冻绝对是世界上最美味的甜点。以前，我经常和我的一个同事去北安普敦教堂宾顿市一个名为“斯宾塞武器”的酒吧，那是个很不错的地方，即使我们没有时间坐下来好好吃顿午饭，也肯定会吃上一份法国焦糖蛋奶冻再离开。每次，法国焦糖蛋奶冻的美味都让我们欲罢不能。

但是，跟其他人一样，我从来没有想过自己会亲自制作。因为，我们都知道，我在烹饪方面可没有什么天赋。如果真有人想知道我的厨艺怎么样，我会告诉他们说，我的厨艺简直就是传奇——不信去问消防队员就好了。

事实上，我也没有那么差劲。我还是可以做一份味道一般的蛋奶酥煎蛋卷的（制作过程并不像名字听起来那么复杂），而且我做的绿色泰国咖喱虾仁鸡肉还是很好吃的。同时，我精通当下流行的所有调味料，不仅可以很好地掌握香蒜、胡椒沙拉叶、烤松子、辣椒、柠檬和香菜的用量，而且还能将这些同时放进一道菜当中。还有，给大家一条免费的建议（好吧，其实是从我朋友大卫·科比那儿听来的）：尽管听起来有些不可思议，但是不起眼的油桃和罗勒及樱桃番茄搭配起来非常美味。

但是我也承认自己能力有限。如果厨房里的餐具只有一个平底锅，或者要拌一道沙拉，这对我来说都没有问题。但是我之所以上不了《我要做厨神》，主要原因有两个：一是我特别把握不好时间（如果要我策划一次烤肉晚宴的话，我会疯掉的）；二是我的手部和手腕儿力气不够，不能像杰米·奥利弗那样端着各种盆盆罐罐运用自如。

不过，我也有自己的拿手好菜，本人自己给它命名为“煤渣羊肉”。

不过可惜的是，从来没有人请我做过这道菜。但是我可以给你们讲讲是怎么做的，很简单，把一整个羊腿放进万能蒸烤箱——你知道，就是那种只有两个按钮，或“蒸”或“烤”的那种厨具。传统做法是小火慢烤，直至其外焦里嫩，让人垂涎欲滴，但是这次要完全颠覆传统做法（这是关键），一切都反着来。相信我，每次都很成功。

所以，这就是为什么我们家基本上都是丽萨做饭，她做的姜汁鸡肉（更不用说她做的烤肉和香蕉乳酪蛋糕了）很可能是世界上独一无二的。这也就是为什么我从来没有想过自己做法国焦糖蛋奶冻。我一直觉得这是件非常耗时间、高难度的事情，烹饪过程中，稍一走神（或者烹饪那天是在唐卡斯特的一个周二，穿着骑马裤，手持菠萝，刚刚读过《战争与和平》，并且处在9月到4月之间的月份，等等）就可能全部搞砸了。是的，就是这么麻烦。所以，何必要自己做呢?

正是因为这件事情本身的复杂性，我才决定把它列为50项挑战之一。后来我发现（不过可别告诉别人啊），实际上并没有那么难，如果你能得到恰当的指导的话，当然还得有一份绝妙的秘方……

艾格美味法国焦糖蛋奶冻配方：

4个鸡蛋黄

55克（2盎司）糖

130毫升（5液盎司）牛奶

300毫升（10液盎司）奶油

1个香草豆荚

2012年3月

主要步骤：

1.将烤箱预热到140° C/275° F/指标气体1。

2.将蛋黄和糖搅匀。

3.加热牛奶和奶油，加入香草籽。

4.提高温度，直至牛奶将要沸腾的状态。

5.通过筛子将牛奶倒入鸡蛋与糖的混合物当中，同时搅拌均匀。

6.将4—5个小模子放在3英尺深的盘子里，盘底垫一层吸油纸（防止将盘子放入烤箱的时候，小模子来回移动）。

7.将混合液体倒入小模子中。

8.在盘子中倒入开水，直到水位线到达小模子外延的三分之二处。

9.将盘子放入烤箱的中层架子上，30分钟之后，轻轻晃动一下盘子，看果冻是否已经成型，如果可以晃动，说明已经成型。

10.将小模子取出烤箱，放在一旁冷却一会儿，然后放入冰箱。

11.端上桌之前，在奶冻表面均匀地撒上一层细砂糖。用烹饪炬（或者小型火焰喷射器）加热细砂糖直至其融化。注意加热时间不能过长，否则细砂糖会被烤焦，发出苦味。

我做的第一个法国焦糖蛋奶冻新鲜出炉了，那美味简直无法形容。真的无法形容。的确，我在制作过程当中品尝了很多，但是烤好之后带回家的成品都被我的孩子们一抢而空。

奈杰拉（英国烹饪作家），准备开吃吧，奈杰尔我来啦！

2012年4月

2012年4月14日

今日格言："不管是人是鼠，即使最如意的安排设计，结局也往往会出其不意。"

还有一句谚语是怎么说的来着？哦，对了，好像是："3月的和风，4月的春雨，带来5月的鲜花！"这句话说得真对，因为4月份的确是给我泼了不少的冷水。我坐在医院的检查室里，头特别疼，说得更准确一些，是我的头仍然很疼。一连两个星期以来，这头疼的毛病一直在反复发作，这虽然让我很烦，但是我并不是很担心。我的感冒一直没有彻底痊愈，所以我自然认为这头疼是跟感冒有关。我的鼻塞也一直很严重，尤其是在晚上。这也让丽萨很受折磨，因为我两个鼻孔全都不通气。但是今天又出现了新的症状：我的一只眼皮耷拉了下来。

"你能看出来吗？亲爱的？"当我注意到这个症状的时候我问她，"你觉得我的左眼皮是不是耷拉了下来？"

丽萨检查了一下。她是一名护士，所以很擅长这个。"是的，我能看出来。"她说道，"真奇怪，为什么会这样呢？"

接着作为妻子和护士，她又仔细地帮我检查了一下。我意识到我左边的太阳穴也有点儿疼，而且已经疼了一个上午了。

“还有，”丽萨说着将我的目光引向卧室的镜子里，“你的两个瞳孔也不是一样大了。你能看出来吗？左边的瞳孔要小一点儿，你感觉视力上有问题吗？”

我看着镜子，发现的确是这样的。我左边的瞳孔的确变小了，同时左边的脑袋有些疼，左眼睑也不知为何开始下垂。我们俩都不知道为什么会这样，所以与其干等几个小时，胡乱猜测，给自己做不专业的眼部检查，不如向专业人士咨询一下，我立刻拨通了国民保健服务电话。

“请您描述一下您的症状。”接线员问我，可她刚一听我说“瞳孔变小”这几个字，就立刻打断了我的话。

“去急诊室，”她非常坚决地说道，“我建议您赶紧去医院的急诊室。可能没什么大不了的，但是……”

其实不用听她说完最后这句话，当别人告诉你要赶紧去医院看急诊的时候，你就不会再去关注他接下来要说什么话了。我到底得了什么病呢？我想都不敢想，所以就尽量不去想，但是我能听见我脑子里有个声音一直在喊：“中风！中风！你一定是得了中风！”显然，这个时候最重要的事情，不是惊慌失措，而是赶紧去医院采取实际的措施。所以我和丽萨、艾米（艾米坚持要跟我们一起去）匆忙跳上车，开往医院，留下马特和埃莉在家看电视。

到了医院，同样的事情又发生了，“瞳孔变小”这几个字特别管用，我立马就被带进去了——而且是直接进入了重症监护室。到这时为止，我已经不仅仅是害怕了，而是极度害怕。在医院里看病时插队的原因无非也就那几个，而通常很少有人希望因为这些原因而去插队。我真的病得那么厉害，以至于医生都认为我可能会随时出现生命危险吗？我尽量不把事情想得这么严重，可是事实却似乎偏要跟我作对。唉，其实这样也挺好的，我不用握着那种类似于超市熟食店里的牌号一直等上3个小时，同时还抱怨着自动贩卖机里的咖啡实在是太难喝……

接着，医生很快就到了。他身形魁梧，嗓音厚重，问了我几个常规性问题之后，就用一个类似于示波器的东西检查我双眼的瞳孔。

“做CT扫描，”他最后说道，“我们必须得做CT扫描，这样才能弄清楚原因。”仍然，这并不是一个我想听到的好消息。尽管这句话里没有“针”这个字眼，但是“CT扫描”这几个字就已经足以让我惊恐万分了。我知道丽萨也看出来我被吓坏了，尽管她一直安慰我说，原因可能有很多种，也许根本就没什么大不了的，而且她还一直劝告我要保持镇静，不要胡思乱想。我也确实在尽力保持镇静——主要是因为艾米在场的缘故，所以她跟我们一起来无疑是一件好事。

“得等一会儿，”医生说，“因为CT扫描室的工作人员周末不上班，我们必须特地把值班的技术人员请来。”当然，听到这个消息之后，不管我之前如何安慰自己，现在心里的焦虑马上上升到戒备状态。我花了很大的努力才尽量让自己语调平和一些。我会没事的，我安慰丽萨说，并让她和艾米回家去吃点东西。毕竟，马特和埃莉在家也会饿的，不是吗？确实，让丽萨过一会儿再来会更好一些。我在这样的情况下还能尽量维持正常，拒绝接受可能得到的任何坏消息，连我自己都感到惊讶。不过，也许真的不会有什么坏消息。

所以，我就保持这样的状态。从好的方面来看，两个小时过去了，我还没有倒下。但是同时，我的脑袋还和之前一样疼，而且也情不自禁地开始胡思乱想。我通常都是一个乐观的人，但是当我考虑到自己所有的症状，以及医生们对这些症状的反应，我就忍不住要往坏处想。万一是这个怎么办？万一是那个怎么办？万一情况更糟怎么办？尽管我努力转移自己的注意力，可是我的思绪就是不听我的。“左脑出血”“肿瘤”以及“中风”这样的词眼儿不停地在我脑中闪现，我所听过的所有最严重的病症仿佛预先在我脑中上演了一场选秀节目一样。这其中还夹带着另一个问题：为什么？而这又引发出很多其他的问题。为什么是我？为什么是现在？为什么在我生活得特别开心的时候？为什么要在我挑战自我的过程当中？我现在绝对不能生病——我根本就没有时间。我不能死！等到有人来带我去楼下做CT扫描的时候，我已经感觉自己特别像电视剧《急诊室》中的某个悲惨的病号。我不太喜欢这部电视剧，因为当过护士的丽萨总是在旁边剧透。天啊，我多么希望丽萨现在能在我身旁，虽然当初是我让她回家去的……我现在需要她来让我们俩都保持镇定。

不过至少现在事情有些进展了，我可以稍微转移一下注意力，主要是转移到眼前这台巨大的薄荷糖形状的白色机器上。我躺在平台上，头部被固定住，无法动弹，然后机器上方的盖子就滑过来，将我吞没下去。之后并没有等很长的时间，我就听到了一个让人振奋的消息。

“我们在扫描结果上没有发现任何异常，”医生宽慰我说，“但是，”他皱了皱眉头，继续说道，“你可能有出血点，但是扫描结果显示不出来。所以下一步——因为很显然你的身体的确是出问题了——要通过腰椎穿刺来进一步确认。”到现在为止，尽管表面上我点头微笑，表现得很淡定，但实际上心里却紧张得要命。我之前做过腰椎穿刺，知道这意味着要在医院里住上一夜，同时我也知道，医生一般是不会轻易要求病人做这项检查的。阴性扫描结果刚刚给我带来的那种安慰此时已经烟消云散。扫描结果没有显示并不意味着问题不存在。肯定有问题，否则为什么要进行新的检查？而我想知道的是：这个“问题”到底是什么？

当我被转移到另一个病房之后，给我检查的就换成了另一位医生。他似乎特别想帮我找出病因，仔仔细细地对我的眼睛进行了外观检查，让我顺着他的手指上下、左右、来回地转动眼球。结束之后，他说：“我知道问题出在哪儿了。”

但是他接下来说的话却似乎是自相矛盾。我当时非常紧张，他说的很多话我都没有记住，但是我还是多少记住了一些关键的字眼儿。他说这可能跟腓骨肌萎缩症有关，也可能是严重的偏头疼——就在我准备长舒一口气的时候——他又说，这也可能是动脉肿瘤或其他形式的脑出血造成的。

我当时特别恐慌，感到前所未有的孤独。我特别希望丽萨能在我身边——这没有什么可丢人的——握着我的手。

不过也有好消息。这个医生对自己的判断非常有自信，所以也就缩小了我的病因范围，他告诉我说我根本就不用做腰椎穿刺，但是我得在医院里至少住到这个周末。显然，我的情况比较严重，现在回家简直就是不要命了。如果在这段时间里我的病情没有恶化的话，我要在下周一接受眼科医生和神经科医生的进一步检查，他希望到那个时候，病因能被确诊出来。

我打电话给丽萨，告诉她这个消息，结果得知她已经在来的路上了，这也就意味着她得折回家帮我取一些换洗的衣物，同时我得等上更长的时间才能见到她。最后，丽萨终于来了（这让我特别高兴，看见她脸上那种“你肯定会没事的”的表情，我就已经镇定多了），我发现她还想到把我的iPad给带过来了。我特别感谢她能考虑得这么周到，因为我现在是住在临时病房里，根本就没有床头收音机或者电视。

我所在的病房是临时病房，暂时接纳从急诊室里转出来的病人，所以我周围有各种各样的病号。在这里的病人要么最后转到相应的医疗病房或者手术室，要么就出院回家，所以我们这些人的命运基本上是两个极端。

这是个特别大的病房，一共有5个区，每个区里有4张病床。幸运的是，我旁边的那个病人不仅跟我年纪相仿，而且我们俩还很有共同话题。我们俩滔滔不绝地聊到大半夜，聊我们俩对一级方程式赛车以及赛车运动的共同爱好。而且他也和我一样喜欢短程高速赛车和极速赛车，他的出现让我精神振奋了不少。到了病房“熄灯”的时候，我发现要不是那些常规的血压检查、血氧量检查和体温测试，我已经忘了自己正生病住院呢。不过，既然是在医院里，我肯定就睡不安稳。病床很不舒服，房间里很闷热，同区里还有两个心脏病患者，他们的心脏监护器不停地发出那种“哔哔”声，让我快要疯掉了。

凌晨1点钟的时候，我刚一睡着，病房里的寂静（心脏监护器的声音最终成为了白噪音）就被一个从急诊室里推进来的年轻人给打破了。辗转反侧到凌晨4：30的时候，我终于躺不住了，决定起来坐到轮椅上，等待天亮，同时也想在iPad上完成一些工作。我推着轮椅来到走廊里，停靠在发出昏黄灯光的护士站附近，她们似乎也并不介意，相反，还主动给我倒了一杯茶。我在那儿坐了两个小时，在昏暗的灯光下安静地工作着。一个护士告诉我说，凌晨1：00推进来的那个年轻人是自杀未遂。这让我陷入了深思，在凌晨这个人们往往感觉很脆弱的时候，我禁不住想起了他。

2012年4月15日

周日本来就应该是休息日，不是吗？但对医院里的职工来说，休息的机会很少，即使病人们都在睡觉，这里一切照旧。我不得不说：这里的职工都特别敬业。他们似乎一直在忙来忙去，但是我从来没有听见任何人抱怨——事实上，正好相反。他们似乎一直在你身旁，你还没有开口请求帮助，他们就已经伸出了援助之手。让我惊讶的是，他们从来没有因为成堆的工作而悲观沮丧。“敬业”这个词用在他们身上真是再适合不过了。事实上，“敬业”这个词儿都不足以形容他们这种高尚的精神。

不过那天晚些时候，又有一些事情让我感到很悲伤。昨天凌晨被带进来的那个年轻人现在已经醒过来了，我坐在那里听他讲自己的经历——非常悲惨的经历——我对他的命运感到非常同情。他还很年轻，我相信他的生活还很有希望，但是此时他身处低谷，看不到命运给他安排的各种机会。

更让我震惊不已的是，昨天晚上和我聊了很久的那个人非常坦诚地告诉我，他也是自杀未遂而住进医院的。他平常一个人生活，他平淡地对我说，一旦回到家里，他可能再也不想出来了。

我不知道如何帮助他，也不知道该说些什么。现在无论说什么都会是陈词滥调，不是吗？我希望他一切都好，我真的希望他能好起来。

下午我又接受了那位医生的检查，他看起来仍然是神态自若。检查结束之后，他告诉我周一去进行核磁共振成像扫描，那样就能更好地检查一下我的颈部动脉。他们怀疑是颈部动脉受损，导致血块凝结，从而造成大脑供血不足。他们还会给我做胸部X光检查，确保胸部神经没有出问题。由于上述安排都不是非常紧迫的检查，我心里一下子感觉轻松了很多，如果医生们觉得病情危急的话，一定会马上就安排这些检查而不是等到周一了。

于是我可以自由进食了——没有各种检查，也没有忌口的要求——同时完整地看几部电影（多亏带了iPad）。我吃了一整份的烤鸡肉以及两份甜点：一份水果布丁（我知道埃莉最喜欢吃这个）和一份看起来就很美味的焦糖栗香慕斯，味道能与高档餐厅里的那种媲美。如果不是连续不断的血压检测，以及周围那些病人的呻吟将我时不时地拉回现实当中，我还以为自己是身处舒服的酒店房间里呢。

不过也不是非常舒服。吃了一些强效止痛药之后，我的头痛减轻了一些，但我心里还会多多少少有些焦虑。当丽萨和孩子们来看我的时候，我感觉他们就像是前往加拉帕戈斯群岛探险刚回来，跟我好久没有见面的亲人一样。我们只不过分开了很短的一段时间，但感觉却像是很久很久没见了。

我可以看出来丽萨有些担忧，但是她很快就表现出专业的一面，镇定自若，帮我们解释各种专业的医疗术语。孩子们看起来也很镇定，我肯定这是受到了他们母亲的影响。当然，埃莉吃到了那份水果布丁。

2012年4月16日

我一定是开始慢慢适应医院里的环境了，因为在周一早上醒来之前，我至少连续睡了好几个小时。我还是老样子，没有病情发作，没有昏厥，也没有其他的危险情况——尽管我仍然会头疼，但在弄清楚病因之前，我不再被那种无尽的焦虑所吞噬折磨了。

“早上好，奈杰尔！”推着茶点推车的护理人员对我说，“今天感觉怎么样？想要喝杯茶吗？”

另一个推着早餐车的女士经过的时候同样跟我打招呼。

“早上好，奈杰尔！”她用同样令人高兴的语气说，“想吃什么——麦片还是烤面包？”

我喜欢她们的这种做法——努力记住你的名字，其实这也并不难，因为床头上就贴着病人的名字。真正让人感动的是，她们会真的喊出你的名字。

我的胸部X光检查是在上午进行的，花费的时间并不长，由于我的病情并没有出现恶化，所以我内心深处暗暗希望，等核磁共振成像扫描结束之后，我很可能就能出院回家了。毕竟，虽然左眼瞳孔并没有恢复到原来的大小，但也没有继续缩小。这肯定也能说明一定的问题。

但是在核磁共振成像扫描这件事情上，我忽略了一个虽小却让人很痛苦的问题。听着护士的耐心讲解，我的恐惧感也越来越强烈，因为很快就会有人过来在我胳膊上扎一针。

“是一根插管，”她解释说，“只有插上插管，医生才能把染色剂注射进去。”医生要把染色剂注射到我的体内，这样核磁共振成像扫描就能清晰地显示出我体内的动脉网。这自然让我陷入一种表面上看起来不动声色但内心实际上彻底崩溃的状态。当时我的午餐还没有吃完，但是已经完全没有了食欲。

然后护士转身离开了，但我马上叫住了她，我必须得叫住她。“我有针头恐惧症，”我解释说，“真抱歉，但是——”

“哦，真可怜，”她说道，我听了马上感觉好了一百倍，“让我来帮你扎针怎么样？”

我非常感激。对大多数人来说，这可能意味不了什么，不过这个护士给我量过几次血压，她熟悉的面孔和友好的笑容让我放松不少。

她工作非常认真，对于这样一个可能很常见的问题仍然非常重视。她会告诉我要扎针了，同时又确保我不会看见针头。在我还没有感觉到疼之前，针已经扎进去了，然后我被送到了核磁共振成像扫描室。到那儿之后，我换了一辆没有磁性的特殊轮椅，这样我和轮椅就不会像超人一样飞上天了。事实上，我自己的轮椅是钛合金制成的，也是少有的不会产生磁性的材料之一，不过我可不敢保证车上所有螺丝或螺母都是这种材料制成的，今天可不能冒险啊。

接受核磁共振成像扫描之前的准备工作特别复杂。我被放在一张轮床上，然后头部向前，被推进了一条隧道当中，从我这儿看起来，所有事物的影像都非常小。

“你看见的东西都非常小，”技术人员警示我说，“一旦你进入隧道，所能看见的只有隧道墙壁，就在你的脸部上方。所以为了防止你产生幽闭恐惧症，我会在上方装一面直角镜，这样你就能更好地看见外面房间里的景观。”

于是他在我脸部上方放置了一个小装置，里面有他说的那面镜子，这样我就能看见我的脚和门那里了。在他提到“幽闭恐惧症”这个词儿之前我都没什么感觉，而现在反而有一点恐惧了。我想我还是闭上眼睛吧。

“好了，”他情绪高涨地说道，“现在我要在你的插管上接一根长管子。”哦，插管。“这根长管子连着压力泵，这样就能把扫描仪可以识别的染色剂注射到你的身体里。明白吗？”

“好的。”我说道，声音因为那面镜子的缘故而略显低沉。

“现在戴上耳机，”他小心地给我戴上一副耳机，“想听什么样的音乐？”

“什么样的音乐？”这对我来说还挺新鲜的。

“是的，我们会给你放音乐。这样你就不会听到扫描仪发出的噪音了，非常吵，听着音乐会好一点儿。”

哦，我明白了。“嗯，你们都有什么样的音乐？”我问他，“只要不是巴瑞·曼尼洛的歌，我都可以忍受。”

“你最喜欢谁的歌？”

“有恺撒·切弗斯乐队的歌吗？”

“还真被你说中了，我想我们还真有。”

我想，我已经准备好了，可以躺着开始我的扫描仪隧道之旅了。我紧紧闭上眼睛，耳机里音乐响起，我也跟着哼起了《预言躁动》。我肯定自己应该能支撑得下来。接着我就等着，等着。突然我想起来他告诉我说可以跟他们讲话，因为他们能听见我说话。

“嗯，开始了吗？”我问道，但没人回答。

我又等了一会儿继续问：“嗯，请问，已经开始了吗？”

还是没有人回答。然后我脑子里突然闪过一个念头：我并没有看见他把长管子连到插管上，只是稍微有些感觉，万一长管子除了空气根本什么都没有该怎么办？这种荒谬的想法往往会在不经意之间来袭击你，我突然之间感到极度恐慌。万一他们往我胳膊里注射的是空气怎么办？我会不会死掉啊？

“有人吗？”我说。说实话，我的声音更像是在尖叫。仍然没有人回答。于是我决定要晃动一下我的双腿。这时候我已经不是恐慌了，而是有些愤怒了，好吧，是非常愤怒。后来，两个人冲进来看我是否一切都好。原来是他们忘了打开扩音器那一类的装置。恐慌消除了。不过，我就是想让他们知道我有些恐慌而已。

扫描的过程比我预计的要快。的确，扫描仪噪音特别大，但是对于喜欢赛车的我来说，这种分贝已经习以为常了。而且在我还没有开始大声哼唱之前，噪音就停止了，轮床也被拉了出来。

在我推着轮椅和丽萨回病房去等结果的路上，我想，这过程也不是很难受。不知道是不是因为丽萨在我身边让我感觉很安心的缘故，总之此时，我已经越来越肯定，结果不会是我之前想象的各种可怕病症。

但也许我错了。

“你好。”一个仿佛突然出现的女士说道，我猜她大概有40岁，穿着一件白色工作服，很像护士，但是又有点儿不同。同时我还注意到她手里拿着一沓传单，此时已经往我手里塞了一张。

“你一定是奈杰尔吧。我是中风患者服务团的。”她说道。

我差一点没喘过气儿来。中风？我没有听错吧？中风？我立刻又陷入了恐慌当中。我都不知道，她又怎么会知道？难道医生先把结果告诉了她？我是——或者马上要——中风了吗？

我什么话也说不出来了，也许让她以为我已经不能说话了。不管怎么样，她朝我和丽萨笑了笑，然后就走开了。

“我们都不知道结果，她也肯定不会知道的。”丽萨安慰我说，“别傻了。她只不过是在查房，这个病房里有很多中风患者，所以很容易就弄错了。”

丽萨朝坐在轮椅上的我点了点头。“放松点。”

我感觉好点儿了，不过说实话，只是一点点儿，并没有彻底安心。最后才发现我根本就没法安心，因为不管有没有那张可恶的传单，我总是忍不住要往最坏的方面想。等到医生来的时候，我明显已经有些浑身发颤了，极度的恐慌让我有种想吐的感觉。其实我当时的病情并没有让我很难受（与周六相比，我感觉自己已经好了一大半了），但是潜在的病因就像脑中一枚定时炸弹一样让我不得安生。

“一切正常，”医生高兴地说道，“看不出任何异常。”他拉开帘子，倚在床头对我说：“综合考虑，我们想可能是霍纳综合征。”

“这么说，不是中风？”

他笑了笑："嗯，不是中风。"

然后他解释了一下什么是霍纳综合征：基本上说来，导致霍纳综合征的原因有很多，其特点在于，检查结果都显示不出来，就是所谓的"看不出任何异常"。医生说，可能是我颈动脉上曾经产生过切口，从而引起了这些症状，但是颈动脉现在已经自愈了。

这个医生看起来非常镇定，一点儿都不担心。

祈祷上天，这些症状不会恶化……

2012年4月17日

让我如释重负的是，症状真的没有恶化。而且，更可喜的是，虽然我瞳孔没有恢复到原来的大小，但是我的脑袋已经完全不疼了，左面部也不疼了。这是非常积极的信号，不是吗?

"是的。"今天来查房的医生说道。而且让我更高兴的是，他说我可以出院回家了。

"3个月之后回来复查，"他说，"当然，如果这期间再次出现这种情况的话，就立即到医院来。不过，现在你可以出院回家了。"

"看吧，"中午开车回家的时候，丽萨说，"我说过一切都会没事的。"

"你真的一直都这么认为的？"我问她，"真的吗？"

她笑着说："很多人一直在教堂里为你祈祷，奈杰尔。"

我不知道该说什么，甚至不知道该怎么想。祈祷真的有用吗？我希望我能知道这个问题的答案。但当我再仔细想想，也许我还是不知道答案为好。我只知道我非常非常感激大家。

★★★★★★★★★★★★★★★★

我想，在我成长的过程中，上帝、宗教、天堂与地狱的概念，以及其他相关的思想都没有给我造成太大的困惑。就像20世纪60年代英国的大多数人一样，我出生在一个环境比较宽松但又相对传统的天主教家庭。不管怎样，天主教被视为英国的国教。我的父母并没有经常去教堂做祷告。不过母亲有时候会参加平安夜祷告、婚礼及葬礼等，仅此而已。但是我在学校里接受的教育却是带有那个时代色彩的极其传统的教育。我们每天早上都要集会，午餐之前做祷告，过收获节，而且要在圣诞节那一天唱颂歌——不过，就像之前叙述的那样，我在学校圣诞剧中那个一举成名的倒立动作跟耶稣出生一点儿关系都没有。十几岁的时候，我就开始更多地享受俗世的快乐。在16岁的时候——比我很多的同伴儿年龄都小——我真的开始张开双臂，拥抱这个世界了。就是在那一年，我离开了马丁代尔中学，转入为残疾人设立的寄宿制大学，位于考文垂的赫里福德学院。我一直想要学习化学、物理和生物，但是我的成绩达不到以上3个专业的要求，所以我接受学校建议，入读商业贸易专业。学校是正确的，我确实在商业贸易专业取得了很好的成绩，但是我内心深处一直想知道，如果当初我坚持读那3个专业的话，从职业前景方面看，我会有怎样的发展呢？我想，要么成为一个科学家，要么炸毁一个实验室。如果要说实话的话，我觉得很可能是后者。

读大学的时候，我的另一个主要关注点仍然是运动。我非常认真地练习游泳，而且又参加了斯托克·曼德维尔运动会，同时我还加入了乒乓球队。在那段时间里，我的身体状况非常稳定，与我之前在马丁代尔中学认识的朋友们相比，我经常为自己如此幸运而心怀感激。离开马丁代尔中学之后，我与那些朋友们的联系并不是很频繁，但仅仅几个月之后，身在考文垂的我就非常震惊地得知，那些朋友当中至少有3个人已经去世了。

相比之下，我却享受到了第一次真正独立生活的乐趣。当我儿时的玩伴儿们仍与他们的父母住在一起的时候，我已经获得了他们从未体验过的自由——那种如今只有上了大学之后才会有的自由。我们都住在校园内的学生公寓大楼里，所以能够认识很多朋友。学生公寓里的设施非常齐全，有电视广播室、台球厅、付费电话厅（可以给家里打电话），以及一个“静室”，但是里面一般都不会很安静。

我很快就认识了几个好朋友，所以不会太想家。钱也不是问题，因为我们每周都会得到一笔生活补贴，多亏了社会福利服务，我们才能每周在街对面的木林黄昏小酒吧花上7.5英镑改善一下生活，当时那儿就是我们的聚集地。

现在回想起来，那真是一段非常纯真的年代，17岁的我们在酒吧里喝着不该我们这个年龄喝的淡啤酒，吃着洒满醋和胡椒的小贝肉，整晚抨击时事……好吧，也不是整晚，就到晚上9点而已，这是大学里的宵禁时间，也就是说，如果想在外面待到10点，就得开一个特别证明。但是我们都不会在外面多待，因为喝完一品脱啤酒，我们就已经有些微醉了。

我还在大学的时候学会了开车——父亲的一个朋友教会了我——所以当我1982年大学毕业，开始在兰克施乐公司工作的时候，我感觉自己已经独立了，但是走路的时候还得穿着可恨的金属弯脚器，在办公室里走路的时候咣当咣当响，有时候还会发出刺耳的尖叫声，我常常得用秘书的打字机润滑油来消除噪音。

不过，这种情况最终有了改变，而且是好的改变。1983年末，在我父亲去世之前不久，我得到了人生中第一副塑性夹板。与其他领域一样，这个领域的科技也获得了巨大的发展，塑性夹板就跟那些笨重的金属弯脚器一样好用，而且几乎没有声音。这样我终于可以到处走动，而不会让旁人知道自己每条腿上都安装了矫正器具。

更可喜的是，自从我走路出现困难之后，这是我第一次可以穿上从商店里买来的正常的鞋子。不过，具有讽刺意味的是，这是令人难以置信的第一次，因为我并没有立马出去买新鞋子。我父亲穿衣服非常时髦，我一直认为他看起来挺酷的，而且我们俩还穿同一码的鞋子，所以我就借他的鞋来穿。脚上穿着父亲的鞋子，这也是一种纪念他的好方式。如今一想起来我穿的第一双非矫正鞋是从我父亲那里借来的，我仍然会情不自禁地笑起来。不过，父亲的鞋穿着很合脚。

尽管我在俗世间忙忙碌碌，无暇思考上帝，上帝却好像一直在等待时机来与我沟通。如果说父亲的去世给我带来的是突如其来的巨大痛苦，那么接下来的这几年让我受到的则是漫长的煎熬。

那段时间我真的是在原地踏步。20世纪80年代，我在米德尔塞克斯培训中心工作，给16—18岁的孩子们教授计算机课程及基础的电子知识。当时正是青年培训计划非常流行的时代，该计划的目的是为失业的青年提供就业培训。这是当时非常有争议的政治议题。有人认为这是个非常不错的计划，但也有人认为这是白费力气。这些青年只有参加此项培训才能得到失业补助。

参加培训课程的青年人有3种：既聪明又有热情的青年人，很聪明但没有热情的青年人，不太聪明但是极其热情的青年人。这3种学生会给老师带来完全不同的感受。第一种学生非常棒，因为他们能接受我教给他们的所有知识，按时来上课，也意识到参加该培训的重要性。而相反，第二种学生对老师来说就是噩梦，因为他们总是制造麻烦，他们很聪明，知道要按时上课，但是却没有意识到培训的意义，不管我如何费尽心思地进行动员，他们一点儿都不努力。第三种学生可能是最能给我带来成就感的学生了。他们有学习的欲望，会努力地去理解那些概念性的知识。当他们确实理解了之后，就会对自己越来越有信心，这真的让我感到很满足，第三种学生让我感觉到我的工作有意义。

但是可惜的是，我在青年培训计划的工作当中，发现大部分的青年还是属于第二种学生。这也就是我从工作中得到的往往都是失望的原因。

而且在某种程度上，当时那段时间，我也没有太多的交际活动。我喜欢音乐，所以我的生活里基本上都是音乐。我要么练习打鼓，要么就去看其他的乐队演出。你可以通过观察其他鼓手的表演而学到很多。我们自己的乐队，也就是伊甸园神殿，已经快要寿终正寝了。乐队其他的成员都各自忙着自己的生活，所以就没有什么活动了，我也就闲了下来。不过我仍然喜欢玩儿音乐，所以又加入了另一个摇滚乐队。尽管我们经常排练，但是却从来没有真正现场演出过。就在这个时候，我之前所在乐队里的那名很棒的贝斯手，菲尔·巴克，问我想不想和他一起在附近教堂周日做晚祷的时候演奏。一开始，我拿不定主意。后来主要是出于好奇和务实的心态而去了。我忽略“教堂”这个地点，而仅仅把它看成是一次普通的演出就可以了。我们演奏的那些歌曲并不非常“教堂模式”（其实我也不知道什么是真正的“教堂模式”）。节奏很明快，很现代，有些甚至带有摇滚和爵士乐的味道。当我思考其中原因时，我想这肯定是受到菲尔的影响。他一直是我合作过或听说过的最优秀的贝斯手。只要是他参与创作的音乐作品理所当然都是非常棒的。这并不是说我很喜欢待在教堂里。的确，我喜欢演奏，但是其他的活动就不那么吸引我了。当布道者——菲尔的父亲，我简直都无法相信他们是父子——站起来布道的时候，我就会离开教堂。毕竟，如果马路对面有一家很不错的小酒吧，可以安安静静地喝上一品脱啤酒，还有谁会去听布道？

有一个周日，一场大雨（这是上帝伟大计划中的一部分吗？）将我滞留在教堂里。外面大雨瓢泼，如果这个时候冒雨出去的话，只能被淋成落汤鸡。我坐在那里，无所事事，就不经意地听了几句。而神奇的是，那些话竟然让我有所触动。

仿佛是一道咒语被解开了，我从此便开始留下来听布道了。随着多少个周日过去了，尽管我有时候也不能完全听明白，但是我很享受这个过程。这并不是顿悟的过程——我太实际了，不太容易被感情征服——但是我真的开始感觉自己属于这里。而且这种感觉出现的时机太巧合了，当时父亲刚刚去世4年，我还没有走出丧父的悲痛。尽管我的母亲非常平静而坚强地面对父亲的过世——这是她一贯的作风——我知道她心里也特别想念父亲。同时她还帮助我来应对失去父亲的痛苦——因为当时我可能是处于人生中情绪最低落的时期。自从父亲去世之后，我就对生活失去了希望。我特别讨厌自己的工作，感觉无聊透顶，态度非常消极沮丧。我知道，自己当时也忽略了母亲的感受，只把家当成宾馆一样。

所以，确实，这种感觉出现的时机太巧合了。有一天我刚刚结束在教堂的演奏，正准备离开的时候，一个刚认识的朋友说道："为什么不邀请上帝进入你的生活呢？"

我真的不知道该如何回答这个问题，只能说："何乐而不为呢？"也许这么做不会有什么帮助（这只是我自己的看法），但是也不会有什么害处。

那天晚上我的朋友给了我一篇祝祷词，印在一张简洁的卡片上。他建议我就站在那里祷告就可以了。于是我就这样做了。当时那整个过程简直太折磨人了。大声朗读卡片上的祷告词时，我感觉自己就像个傻瓜一样，但是你们肯定猜到了，更让我难受的是，当我回到家里，独自一人再读卡片上的祷告词时，我竟然并没有感觉自己像个傻瓜。

那天晚上当我到家之后，就跟以往的周日晚上一样，感觉很糟糕，因为知道周一我又要去面对那份无聊透顶的工作。于是我拿出那张卡片，读了读上面的祷告词——短短的四行祷告词，意在请求上帝赐予我生活的力量。我读了两遍，每一遍都让我心情很复杂。我到底是继续这样抱怨下去，还是开始行动起来改变我的生活？我想我要在明天早上找出这个问题的答案。

2012年4月18日

拼图进展：找到了丢掉的边角图案！真的，我刚刚发现这块图案一直就在沙发垫子下面——不过很奇怪的是，一起找到的还有另外两块图案，都跟我手里这幅著名历史蒸汽机的拼图无关。嗯，今天是不是要讲侦探故事呢？其实不是，今天要讲的故事是跟家常煲汤有关的……

很显然，我必须要静养。这是无须讨论的问题。医生禁止我工作（去办公室“正儿八经”地工作），不过我至少可以继续完成我清单上的挑战。哦，不是继续完成那幅已经拼好四个角的拼图，尽管茶几上的詹姆斯·乔治瓦特（对，也是一个火车工程师）就快要拼好了。今天厨房里有一只处理好的鸡召唤着我，我决定今天上午要大展厨艺——这非常适合我在家里的新地位——同时完成清单上另一项跟食物有关的挑战：学着煲汤。

跟许多非专业厨师的男人一样，我还从来没有煲过汤。这种现象其实很奇怪，因为小时候经常喝汤，对汤的记忆也很深刻。我母亲的厨艺非常棒，我们在家经常能喝到母亲煲的汤。我还记得，看完盖里踢足球赛之后回到家里，手指被冻麻了，鼻子被冻得通红还流着鼻涕，然而最难忘的还是进门闻到汤的香气的那一刻。

还有什么比大块酥面包蘸着家常煲的汤更美味的呢？有什么样的方便素食汤能与之相媲美吗？反正我觉得没有。所以我早就该学着自己煲汤了。

不过丽萨对此表示怀疑。“连食谱配方都不用？”她问。

“我不需要食谱配方，”我告诉她，“我要发挥一下我的创造力。”

“你打算创造一道什么样的汤？”

“当然是鸡肉蔬菜汤了。我们有鸡肉，有蔬菜。这能有多难？”

我觉得丽萨并不相信我能创造出一道极美味的汤，这也就更坚定了我的决心，一定要在孩子们结束各自的社交活动回家之前把汤做好。

其实煲汤的时候，我脑子里是有食谱配方的。我记得在某档厨艺节目上见过煲汤的过程——里克·斯泰因或者是詹姆斯·马丁的节目，因为这是我最喜欢的两档厨艺节目——但是我现在只记得一点点了。我知道我可以找来丽萨的一本食谱书，完全照着书里的配方来煲汤，但是我就是认定了一个理儿——那不是学习，而是抄袭！不，我决定，在丽萨难得休息一次，坐在那里看电视的时候，就开始一个人准备煲汤了。况且，迪莉娅、杰米或者是《天天美食》节目的两个美食大汉给出的食谱里肯定都是一些我没有的食材配料。等到丽萨走进厨房的时候，这里已经弥漫着一种浓郁、新鲜的香气，我想如果你们想推销自己的房子，创造一种家庭和谐的氛围的话，肯定会想让房子里充满这种香气。我一直在厨房里忙着，把鸡肉切好，煮熟，然后炖上，当感觉已经炖到火候了的时候（当然，这都是凭着我的专业直觉来判定的），就把鸡肉捞出来，将其去骨，然后将韭菜和洋葱蘸上一点黄油（记得一定得蘸一下，不能让它们变色），接着加上鸡高汤，鸡肉片，切好的土豆、胡萝卜，以及调味料，最后就开始熬汤。在汤还在熬着的时候，我甚至还利用这段时间找到了那块儿烦人的拼图边角图案，这也就是为什么汤是解谜者最好的朋友。

“闻起来真香啊。”丽萨走进厨房的时候不得不承认。我发现她说话的时候怀疑地四下张望了一下。

“你找不到的。”我告诉她说。她用勺子尝了尝我伟大的作品。到这时，我已经把汤里大部分固体食材过滤出去了，剩下的固体成分刚刚好。丽萨舔了舔勺子，轻哼道：“嗯？”然后又四下看了看。

“找什么？《食谱大全》吗？”我告诉她，“这完全是我自己创造出来的。”

她摇了摇头。“我不是在找《食谱大全》。”她说。

“那么，”我困惑地说，“那亲爱的你在找什么呢？”

她笑了笑。“你觉着呢？我在找空的速食汤包装盒！”

我的妻子对我真是太有信心了，是吧？

★★★★★★★★★★★★★★★

信仰起作用的方式非常奇怪，不是吗？没有炫目的光芒，没有突如其来的画面，也没有神奇的幻影从窗外飘进来。就是这样，不知道是什么原因——我也在努力寻找原因——从我把祷告词卡片带回家之后的那周开始，我感觉好多了。工作境况没有改善，我仍然做着以前的那份工作，只是我对待工作的态度发生了变化。同时，对工作态度的改善似乎自然而然地让我对自己的态度有了改善，这让我成为一个更友好的人，使所有的事情都有了改观——尤其是对我那可怜的母亲来说。

对这个世界的看法发生了改变之后，我还获得了其他的收获。毫无疑问，我工作的那个机构里大家的士气都不是很高，但是很快我在工作上就更加得心应手了，甚至工作时候的心态也更加积极了，对我的学生也感觉更加有信心了——以至于在1988年，我们还选派了几个学生参加年度青年培训计划最佳团队的评选。他们的任务就是向评委们展示自己的沟通能力和创新精神，进而展现他们的团队精神。比赛前几轮通过之后，我特别激动，但是我知道在比赛的最后阶段，他们在陈述阶段会遇到强大的对手。

但是我有信心，尽管我的学生也许看起来不如他们的对手们那样专业老道（没有华丽的辞藻或者精致的西装领带），但是他们很聪明——完全有实力赢得这次比赛。当最后宣布冠军听到我们的名字时，我感到特别自豪。

大奖非常丰厚，我和我的同事受邀与学生们一起前往西班牙的巴伦西亚，参观福特汽车在那里的工厂，还作为福特汽车公司的贵宾，前往观看西班牙大奖赛。

不过对我来说，更丰厚的大奖还在后面呢。具有讽刺意味的是，这个大奖是在又一次的摔倒之后出现的。

当时是1990年，我在办公室重重地摔倒了，按照当时医生对我的要求，必须要去急诊室检查。

接下来的过程相信读者们已经猜到了：在急诊室里等了一会儿之后，

医生过来向我了解情况，然后就给我做X光检查，接着等待检查结果。但是那天我特别幸运，主要有两个原因：一是我没有骨折，二是那个医生以前竟然接触过腓骨肌萎缩症患者，对治疗软组织受伤很有研究。然后我就被送去了理疗室，接待我的是一个年轻的女士，名字叫玛瑞安·韦伯。玛瑞安检查了一下我的脚部，然后开始问一些常规性的问题。我是怎么摔倒的？感到哪里疼？我经常会这样摔倒吗？在我们聊天的时候，我提到自己会定期去附近的一个教堂。她告诉我说，她的父亲是伊灵一座教堂里的司祷，并建议我说，脚踝痊愈之后，我可以去那里做一次祷告。

我可以吗？我考虑了一下其中的利害关系。她性格很随和，很友好，平易近人。哦，对了，她还是这里最漂亮的理疗医师，有一头瀑布似的深棕色秀发（不过当然，这并不是我考虑的因素之一）。另一方面，这座教堂离我有8.5英里远。这真是一个很困难的抉择，我花了整整3秒半的时间来做出决定。总而言之，我非常确定我能挤出时间来，而且，一旦我又可以走动了——好吧，我当时确实是这么想的——我就去一趟位于伊灵诺思菲尔德的圣保罗教堂。

那是一座老教堂，看起来四面都是入口——至少有三扇门，看起来都差不多。当我把车停好锁好之后，我马上就发现根本就找不到写着“入口”的标志。根据常理推测，我觉得教堂前面的那扇门应该是入口，看起来也比其他两扇门要稍微气派一点儿。可是不管我怎么生拉硬拽——也许就是被堵上了——这扇门就是打不开。那就只能这样了。我别无选择，只能去试试其他几扇门。第二扇门（在我看来最不起眼的一扇门）我轻轻一推就马上打开了。

我马上就发觉自己犯了一个错误，当然在场的会众也发觉了。在一片尖厉的目光之下，我涨红了脸，蹑手蹑脚地走进去，因为我在别人正在祷告的时候，“咣当”一声打开了后门。

值得庆幸的是，玛瑞安没有怪我，我们俩很快就开始约会。但是，正如很多时候那样，最后尽管我跟她以及她的家人都已经非常熟悉了，我们显然还是无法走到一起。我们现在还是朋友，非常好的朋友——我们给彼此的孩子做教父教母——我最应该感谢她的就是把我介绍给了（在我们分手之后，我仍然去圣保罗教堂做祷告的时候）她以前的同学，丽萨·博伊斯。

丽萨和我很快就对彼此产生了好感。作为玛瑞安最好的朋友，她已经知道我患有腓骨肌萎缩症，而我一看见她，就知道她不是那种会因为“残疾”这种肤浅的理由而退却的女孩儿，而是更注重一个人内在品质的女孩儿。很显然，是我的个人魅力吸引了她……

丽萨也喜欢音乐，所以我们之间有共同话题。她是教堂唱诗班的成员——她的嗓音非常好听——而且从上学的时候开始就成为圣保罗教堂的会众。当时她是一个实习护士，而很快我也开始了一项培育工作：培育一种与她谈恋爱的决心。我爱上了她的一切，她美丽的笑容、弯曲的头发、爽朗的笑声以及完美的个性——但是我最喜欢的还是她会给我写情书，向我表达爱意（好吧，的确是我先开始给她写情书的）。她当时正在汉默史密斯接受培训，我只要一有机会，就会开车过去看她（的确很远，但我不在乎）。

毫无疑问，由于两个人对彼此深有好感，我们很快就变得形影不离。就像现在年轻人谈恋爱一样，仅仅几周之后，我们就感觉我们是命中注定要在一起的。但是很快现实就给了我重重的一击。

有一天晚上，我们一起去看一个乐队的演出（我甚至还记得那个乐队的名字：肥硕疯狂），之后就像通常那样，我先送丽萨回家。我们俩人都很饿，于是在路上我建议说，如果冰箱里有食材的话，我可以简单地做些培根煎鸡蛋来吃。当我们回到家，小心翼翼地打开客厅的门，结果发现里面非常热闹。丽萨的母亲把她大部分的好朋友都请到家里来聊天，包括丽萨那位性格古怪的“卢阿姨”——实际上是丽萨的大阿姨，而且可悲的是，很早就得了老年痴呆症，尽管当时我们并不知道。

“你们好，亲爱的。”在丽萨的母亲介绍完我们之后，卢阿姨说道。

“你好。”我语气坚定地说道，稍微提高了一点嗓音。我注意到之前丽萨的母亲跟她说话时也把嗓音提高了一点，所以猜测卢阿姨有点耳背。“很高兴见到你。你好吗？”“很好。”她说道。在仔细打量了我一番之后，她笑了笑，然后转身又加入到大群体中去了。对此，我一点儿都不介意，因为与一群退休的阿姨们闲聊远远比不上吃上一盘培根煎鸡蛋。我和丽萨又离开客厅，到厨房去了，于是，看见我们俩不在，阿姨们就可以放心大胆地说出她们对我俩的看法。至少我是这么认为的——当然，我肯定听不到她们到底是怎么评价的。但是我还是能听见丽萨的母亲用她那特别有穿透力的声音说道：“不过可以肯定的是，他比丽萨上一个男朋友好多了！”

事情就是这样，得到博伊斯家的正式认同之后，我知道我想跟丽萨发展长期的恋爱关系。1992年，在跟丽萨谈了几年恋爱之后，我决定向她求婚。

由于我骨子里是个特别浪漫的人，所以我自然是精心地准备了这次求婚。当时是夏天，那周我们和基督少年军一起去多塞特的契德欧克野营。丽萨是“陆军上士”——去帮忙组织这次野营——而我则是以“家属”的身份前来帮忙的。不过我的正式身份应该是马丁·韦伯（玛瑞安的哥哥）的鼓手。马丁·韦伯当时也参与了基督少年军，是其中的常驻号手。

整个野营的过程都井然有序，没有人随便换帐篷住。事实上，整整一周，我都跟一个基督少年军的高级带队长官住在一个帐篷里，他坚持要把帐篷的右边门帘仅用作紧急出口，平时出入时只能使用左边门帘。我不知道这是不是为了防止我晚上跑出去——因为使用左边门帘的话就必须要从他身上跨过去——还仅仅是种特殊的偏好。不管怎样，反正我都不听他的，哪边门帘最近我就用哪一个，不过得说明的是，我肯定不是为了干坏事。

当然，我把鼓随身带来了，以备参加各种活动。我今天的计划是，早上在马丁吹起床号的时候为他打鼓伴奏（野营期间的每一天早上都是如此）；然后在每天的活动结束之后，晚上和丽萨两个人到海滩上去散步，在太阳下山的时候，向她求婚。

这一切听起来非常浪漫，但事实远非如此。像往常一样，我在起床号快要吹响的时候醒来，爬出帐篷，朝营地厨房走去。野外的地面坑坑洼洼，崎岖不平，所以对于平衡能力差的我来说，穿过这片田地确实是个不小的挑战。而今天——用一句俗语来说就是“是福不是祸，是祸躲不过”——这还不仅仅是个挑战：我摔倒了，而且伤得很严重。这一如当年将我（通过玛瑞安）引向丽萨（我永远都会记得这件具有讽刺意味的事）一样，我被在场的一位领队——罗宾·哈瑞森火速送往了布里德波特医院。而另一件和当年极其相似的事情是：我再一次侥幸逃脱，骨骼没有受伤，只是软组织受伤而已。

当我拄着国民保健服务系统配发的拐杖一瘸一拐地回到营地后，我意识到，这下我在海滩上求婚的机会就跟大象内莉飞跃德文郡的海岸线一样渺茫。即使之前还有一线希望，可是偏偏这时候又下起雨来了。而且这雨还不是那种“炎炎夏日里清凉的及时雨”，而是那种8月份特有的倾盆大雨。雨一直下，没完没了，任何有野营经验的人都知道，这场雨还得下好一阵子才会停，这对我来说简直是晴天霹雳。

“我们去我车里坐坐怎么样？”当丽萨来找我的时候，我提议道，尽管这可能不是她所听过的最浪漫的请求，但应该是——不，绝对是——最实际的请求。因为帐篷里都是水，而且顶部也吓人地耷拉下来，车里是全营地里唯一一个暖和而干燥——更重要的是安全——的地方。

“好主意。”她同意了（丽萨是一个非常分得清场合的女孩儿），于是我们就到车上去了。

在车里坐定之后，我权衡了一下自己还有没有机会上演我计划好的海边浪漫求婚，发现在我伤好之前是没有这个机会了，于是我决定当时就求婚。

“丽萨？”我非常郑重地问道，同时不自在地在椅子上扭动了几下，想找一种最适合的口吻。她带着一副有些好奇的表情等着我接着说下去。

我清了清嗓子。我之前没有想过问这个问题时的情景，而现在我马上就要问出口了，我突然想，如果她拒绝了怎么办？我尽量不去这样想。“我今天本来打算带你到海边，问你一个非常重要的问题，”我接着说，“但是，你看这种情况……”我指了指车窗外面的瓢泼大雨，“我决定现在问你。你可以嫁给我吗？”空气仿佛凝固了一般，同时她则消化着我刚刚那番小演讲。她显然一点儿心理准备都没有。然后她紧紧地抱住了我，压得我都快喘不过气儿来了。

我知道这就代表她同意了。我觉得我从来没有这么高兴过。我没有搞砸。野营结束后，我们刚从德文郡回到家，我就做了一件别人可能认为过时的事情，但是我觉得这件事情非常重要。我打电话给丽萨的父亲，请求他把女儿嫁给我。我是个比较传统的人，而且我觉得他也会赞赏我这种做法。他当时已经70多岁了，退休在家，之前干了一辈子的司机，思想很保守。我认识他的时候，他已经是位老绅士了，开车非常谨慎，即使在高速公路上也只开30英里/小时，但他年轻时参加过第二次世界大战，先后在意大利和德国做过战俘，之后在俄国人入侵的时候被释放。我非常尊敬他，而且被我说中了，我的这通电话对他来说意义重大。

得到博比的祝福之后，我们就开始筹备婚礼，随后我和丽萨就于1994年在圣保罗教堂里举行了婚礼。

我决心要和我的妻子一起走出殿堂，不能摔倒，但我的平衡力那时候已经非常差了，除非有人扶着我，否则我稍不留神就会摔倒。幸亏我的好朋友葛瑞姆·汉卡克帮我解决了这个难题。葛瑞姆·汉卡克经营着一家飞机模型店。他找来一根旧的拐杖，又锯又磨，摆弄了一个多小时，以便使我的手——我手部的力量也越来越弱了——可以很好地握住，这样我就能支撑起自己的重量。我还带着丽萨在舞池里跳了一圈舞，这是所有新婚夫妇都要做的事情。好吧，我说是跳舞，其实是我倚在丽萨身上，跟着她转圈儿。但我并不介意，反而感到特别自豪，当然是为我的妻子感到自豪，为自己能娶到她而自豪。但最让我感到自豪的是，全世界都见证了我迈着双腿走进婚姻的殿堂，而且在这个过程中没有摔倒。

2012年4月20日

完成了多少项挑战？8项，还有1/4的拼图（是的，这1/4很重要）。

需要多少双走路时穿的靴子？很显然，一双也不需要。

但是需要多少可以滚动的轮子？很方便，就4个。

我又上报纸啦！这样下去，我会习以为常的，真的会。这次是《电讯晚报》上的一篇文章，报道了我为了完成列有50项项目的挑战清单，准备参加万德尔健走活动。

万德尔健走是威灵堡每年都要举行的活动，如今已经是第34个年头了。该活动于1979年开始举办，每次为时一天，参与者可在提供的两条路线中选择，其中一条绕威灵堡健走，有18英里长，一般会让人筋疲力尽，而另一条更长，有26.7英里。万德尔（Waendel）是一个人名——一位撒克逊军阀的名字——纯化论者一般会将这个名字写成“Wændel”。但是如今，整个活动就跟它的名字一样扩展起来，变成了为期三天的活动——或者说是一系列的活动，包括自行车骑行、游泳以及两次健走，这两次健走的距离加起来有3—6英里，对参加者来说更容易实现。我说我要去参加健走，但是很显然，这就是讽刺之处：我不能参加。不过我已经可以非常坦然地接受自己再也无法走路这个事实。我在十几岁的时候突然失去了跑步的能力，当时让我备受打击，但是这次不一样了，失去走路的能力对我并没有造成很大的创伤。说实话，我真的很坦然地接受了这个事实。其实，仔细想想，我的这种反应并不足为奇。尽管从来没有人告诉我说有一天我会失去走路的能力（这句话非常准确），我想我一直都在为这个时刻的到来做准备，所以我有时间来逐渐适应这个过程，接受这个事实。同时我也知道，我要向埃莉表明，轮椅就是我最好的无生命的朋友。尽管她以后并不一定会坐轮椅（腓骨肌萎缩症对每个人的影响都是各不相同的），但是她知道我是坐在轮椅上的。也就是说，她很可能知道自己将来也许只能坐轮椅（即使只是很短暂的一段时间），如果是这样的话，我一定要让她明白，轮椅并不是什么负担或者是令人讨厌的东西，而是一个可以还她自由的工具。

参加万德尔健走的目的就是让埃莉对将来可能发生的事情做好思想准备：让她习惯从积极的方面看问题，让她明白，即使将来真的无法走路，那也不是世界末日。我总是会想，一个人前一天还能走路，第二天突然发现这种能力被剥夺了，这该有多痛苦啊。当我听说有人遇到事故，突然发现自己四肢瘫痪的时候，我就经常会这样想。在他们看来，重新学着去适应生活，该是一项多么困难的事啊。

★★★★★★★★★★★★★★★

在我们结婚的时候，我和丽萨都感到特别幸福。虽然没有吃到漂亮的双层巧克力结婚蛋糕有点儿失望，但是这也无法破坏我们极其幸福的感觉。那时仿佛整个世界就只剩下我们两个人。好吧，就算是吧，因为按照常人的标准来看，我们当时住的地方其实并不是很好。那肯定是由一组精灵们设计的一栋楼（因为房间实在是太小了），里面有8间很小的卧室兼起居室（楼上4间，楼下4间），我们就住在其中的1间。如果你养了一只喜欢到处乱窜的猫，你也许会——不，肯定会——绕开这种地方，但是我们没有养猫。不过从其他方面来看，这个地方还是挺不错的。对我们来说，唯一的缺点就是，这里离希斯罗机场的一条机场跑道只有大约100码的距离，也就是说，每当有飞机起飞的时候，尤其是那种“协和式”超音速飞机，我们肯定能感觉得到。家里所有的东西都在震动：相框、装饰物、门窗以及所有的家具……但是我们并不在意。当你终于买上房，登上了楼房阶梯的时候，邻里之间的一些小噪音又有何妨呢？工作虽然不吸引我，但还算过得去。在我新燃起的那股斗志的激励下，我鼓起勇气离开了青年培训中心，在诺斯威克公园医院找到一份有趣的新工作，主要跟职业疗法有关。我的工作就是在病人遭受头部撞击或者中风之后，利用电脑来确认病人的认知技能，也许这就是为什么“中风”这个词对我来说仍然有这么严重的内涵。不过，在那儿工作了一年，我就被汉普顿宫那里的一家配送公司给“挖”走了，薪水的上涨意味着我们终于可以摆脱“卧室兼起居室”的生活方式了（而没有等到英国航空公司弃用“协和式”超音速飞机），搬进了一个宽敞一点的双房公寓。

我们搬家的理由很充分。我们一直想要孩子，结婚之后，1996年的秋天，当丽萨告诉我她怀孕了的时候，我简直高兴坏了。我记得把这个好消息告知了亲朋好友之后，我们俩就坐在教堂里，感觉特别幸福，比结婚的时候更加幸福。当时教堂里正在举行家庭祷告，特别欢迎孩子们参加。教堂前面铺开了一张大地毯，让孩子们过去坐在上面。自然地，孩子们都蜂拥而上，坐在地毯上，当他们从我身边跑过的时候，我的脸上露出灿烂的微笑，结果把丽萨给逗乐了，她显然已经看出我在想什么了，于是把手搭在我的胳膊上，“别担心，”她按了按我的胳膊，“你很快就会有自己的孩子了。”就好像我在寻思着买个汽车音响一样，但丽萨说得有道理。我非常兴奋地准备所有的育婴用具，并开始制订以后的计划。根据我一向的做事风格，所有的计划都制订得非常周详，其中包含了我认为最重要的事项。“一整套的模型铁路玩具”和“车模大赛”当然是最重要的两项。不过可惜的是，这些都得等孩子们长大了以后才能玩儿。最重要的是，我们俩进行了一次“严肃”的对话。（不过事实上，也并没有那么严肃，我们也从来没有想过要做心理咨询，心理咨询师对腓骨肌萎缩症的了解可能还没有我们俩多——毕竟，这是一种非常罕见的疾病。）我们俩都想要孩子，也知道这其中的风险。我们知道，孩子有可能会遗传我那种导致腓骨肌萎缩症的病变基因，除此之外就不太了解了。我们真的不了解，因为导致病变的原因有很多，甚至直到现在，医生都没能找出我的病因。

我们当然不想生下一个残疾的孩子——没有父母会愿意——但是我们不想为了这种风险而放弃为人父母、组建家庭的机会。为什么呢？我只要看一下镜子里的自己，就能回答这个问题。不错，我的确在成长过程中遇到很多困难，但是我的童年很快乐，我的成年生活也很充实。我有一位美丽贤惠的妻子、一份不错的职业、一个温馨的家庭和一群志同道合的朋友。我想不出任何事情——一件也想不出——能阻碍我，或者怀疑生孩子这个决定的正确性。我的理由是——而且，幸运的是，丽萨同意我的观点——我自己就患有这种病症，我知道该如何应对，所以如果我们的孩子也患有这种病症，那么我正好可以支持并引导孩子去面对这种疾病所带来的挑战。

在丽萨怀孕期间，我们基本上已经不去想孩子到底会不会染上这种疾病了。总是纠结于自己无法改变的事情有什么用呢？当马特出生的时候，看着这个精力充沛、8磅重的胖小子，我就更是把之前的担忧抛到九霄云外去了。我满脑子都只有一个念头："我当爸爸了！我当爸爸了！"这是世界上最奇妙的感觉。当然，我们无法马上知道马特是否继承了腓骨肌萎缩症的病变基因，但是还是那句话，我们不需要知道。该来的总是会来。何况，我关注更多的是现在。因为，尽管初为人父的我特别激动，但同时我的活动能力也一天天地变差。这个事实不可否认：我的病情在急剧地恶化。

丽萨那时候还在希灵登医院里当护士，每天工作时间比较长。而在我的老板赔了一大笔钱之后，我就下岗了，不仅成为全职父亲，而且也成了家庭"主夫"。经济上虽然有些拮据，但是我们还应付得过来，而我事实上也很享受这段时间，因为我可以每天上午用小推车推着马特去附近的咖啡馆，他在睡觉的时候，我就在那儿看报纸。一切都很顺利——小推车就是我的拐杖，这样我就能对自己说，尽管大部分时间我要坐在轮椅上，但我还是可以用双腿走路。

但是随着马特长大了，也越来越不喜欢或不需要小推车之后，我的这根拐杖就消失了。很快我就意识到，尽管我能走到停车处，但是我却再也走不到街角的商店去了，我也开始越来越离不开轮椅了。在我们就要到镇上去的时候，我的膝盖突然发软，导致我摔倒在地，严重拉伤了一根十字韧带。那是我经历过的最剧烈的疼痛。更糟糕的是，我还要在医院里接受手术，将膝盖里的淤血清除干净。所以那天我受到的是双重打击：剧烈的疼痛以及恐惧，因为那天他们用的针特别大。

现在我知道自己必须接受的一个事实就是，我的情况出现了恶化，严重的恶化。身体的残疾程度也越来越糟糕。但我们还是一瘸一拐地坚持下去，而对我来说，真的是一瘸一拐。不过这也有一些积极的方面。我一直在做一些兼职工作，所以能在经济上对家里有所贡献，也为我的将来打下了一点基础。同时我也有时间把注意力集中在生活中比较重要的事情上，那年年底，我找到了一份新工作。1999年，我们的家庭成员又增加了，丽萨生下了艾米，我们在威灵堡开始了新的生活。从公寓里搬出来之后，我们住进了四个屋子的独立屋宅，感觉就像宫殿一样。只有一个问题：房子里有楼梯。我想就是在这段时间，我才真正体会到腓骨肌萎缩症给我的生活造成的困扰。的确，我能爬上楼梯，但是得用各种有创意的方法爬上去，每次上楼都是爬上去的，每次下楼都是后背着地，像个刚学会走路的孩子一样慢慢挪动。

没关系，我想。我会安装一个升降梯。尽管经常有人拿这个跟我开玩笑，说很像是送餐服务和户外旅游，但我并没有因此而很受打击。我把安装升降梯看成是给予自己自由的一个机会，因为这使我能够继续独立地生活下去。

但是很快，残酷的现实让我意识到，自理已经成为一种可望而不可即的奢侈想法。有一天凌晨，我有点儿口渴，于是决定下楼去拿一杯水。像往常一样，我在楼梯顶部打开升降椅，但是也许是由于当时天还黑着，我也睡得迷迷糊糊的，所以突然就失去了平衡，从楼梯上一路滚落下来。

当时我就这样气喘吁吁地躺在楼梯口，脑子里一片空白，尽力想弄清楚刚刚究竟发生了什么。更重要的是，要想接下来该怎么办。我小心翼翼地试着挪动，但是很快就发现这根本就不可能。我的后背和臀部非常疼，更让人担忧的是，我的脑袋也非常疼，因为刚刚被重重地撞了一下。当时我简直是无计可施。那天丽萨值夜班，家里只有我和孩子，我别无选择，只能朝楼上大声喊，想叫醒当时还只有7岁的马特。还好这个方法奏效了，马特叫来了隔壁的邻居，邻居找来了救护车，但是当时这突如其来的遭遇让我既震惊又沮丧。

万一这种事情再发生怎么办？万一比这更糟糕的事情发生了怎么办？我想让我最为担心还是当时可能发生的一些后果：我可能伤得比现在更严重，而且楼上还有两个正在熟睡中的孩子。我很幸运，事实上是非常幸运。如果下一次没有这么幸运该怎么办？但在工作方面，我就没有这么幸运了。我在公司里摔倒这件事情已经不再是需要登记在公司“工作事故”记录簿上的偶然性事件了。公司同事常跟我开玩笑说，我应该在全国上上下下所有的医院里都办一张长期出门证，更有甚者，他们甚至专门为我准备了一个“工作事故”记录簿。

尽管没有人阻止我坚持独立行走，但我知道大家都希望我放弃这种努力，我的上司希望我放弃，我自己的良心上也过不去。不停地摔跤，不停地受伤，这对大家来说都很麻烦，更不用说很可能会造成严重的腿部受伤和头部受伤。而且我已经身为人父了，我要对孩子们负起责任来，不能因为受了重伤而让他们的童年蒙上阴影。唯一的问题就是，接受无法逃避的现实对人来说太痛苦了。尽管经常使用轮椅肯定会保证我更安全，使我的腿部肌肉更放松，但是不走路的话也肯定会导致肌肉更加萎缩，直至最终完全丧失行走能力。

自从我怀着非常感恩的心态接受了上帝之后，这是我第一次感到愤恨。他难道就不能放过我一回吗？

2012年5月

2012年5月2日

我汗涔涔的手里握着多少张进场录制英国广播公司《疯狂汽车秀》的票？3张。

到目前为止已经完成了多少个挑战？非常令人满意的9项。

我要去参加《疯狂汽车秀》了！我要去参加《疯狂汽车秀》了！！我要去参加《疯狂汽车秀》了！！！这次是真的。我要去参加《疯狂汽车秀》的现场录制了，下一场即将于2013年2月份开始录制。我有两张多余的票，当然是要送给最值得拥有的人。我对事态的发展很乐观……

2012年5月11日

今天完成了多少次万德尔健步走？1次。

我为此训练了多少个小时？0个。其实，与半程马拉松相比，这不过是在公园里健走而已，不是吗？

我一开始就是这么认为的。这也是在情理之中的，因为当我把参加万德尔健步走列入我的挑战清单时，我脑子里只有一个想法——重在参与：推着轮椅在我家附近转一圈儿，认识新的朋友，享受其中的乐趣。我知道，这样说听起来根本没有什么“挑战性”了，更不“刺激”了，但是，客观地说，我的挑战清单本来就不是为了寻求刺激的。但是，我参加半程马拉松比赛之前的训练过程让我彻底改变了想法。万德尔健步走全程约有3英里——两条路线中较短的一条，绕威灵堡周边一圈——只是半程马拉松距离的一小部分，但是在训练时我发现了一个重要的事实：威灵堡周边不仅山路崎岖，而且人行路也是坑坑洼洼的。在万德尔健步走的过程中，这些让我特别痛苦。

不过我还是坚持了下来，没有摔断手指，可不得不说的是，没有感到很有乐趣。当你想极力融入到一群健步走运动员当中去的时候，很难会感到有趣。他们不太会在这种路况上操作轮椅，所以走得特别慢，而对于我这样一个参加过阿迪达斯银石半程马拉松的老将来说，要想不撞上他们，还真是很难。

但还有一件很好玩儿的事情：我的照相机。伊恩·布莱克特和我一起参加健步走，他给我安装了一个神奇的照相机小装置，用一根竿子挂在我的头顶上，定时每五秒钟拍下一张照片。这让我的轮椅看起来特别像个碰碰车，尤其是伊恩最后还把照片加速播放，制作成视频，看起来就像是《班尼·希尔搞笑秀》里面的场景。

我并不是想拿这个来开玩笑，相反，我特别想早点走完全程，回家吃晚饭，哦，对了，还要喝点红酒。嗯，还要看看照相机里的照片。感兴趣的读者可以去试试这种装置，现在已经很常见了。只希望我这个坐在照相机下面的英雄（最重要的是用双腿夹着水瓶的这个举动）在照片上看起来能更有英雄气概……

2012年5月17日

中场小结！

到目前为止完成了多少项挑战？很不错的10项（鉴于冬天寒冷的天气），外加一大部分的拼图。

有多少项挑战已经在实施过程当中？令人满意的7项。

让人难以相信的是，还有不到半年的时间，我将迎来自己的下一个生日。但是，让人高兴的是，算上正在进行当中的挑战，我至少已经完成了挑战清单上1/3的任务。然而，这样算来，我的时间还是有点儿紧张。这并不是说我打算把所有的事情都拖到最后——尤其不能拖到大雪封路的冬天——但是眼下已经是5月份了，很快大家就要开始忙着“准备过圣诞节”了。等到进入7月份，人们更是在准备过圣诞节了，不是吗？

我知道自己可以做到，这是最关键的。我对自己有信心。很庆幸的是，我一直都非常乐观，如果没有这种乐观的心态，我很容易就放弃了。从另一个角度来看，让我处于一种奋起直追的状态也是一件好事，因为如果一切看起来都很容易的话，埃莉又能从我这儿学到什么呢？我想让她看到我战胜困难，接受挑战，看到这个艰难的过程，因为我最想让她学会的就是坚韧——我父母教会我的那种坚韧和自信；想让她学会不放弃，不管前路多么困难，因为我知道，与同龄人相比，她的生活将会面临更多的困难。

“下一个挑战是什么？”马特趴在我的肩上，问道。此时正值傍晚，太阳还没有下山，天气宜人，大家都坐在院子里，帮我做下一步的计划，埃莉坐在那里读书，艾米在写作业。

“嗯，我打算，”我说，“做一只陶罐……学会木材车削……让自己的照片登上全国性报纸……”

马特摇了摇头。“不是，我是说那些真正的挑战。”我生气地看了他一眼：“你这么说是什么意思？这些都是真正的挑战！”

“不是，”他说，“我是说那些非常刺激的挑战。”好吧，学木材车削的时候肯定也有点儿刺激，因为很可能会切掉手指头。但是当然，马特不明白这一点。毕竟他还只是个孩子。

“好吧，”我说，“我看看……”我顺着清单从上往下看。“罗丁汉姆赛道，”我指着其中一项说道，“下周，参加沃尔沃S60比赛。然后当然是桑踏-普德——”我看见他的眼睛一亮。“对啊，我竟然给忘了。爸爸你要在桑踏-普德参加什么比赛来着？”

“我要去参加双座赛车比赛，记得吗？嗯，计划是这样的。”我知道，这就是他想要的那种挑战了，是那种男孩子喜欢的项目。极速赛车，超级速赛车。

“是那种很长的车吗？”他问，“车后面是大轮胎的那种？”

我点了点头。“前面是小轮胎。普通车的车速在8秒钟时间里只能从0加速到60迈，而这种车能在8秒钟时间里从0加速到160迈。你们能想象得到吗？我都等不及了。”

埃莉抬头看着我们。“那究竟有多快呢？”她问道，尽管我怀疑她这么问只是出于礼貌而不是真的想知道。

“特别快，”我告诉她，“非常快。比我们家的车快多了，差不多比我们的车快一倍。”我“嗖”地喊了一声，把胳膊向前伸出，来表明车速很快，“真的特别特别快。”

“特别特别快，”马特表示同意，“真的特别快。”埃莉认真地听着，似懂非懂地点点头，仿佛听我们说的同时在计算着相对速度。然后她又摇了摇头。“是很快，”她说，“可是为什么要开那么快呢？”于是我和马特接下来在吃饭的时间给她解释为什么要开那么快以及感受速度的激情，言语中满是那种只有男孩子才能体会到的热情。“为了感受汽车发动时的那种爆发力，”我告诉她说，“感受巨型发动机的强大力量，以及打开降落伞后产生的阻力。”这一下子让事态更复杂了。“你们为什么需要用降落伞呢？”她非常困惑地问道，“你们又不是从飞机上跳下来。”

“爸爸是说，”马特解释说，“赛车自带的降落伞。这样它可以迅速降低车速，因为如果以那种速度继续行驶的话，肯定会冲出界栏的。”“但是如果不把车开得那么快的话，”埃莉又说道，“就不需要降落伞了，不是吗？”也许埃莉注定无法理解赛车运动。不过，单就今天晚上来说，由于我们都在讨论这些挑战项目，埃莉的兴趣就是完成“进行中”那一栏下面她最喜欢的一个挑战项目：多玩桌游。埃莉特别喜欢玩桌游。当初我很自然地就把这一项列入我的挑战清单，因为几个月前的一天晚上，吃过晚饭之后，我发现大家（对，包括我自己）都捧着自己的电子设备，不跟别人交流。孩子们玩着电子游戏，看着iPad，丽萨在摆弄iPhone，而我则在我基本不离手的iPad上忙些现在已经记不得的事情。所以如今我们会定期玩桌游，感觉特别开心。不仅仅是因为赢了游戏有积分，同时还有另一个好处：能让你这个晚上不用去想那让人痛苦的拼图。通常是晚饭之后，我、丽萨还有老大、老二收拾餐桌，同时由埃莉来决定这次玩哪一种游戏。

“棋盘问答。”等我们重新回到餐桌上，埃莉就会宣布说。我同意，因为这个游戏我很在行。

“我记得上次是我赢了，对吗？”我推过轮椅，从容地说了一句。虽然我总是强调说，重在参与，不要过分在乎输赢，但同时我又是个非常有竞争力的对手。我经常会对他们说，这只不过是个游戏罢了，但是我又从来不会“故意输给他们”。

“这次你可赢不了了。”艾米一边说着，一边打开刀具盒子。果然被她说中了，毫无悬念，他们都开始攻击我——包括丽萨在内。

迪斯尼棋盘问答，这是埃莉选中的游戏的全称。糟糕，这次我真的是势单力薄、弹尽粮绝了。

★★★★★★★★★★★★★★★

相信自己是一回事，相信上帝则是完全不同的另一回事。30岁的时候，我的双腿无法再行走了，这让我对自己的信仰产生了怀疑，而当我们第三个孩子出生的时候，我的信仰则受到了真正的考验。在丽萨发现自己怀上埃莉的时候，我们并没有很焦虑。相反，就跟其他年轻夫妇一样，我们觉得精力充沛，一想到家里又要添一个新成员，就激动不已。在这之前，丽萨已经顺利生下两个孩子，所以我们以为埃莉的出生也会非常顺利。但是埃莉似乎并不急着来到这个世界，丽萨的子宫收缩时有时无，因此必须通过药物来促进子宫收缩。然而，糟糕的是，打点滴时使用的止血带没有被撤下来，等到发现的时候，丽萨的血液里已涌进大量的药物，结果导致了一次长达三四分钟的子宫收缩。

埃莉最后还是顺利出生了，但是那次剧烈的子宫收缩真是吓到我了。这是一个预兆吗？不，当然不是。只不过是个小小的失误，很常见。丽萨平安无事，埃莉也平安无事。这才是最重要的。当经过诊断发现，埃莉有学习障碍的时候，我们非常担忧，但是我们从来没有想过她会患有腓骨肌萎缩症。不过还是那句话，该来的还是要来。埃莉被确诊的时候跟我当年被确诊的时候差不多大。当时她正在读学前班，我和丽萨开始放弃之前的侥幸心理，最终接受埃莉确实患病这个事实，并开始注意她表现出来的症状。

在埃莉还是个蹒跚学步的婴儿时，问题就出现了。马特和艾米小时候总是极力想摆脱自己的小推车，但是埃莉却不同，她很愿意坐在小推车里，即使是走路，也走得特别慢，而且还特别容易累。因此，如果得走路去某个地方的话，比如从家到学校，就得花上很长的一段时间。全家人一起出去玩儿的时候就更明显了。比如去动物园的时候，马特和艾米总是跑来跑去，精力充沛，但埃莉却总是吵着要坐在我的腿上。当时我一直开玩笑说，我都成了家里的小推车了。跟我当年一样，埃莉的步伐也不太准确，她的老师也开始跟我们汇报一些反常的情况，比如说埃莉总是很容易疲惫，围坐在地板上听故事之后就很难再站起来，而且，和同伴儿们一起玩儿蹦蹦跳跳的游戏时，她总是落在后面。

“我们觉得她可能有扁平足。”她的一个老师说道。但是我和丽萨知道问题不在这里。我们不能再逃避事实了，最担心的事情还是发生了。之前我们一直都知道这种情况有可能会发生，所以我们并没有被彻底打垮，但还是心情非常沉重地带着埃莉去看医生。事情果然不出我们所料，在经过几项无创性检查之后，埃莉被确诊患有腓骨肌萎缩症。那段时间对我们家人来说是段非常阴郁的时期。丽萨还算坚强，她一直都非常冷静，非常务实，而且每每遇到困境，我们都会在她身上寻求勇气与力量。尽管我患有腓骨肌萎缩症，她还是嫁给了我，生育了3个孩子，多少年来一直和我一起应对复杂的残疾病症，尽量不让其影响我们的正常生活。但是我的母亲和丽萨的母亲都非常伤心。尽管我们从来都没有专门谈过这个事情，但是丽萨的母亲一直认为我们俩不会有孩子，可是我们俩还是与命运抗争，在生下两个健康的宝宝之后，又有了第三个孩子，她觉得我们俩太鲁莽了——为什么要跟命运打赌呢？我母亲也很伤心，当然，为埃莉伤心，也为我们俩伤心，因为她自己亲身经历过，知道养大一个身有残疾的孩子是一件多么困难的事情。我呢，说实话，我很气愤。尽管我知道存在这种可能性，尽管我们讨论过好几次万一发生了怎么办，可是当这一切真的发生的时候，我真的感觉上帝太不公平了。我不是一直都在努力做一个好人吗？我不是一直都勇敢地面对挑战吗？我不是一直都在付出自己最大的努力吗？难道我这么多年付出的努力从上帝那里换来的报酬就是让小埃莉也要承受我所承受的一切吗？我很少会无端发怒，而此时就是这少有的几次之一。我和丽萨都知道腓骨肌萎缩症是一种罕见的遗传病症，但得知埃莉患上这种病症时，我们还是非常痛苦。我一直都希望我们能成为“例外”，而当希望破灭的时候，天啊，我是多么怨恨上帝啊，非常怨恨。而且，当时马特尤其愤怒。这一点我记得非常清楚。

马特之前就有他的问题。他一直是个好孩子——从来都不会闯祸——虽然我有意避而不谈，但是我知道，他内心深处总是有点儿悲伤。我们并没有认真谈过这件事情，因为我觉得他并不想让我伤心，或者让我有负罪感，但是他会跟丽萨表达他的沮丧。这并不是一种叛逆的表现，而更多的是一种悲伤，因为自己的爸爸与别人的爸爸不一样。而我确实是不一样：我不能踢足球，不能骑自行车出去，甚至不能和他一起搭他最喜欢的乐高。因此，埃莉的确诊就成为了导火索。不管怎样，他对小妹妹的这种命运感到非常伤心，觉得这个事实很难接受。他怨恨生活，怨恨上帝，怨恨我们。这种情绪需要时间和沟通来疏导。也许正是在帮助马特疏导愤怒情绪的过程中，我也慢慢调节了自己愤懑的心情。

总之，我们最后还是没能幸免，我必须要面对这个事实。所以下一步就是要接受现实，然后帮助埃莉去适应这种病症。我的立场就是——我非常感激丽萨一直在背后支持着我——不让埃莉去做那些侵入性的、不必要的检查。我的父母在这件事情上没有选择权——他们面对的是以前从来没有遇到过的病症，只能向专业人士寻求帮助——相比之下，我就比较幸运了。我知道孩子今后要经历什么样的困境，更重要的是，我知道这种病症是无法治愈的，所以根本就没必要让埃莉像我小时候那样去接受各种扎针，也没必要成天把她送到医院里去接受检查。

我们决定，对于埃莉的病，最重要的是控制病情。没有必要弄清楚埃莉到底患有哪一种腓骨肌萎缩症。——拿我来说，5年过去了，情况还是没有改变。——更重要的是学会应对各种症状。最好的办法是给埃莉找一个能帮助她控制病情的神经科专家，通过适当的矫正器械或者理疗，或者更坏的打算就是通过矫正手术来控制病情发展。

然而，上帝似乎还要考验我。的确，我因为声带的问题而发过牢骚，埃莉的病情也显然将要成为我们生活中一个不可改变的问题，但是我们都挺过来了，生活还在继续，所以我们怀着轻松的心情开始准备再次搬家。

这次搬家很合时宜，原因也是积极的，同时也是一个家庭融合的好时机：我们之所以搬家是因为想让丽萨的母亲搬过来和我们一起生活。我们要换一个更大的房子，四居室，有一个大厨房和花园，屋前也有很大的一块儿空地，可以满足我开车的欲望。我们6个人住足够了，还能放下几辆车，所以对于我们以后的这个新家，大家都非常兴奋。

丽萨的母亲琼是个非常慈祥的老人，已经寡居6年了，她也非常期待能和我们住在一起，我们也是，尤其是孩子们，迫不及待地想要全天地与慈爱的外婆待在一起。

然而搬进来6个月之后，琼被确诊患上了癌症，并被告知只剩下不到1年的时间。只能这样了，我们想。至少琼这一生生活得很快乐。在剩下的这段时间里，我们会让她过得很幸福。可是确诊之后的第12周，琼就过世了。丽萨伤心欲绝，我们也都很伤心，同时我也很愤怒。这些事情发生的时候，上帝到底在哪里？上帝到底存不存在？

“你会挺过来的。”我记得人们这样跟我说，“信念就是这样。人们有时候感觉离上帝特别远，尤其是在他们的信念受到打击的时候。你会挺过来的。”可是我没有，我反而觉得离得越来越远了。我想，对我打击最严重，让我彻底失去信念是2009年5月。那天当我下班回家的时候，丽萨把我叫到厨房，我猜想，可能是跟教堂事务有关，因为当时丽萨在教堂里承担一些牧师的工作，或者是跟孩子上学有关的事情，是不是哪个孩子在学校出问题了？不管怎么，反正她脸上的表情非常严肃。可是接下来她说的事情是我无论如何都没有预料到的。

“奈杰尔，你母亲去世了。”她小声地说。每个人的父母总有一天都要去世，我母亲当时已经77岁了，年事已高，我知道，自己肯定也逃不了这一关。这一天总是会来的。可是为什么偏偏是这个时候？为什么在我还没有来得及做好心理准备，没有来得及跟她道别的时候？为什么她去世的时候身边没有任何人，而是一个人倒在厨房的地板上，连个扶一把的人都没有？我彻底崩溃了，感觉头晕目眩，无法接受这个事实。我感觉自己快要无法呼吸了，丽萨抱住我，我一下子回到了20岁那年，母亲告诉我父亲去世了的时候，她抱住我时的那种情景。

的确，父母的去世是一个每天都在世界各处上演的悲剧，就像婴儿的出生是一个每天都在发生的奇迹一样。但这也是人类的一个悲剧。我想这就是我受到的最残酷的打击。现在我已经不再怀疑了，我确定，上帝不存在。

我们为母亲举行了一个体面的葬礼。母亲去世之后的第二天，我回到母亲的住处和我的兄弟姐妹们聚了一下，转天，我们坐火车来到了伦敦，约好要跟德瑞克见面，他退休之前是个牧师，也是我们家的一个好朋友，我们希望让他来主持母亲的葬礼。他的妻子西比尔是母亲学生时代就认识的好朋友，母亲生前一直和她保持联系。父亲早逝之后，西比尔给了母亲很大的鼓励和支持。我们知道，母亲肯定希望德瑞克和西比尔能来参加她的葬礼。德瑞克建议说，他可以从母亲与西比尔的信件中找些内容来准备悼词。我从来没有想到，母亲的信件里那些话会让我有那么大的触动。说实话，母亲葬礼那天，我情绪失控了，从我看见棺材的那一刻，我就泪如雨下。接着我坐在那里，听着德瑞克念母亲在父亲刚去世的时候给西比尔写的一封信，我的眼泪止不住地往下流。

对于孩子，或者是还没有承担重大人生责任的年轻人来说，父母所做的一切在他们看来常常是理所当然的，我当年也是这种感觉。我的父母非常棒——我们所有人的父母都很棒——听着母亲对她的朋友敞开心扉地袒露她内心的苦楚，我深受触动。

“我尽量把自己弄得很忙，”母亲在信中写道，“这样才能填补我心中的那种空虚感。但是奈杰尔在家，所以为了他，我得看起来很乐观……”

为了我，为了不让我看见她心碎的样子。我很好，妈妈。不要再为我操心了。我很好。我想——至少，我希望是这样——你和父亲会为我感到骄傲的。

2012年5月25日

到目前为止彻底完成了多少项挑战？11个，外加很多进行当中的挑战。

然而……有好多次我会禁不住地想，如果全世界所有发动机的轮子长得不是那么相像的话，这幅拼图该多么容易搞定啊！

喜欢火车还是汽车，在我看来，这个问题一点儿都不难，当然是汽车！这不仅仅是因为汽车轮子比火车的少，也不仅仅是因为对于坐在轮椅上的残疾人来说，乘火车出行是一件非常麻烦又让人沮丧的事情。这些都不是我喜欢汽车的主要原因，我之所以选择汽车是因为汽车可以由我来驾驶，而且有时候驾驶的不是普通的汽车，而是赛车。我是一个赛车迷，不管时间多长的赛车比赛，我都会从头观看到尾，直到最后决出胜负。所以，当我有机会列出自己的挑战清单时，我毫不犹豫地就将在赛道上开赛车这一项列入了我的清单。

今天就是我梦想实现的那一天，多么美妙的一天！当我写下这些文字的时候，我的脑袋里还嗡嗡作响，的确，我正坐在家里那台正在工作的滚筒洗衣机前面，但是我脑袋里之所以嗡嗡作响是因为开着赛车在赛道上驰骋的经历让我感觉活力四射。最让人激动的是，我已经全然忘记自己的“身体残疾”，因为在史蒂夫·科乐特这个大好人的帮助下，我有幸开了一次沃尔沃S60，这种赛车可以满足不同车手的个性化需求。而对我来说，这就意味着我可以用手刹，这样开车就容易得多了。

我无法跟其他车手比赛（这正好是个赛道日，也就是说公众会来参加体验活动，这里只能进行试驾），但这并不意味着我不能跟自己比赛。事实上，在某种程度上，这样更刺激，因为我一直在跟自己的意念比赛：在拐角处磨炼我的拐弯技术，提高驶进和驶出的速度，这样每一圈下来，我都能缩短几秒钟。我认为自己水平还可以，如果真的跟其他车手比赛的话，我也肯定没问题。但是不管怎么样，还要再练练。有机会一定还要来体验一把。

★★★★★★★★★★★★★★★

我想，从我看见盖里叔叔的那辆改装赛车时起，我对汽车和赛车的热爱就深深地融入到我的血液当中了。等我足够大了之后，我就跟着叔叔和阿姨一起去全国各地参加比赛，那是我在上学期间最开心的时候。

盖里叔叔的赛车一直由车队主驾达奇·怀特来开，他现在仍然是赛车领域里的传奇人物。那辆赛车也是一个传奇。改装赛车是由普通车改装而成的，通常是福特或者是菲亚特，但是达奇使用的驱动器更加高级，是从一辆旧的奔驰上卸下来的钢架结构。这在当时可是前所未有的，所以能成为这个精英团队的一部分，而且还要对我们的改装设计保守秘密，这让我非常有优越感。当时我的叔叔想出了一个很好的方法，使轮胎的外胎能更加坚固。对于所有的改装赛车车手来说，爆胎一直是一个难以解决的问题，因为在比赛过程中，赛车之间会经常摩擦碰撞。我的叔叔将旧轮胎的外胎切割下来，然后安装在新轮胎的内围，这样就形成了双层外胎，很巧妙地解决了爆胎的问题。这种方法其实很简单，但是往往最简单的方法就是最好的方法，不是吗？结果这个方法果然奏效了，其他的车手一直摸不着头脑，为什么我叔叔的轮胎比他们的要耐用得多。到我10岁的时候，我已经被深深地迷住了。不仅仅是迷上了赛车，也迷上了这种生活方式——赛道上的声音与气味，接触到的人，车队之间的兄弟情义、合作精神以及打趣逗乐，同时还有那带有火药味儿的竞争氛围。参加比赛就只有一个原因：想要成为冠军。

同时，我还喜欢坐在那辆惹眼的改装大客车上。高高地坐在上面，摇摇晃晃地驶进我们要去的场馆，我感觉自己就像是一位国王，正在巡视臣民一样，我真的特别享受这种感觉。作为比赛车队的一员，看到所有观众都将目光投向我们——这是世界上最幸福的感觉了。我猜，这种幸福的感觉就像是当时马戏团的成员来到镇上之后所体会到的那种兴奋与刺激。我叔叔的车队成绩非常好，拿过全国性和国际性的冠军大奖。这就意味着他可以将赛车的顶部涂成金色，这样所有人都知道这辆车曾经得过世界冠军。在一级方程式赛车比赛中，最慢的赛车要在后排启动，而在改装车比赛中却正好相反，慢车以及新手要在前排启动，这就意味着快车以及有经验的车手想要冲到前方赢得比赛的话，就得冲出重围。

我们在帕德里斯科尔又获得了一次世界冠军。为了能成为赢家，我们必须超过赛道上的每一辆赛车，所以每场比赛都极其惊险刺激，结果也从来没有让我失望过。随着年龄的增长，我接触到更多的赛车运动。我的哥哥马克非常热爱摩托车运动——直到今天仍然是这样——他有很多骑摩托车的朋友，他们经常骑车带我出去玩儿。有一次他们带我去肯特的布兰兹-哈奇赛道观看一场比较正式的摩托车比赛，我记得当时看到那些摩托车那么快地拐过弯，我都惊呆了。整个车身倾斜得特别厉害，仿佛马上就要倒在地上，将车手甩出去一样。尽管这很刺激，摩托车也很光鲜亮丽，那些身上刺着文身、一点儿都不怕死的车手们也很酷，但是摩托车比赛永远都无法取代汽车赛在我心中的地位。我会在电视上观看摩托车越野拉力赛或摩托车一级方程式赛车比赛，但是对于汽车赛车，我更喜欢观看现场比赛。对于我这样一个大部分时间都在三轮小推车或者轮椅上度过的孩子来说，极速所带来的刺激——能够与那些健全人一起竞争——让我很自然地就想到把参加卡丁车比赛列入挑战清单。尽管我从来没有参加过专业的比赛，也没能在长大之后坚持玩赛车（赛车的确很有趣，但是对我的四肢力量是特别大的挑战），我会定期和朋友们比赛。也许正是这样，才让我对极速运动产生了终生的热爱。

这的确是一种热爱。当我和丽萨搬去北安普敦郡的威灵堡，我感觉自己仿佛是死后来到了天堂。我当时并没有意识到（好吧，也许潜意识里是有点儿意识的）我已经来到了赛车运动的中心区。小时候离我家仅仅40分钟车程的地方就有赛车跑道，如今更激动人心的是，银石赛道离我们只有半小时车程，罗丁汉姆赛道离我们只有20分钟车程——在我们刚搬过来的时候，它还在建设当中。对我这个极速赛车迷来说最棒的是，世界著名的欧洲首大赛车道桑踏-普德赛道差不多就在我们家门口。该怎么形容我第一次去桑踏-普德赛道的那种激动的心情呢？如果你对汽车不感兴趣，那就可能根本无法理解，虽然有点儿俗气，但我还是想引用一句诗（W.H.戴维斯的诗）：“生活会变成什么样，假如整日充满着忧患，我们没时间去驻足欣赏。”好吧，的确挺俗气的（尽管这句诗本身并不俗气），但是这也能表明我的处世哲学。在我们生活在这个星球上的短暂时期里，可以去经历的事情实在是太多了，我想在这有限的时间里去尽可能地体验所有的事情。有些事情并不需要你成为一个“痴迷者”，这些事情就是很刺激，仅此而已。2005年我第一次在桑踏-普德赛道观看了一场激动人心的比赛。我问我的朋友——大卫·贝特勒（艾米的教父）是否想跟我一起去观看赛车比赛，当时我并不知道他已经去过了。

“我们应该去看一场特制赛车比赛。”他说，一下子把我惊呆了。很显然他非常专业，我根本就不知道什么是特制赛车。我们去的那天正好是5月银行假日，那里人声鼎沸。来观看桑踏-普德赛道比赛的人特别多，你刚一到那儿的第一印象就是这里是个巨大的露营地，旁边的空地上是一片汽车、帐篷以及露营车的海洋。等你停好车，走向赛场的时候，就会发现自己置身于另一片海洋之中，一片人的海洋。一家一家的人涌向看台、食品摊、后排座位以及游乐场。附近总是会有游乐场，的确，桑踏-普德赛道主要是赛车活动，但是同时也有很多家庭活动，所以各个年龄段的人都可以来这里玩儿。当时我还可以行走，但是已经有困难了。所以对我来说，走上看台座位是很困难的一个过程，事实上，我基本上是手脚并用爬着上去的。尽管如此，我朋友还是坚持要买看台座位票，而且事实证明我的辛苦是值得的，因为我们的位置确实非常棒，可以毫无阻碍地看到起跑线和两条四分之一赛道。极速赛车比赛跟其他的赛车比赛最大的不同就是，比赛在很短很短的时间就结束了。因此，大部分的乐趣都是在赛前的准备期。前排看台是免费对公众开放的，大家都聚在这里，真正近距离地感受比赛的激情，亲眼看到、亲耳听到赛场上发生的一切。一旦比赛开始了，唯一的关注点就是车速的提升了。这些赛车马力特别大，构造也几乎是相同的。一场比赛中只有两辆赛车进行角逐。

当时，我对赛车了解还不多，所以那天除了噪音之外，我根本就不知道会在赛场上遇到什么情况。大卫之前建议我买一副工厂内使用的耳塞，到了现场我才发现几乎人人都戴着这种耳塞。

当第一组的两辆车准备比赛的时候，我就知道噪音肯定会非常大。这些都是大功率高速度汽车，在电影《正义前锋》中曾见过的那种车：道奇冲锋者、庞蒂克、野马、雪佛兰，所有车都装着V8的发动机以及很小的排气管。果然名不虚传。这些车跑起来时发出雷鸣般的声音——也许听起来有些老套，但是的确是这样的。车子发动起来的时候，你仿佛可以看到空气都在震动。接着声音猛地变得震慑人心，仿佛几头大狮子同时从睡梦中醒来，车身冲了出去，前轮跳起来，就好像车手们都在努力控制着这难以驾驭的车轮。这让我想到那些刚被捕获的野兽，挣扎着想要挣脱缰绳，狂奔出去。几秒钟之后，比赛已经结束了，空气再一次静止。这些车在10秒钟的时间里跑完了1/4英里的路程——比普通车最快的车速还要快一倍。不过观看两辆大功率高速度汽车飙车只不过是个热身而已，接下来的主要比赛才是我们来这儿的目的：特制赛车比赛。之前见过的那些车已经让我很震撼了，但是这种车是之前那些车完全无法企及的。这听起来可能会有点儿夸张，但是当我看见看台下面的人把第一辆车推到指定位置的时候，我真的感觉脖子后面的汗毛都竖起来了。这些车太庞大了，而且很威严——这就是我当时的感觉——因为那些工作人员像小跟班一样小心谨慎地把它们推到指定位置上。我当时看到这种场景，惊得目瞪口呆。单从体积上来看：这种赛车的一个后轮胎就比我车上所有的轮胎加起来还要大——真的，一点儿都不夸张。

所以，毫无疑问，这就是赛车中的霸王，燃烧大量的硝基甲烷来推动发动机高速运转。我激动得无法自已，为什么我之前都没有看过这类的比赛？想想世界上最快的赛车比赛马上就要在我眼前上演了，这简直太让人难以置信了。

我看见一个工作人员在巨型发动机上装了一个启动器，同时还注意到其他人要么戴上了耳塞，要么就直接用手捂住耳朵。当排气管发出黑烟的时候，我意识到保护措施是非常必要的。如果说大功率高速度汽车发出雷鸣般的声音的话，那这种车发出的声音就是我在这个世界上从来没有听过的声音：一种浓重、干脆、震耳欲聋的吼叫。我肯定几英里以外的地方都能听见。这响声听起来愤怒、恐怖、咄咄逼人，随着音量的提高，所有人都自动按紧了耳朵上的耳塞，我也一样。

真是大开眼界啊！赛车就位之后，队长就示意车手将车开出来，接着就表演烧胎，赛车后轮开始转动，不是为了前行，而是要加热轮胎，直至轮胎外表面被摩擦掉，这一定得对赛车有很强的控制力。这种赛车的发动机非常强大，必须要将力量转移到轮轴上，如果控制不住的话，就只能看着车子在原地冒烟儿。

当排气管的尾气散开来之后，我不仅能看得见而且还能闻得到。硝基甲烷刚开始闻起来有种甜甜的味道，但是随后便会感觉刺激鼻腔。后来才知道，原来硝基甲烷的一种副产品就是类似催泪瓦斯的化合物。但是大家好像都并不介意。事实上，我觉得有些人还很享受这种感觉：我真的看见有人故意猛吸了几口。烧胎表演结束以后，参赛赛车就开到了起跑线处，绿灯一亮，示意车手们终于可以放出他们的野兽了，这时我才意识到，原来桑踏-普德的官方媒体所说的那句——“来感受噪音的震撼吧！”——真是一点儿都不夸张。这些车在轰鸣之中，1秒钟之内速度就达到了100英里/小时，用“感受”这个词儿还是很妥当的。我身体的每根神经，每种感官，每个分子都被这种神奇赛车狂放、猛烈的力量给震撼到了。这是我从未有过的体验。仅仅5秒钟，它们就跑完了1/4英里路程，然后车后的降落伞就“砰”的一声打开了。就是这短短的5秒钟，让我一辈子爱上了这项运动。

2012年6月

2012年6月6日

从我第一个孩子出生已经过去多少年了？正好15年。

去年他长高了多少英寸？令人惊讶的4英寸！

引用W.C.菲尔兹的话（或许有些不太准确），人在一生当中总有某些时刻要面对现实，采取行动。差不多是这个意思。主要的问题是，马特今天满15岁了，而且长得比我都高了。你们也许觉得这不是什么大不了的事情，因为我现在基本上都是坐在轮椅上的，别人根本看不出来我比马特矮了，但是这对孩子来说是个转折点，而且是个非常重要的转折点。

之前，我和马特经常躺在地板上比身高。我还清楚地记得，去年为了超过对方，还有很多作弊的小动作——当然，都是马特作弊。但是今年，当我们在花房地毯上的老位置躺下来的时候，结果一目了然。马特已经有5英尺11英寸高了——比我高了3英寸。当然，这对他来说意义重大，因为他现在正式成为家里最高的人。丽萨身高只到他的肩膀。而且他还在慢慢地成熟。自从马特长到我膝盖那么高的时候，每年过生日我都会带他出去吃比萨，但今年不一样了，他自己提出要去一家印度餐厅吃饭庆祝。不过，尽管看起来是长大了，但是当他看到我们提前在他椅子上系上的氦气球，还是表现得特别兴奋。

2012年6月13日

又过了1周，又迎来一个生日——6月份是一个非常繁忙的月份。这次是艾米过生日——不过她不能回家来庆祝生日了。这挺可惜的，因为这是个很有意义的生日。过了这个生日，艾米就13岁了，终于是个青少年了。她参加了学校组织的活动，去了锡利群岛。我肯定她一定在那儿玩得很高兴，经历新鲜的事物，认识不同的人。所以尽管我们觉得无法为艾米庆祝这次很有意义的生日实在有些遗憾，但是她却似乎并不想念我们。艾米正迅速地变成一个独立的女孩子，对她来说，这是一个很好的机会，她非常高兴自己能离开家，和朋友们一起庆祝生日。不过艾米还是收到了家人的祝福。我们请艾米的老师在艾米生日那天将礼物转交给她，最让人高兴的是，岛上还有一家很棒的蛋糕店，这样我们就给她定做了一个蛋糕，外层涂抹的糖霜是她最喜欢的紫色，虽然看起来颜色有些过于鲜艳。

"我特别想尝一尝，"给她打电话祝她生日快乐的时候，我跟她说，"所以给我们带点儿回来，好不好？"

艾米笑了。"不可能，"她说，"都吃了，一点儿都不剩。"

唉。跟我们当年那个命运悲惨的结婚蛋糕一样。

我一直特别想拥有的一项技能，就是能拍出一张很漂亮的照片——不管是蛋糕还是其他的，所以我在挑战清单上加上了这项：让我的一张照片登上一家全国性的报纸。这可不是个白日梦，我已经为此努力很多年了。

从我第一次观看赛车比赛，看到瑞典摄影师斯特凡·鲍曼工作起，我就有这个打算了。当时他拿着3台照相机，能非常迅速地转换镜头，让我特别佩服，因为我摆弄起来速度特别慢。

所以我第一次去桑踏-普德赛道的经历不仅重新点燃了我对赛车运动的热情，同时也点燃了我对摄影的热情。20世纪80年代的一段时期，我曾经对摄影非常痴迷。那是个还用胶片电影的年代，1981年我成为了一个业余的摄影发烧友，当时我姐姐尼基在摩斯化学实验室工作，那里正好出售照相机，她帮我低价买了1台，之后一切就这样自然而然地发生了，很有趣，是吧？我立即爱上了摄影，虽然从专业角度上来说，我并没有经过特别专业的学习，但我还是能自己洗出所有的照片，这样我就知道怎样才能避免拍出糟糕的照片。

不过，到了2005年，我们已经进入了数码时代，更重要的是，我双手的力气已经很弱了。所以我花了很长的时间去寻找1台适合我用的照相机。就这样，我才认识了伊恩·布莱克特。他耐心地帮我挑选，由于我的情况特殊，挑选一台我能够握住并且容易使用的照相机其实是非常麻烦的。

“你想要用这台照相机拍出什么类型的照片？”当我掂量着不同型号的照相机重量的时候，他问我说。

“我想要弄一张桑踏-普德赛道的记者通行证，”我告诉他说，“你可能听说过，那是欧洲最大的赛车道。”

伊恩笑了，“我当然知道，”他说，“我是桑踏-普德赛道假日比赛的专业摄影师。”还有比这更巧合的事情吗？我觉得没有了。不过到底什么是假日比赛呢？当时我还不知道，所以我就问他。

“假日比赛，”他解释说，“是公众可以将自己的车带到赛道上来开，我基本上就负责拍照片。不过，也许我能帮到你，让你进去拍照。”

他真的兑现了承诺，帮我联系了一本名为《美国汽车世界》杂志的主编，几天之后，这位主编就给我办了一张记者证。那天简直是太棒了。我拿着自己新买的数码相机，拍下了很多不错的照片，继而获得了以后进赛场拍照的资格。我的努力也最终得到了回报，在接下来的复活节期间，我已经在当地报纸上发表了3张照片，之后开始定期地有摄影作品见报。

就跟做其他简单的事情一样，我脑子里一直有一个问题：我的手指还能坚持多久？但在当时，我做得还不错，而我也已经很满足了。这不仅仅是因为我拍的照片还不错，还因为我的记者证马上就要升级为通行证了，这就意味着我打开了一片完全不同的新天地。

2012年6月16日

今天过后，完成了多少项挑战？勉强算是13项。

多少个病患的妻子应该得到鲜花和奖章的嘉奖？无数个……

……有多少个马自达MX-5车主有时间在周六去超市购物、修剪草坪、组装平装家具或者收拾书架？嗯（我只能猜测一下），0个。

今天会是令人非常激动的一天，因为我要去完成挑战清单上最让我期待的一项挑战：拜访伦敦最著名的极速咖啡馆。

虽然我说"著名"，但是如果你不喜欢赛车或者摩托车，你可能就没有听说过。可是如果你喜欢赛车，尤其是喜欢怀旧的话，那就肯定听说过这家咖啡馆。

极速咖啡馆本身就是一个传奇。1938年北环路建成之后，为了方便过路的行人，这家咖啡馆便应运而生，很快它就成为众人向往的地方，尤其是飞车族们，因为这个店是24小时营业的，这在当时是很少见的。后来这个咖啡馆同时成为了一个服务站。第二次世界大战期间威尔斯顿铁路庭院遭受了一次炮弹轰炸，咖啡馆和汽车修理区都被夷为平地，人们以为再也见不到它了。可是由于这个咖啡馆太有名了，再加上人们战后普遍持有一种乐观的心态，仅仅几年以后，即1949年，咖啡馆就得以重建，再次开门营业。

从极速咖啡馆现在的装饰风格上可以看出，20世纪五六十年代是它的全盛时期。很快，这里便成为了飞车族和摇滚爱好者以及“新新人类”的聚集地，在这儿不仅可以增长见识，结识新的朋友，还能看到各种时髦的机械装置，修理自己的摩托车或赛车，分享个人经历，享受摇滚音乐，等等。

然而在20世纪60年代末的时候，咖啡馆又关门了，取而代之的是一个轮胎工厂。至此，这个咖啡馆已经非常有名，简直成了那个时期的一个标志，被写进了历史的记忆当中。接着到了20世纪90年代，一群怀旧的人聚在一起，计划重新修建极速咖啡馆。终于，1997年，极速咖啡馆在众多石油巨头的翘首期盼中重新开张营业了。从那以后，咖啡馆的生意越来越好，不仅仅找回了当年鼎盛时期那些身穿皮衣的老客户，同时也吸引了大批卡丁车以及摩托车爱好者，他们蜂拥而至，来参加这里举办的各种活动。从哈雷戴维森摩托车到老牌赛车，从宝马到迷你赛车，只要你来参加极速咖啡馆的聚会，就会发现没有你找不到的牌子。坦白地说，我是马自达MX-5车主俱乐部的成员之一，今天上午我就要和俱乐部里其他六位成员一起出行，我们先是大半夜在北安普敦会合，然后一起开上M1高速公路。

不太了解赛车的读者也许不知道，通过这样的活动我们经常能结识到不同的人。我们刚一上路，就遇到另一个开往伦敦的车队，在我们到达高速公路服务区的时候（不是停下来吃饭，而是重新整合队伍），车子的数量已经超过了20辆。这种感觉棒极了。唯一的缺憾就是我是一个人开车。马自达MX-5的确很漂亮，但是并不是特别实用，因为只有两个座位，除了司机之外，只能乘坐一名乘客，而对我来说，那个位子就必须用来放置我的轮椅。不过，抵达之后，我还是认识了很多新的朋友，很长时间都没有这么开心过了。我们聊天的所有内容都是赛车、赛车、赛车。至于细节，我就不多啰唆了。回到家之后，我尽力不去没完没了地跟丽萨叙述这次经历，毕竟妻子们的耐心都是有限的。

2012年6月17日

完成了多少项挑战？14项。

尽管说13项更恰当一些。

这是悲伤的一天，因为我的福特野马（我有说过我有一辆福特野马吗？）终于被卖掉了。我说“终于”是因为这辆车已经被放在eBay和很多经典车型杂志上出售了一段时间了（所以说卖掉这辆车是我要完成的挑战之一），我以为我永远都卖不掉这辆车了。最后是一个赛车手买走了这辆车。当然，这是一件好事，在某种程度上，我很高兴卖掉了这辆车，这样至少我们车道上能腾出一点空间了，更重要的是，由于目前我们家里的收入不是很多，这样就能有些救急的钱来还贷款了。

但是，看着它被放在高大的拖车上拖走的那一刻，还是让人很难过的，而且我已经开始想念它了。并不是因为这辆车在公路上开或者在赛道上开都很刺激（不过，真的很刺激），也不是因为它很好看（不过，真的很好看），而是因为我用它来向旁人证明我可以做到别人认为我做不到的事情：我是英国唯一一个参加全国赛车锦标赛的轮椅人士（一直持续到2010年的比赛），所以卖掉这辆车，就像是我的一种个人成功也随之而去了。太伤感了？好吧，也许是的。但是这也是实话。

★★★★★★★★★★★★★★★★

小时候我就喜欢在自行车上做特技，所以如果有机会真的去参加一次赛车比赛，我肯定是第一个报名的。身边的人也不会对此感到惊讶，尤其是丽萨。2006年，这个机会来了。桑踏-普特赛道举办媒体日，媒体人可以有机会乘坐各种不同款式的赛车在赛道上体验一把。我乘坐的第一辆车是由车手内华·摩特谢德驾驶的赛车，这辆车外观上很像丰田萨普拉，但是威力绝对是后者无法比拟的。这辆赛车装有一个9升的V8发动机，制动马力高达1000。这就意味着基本上没有什么千里马或者普通的汽车可以赶上它。

之前我经常在赛道外观看比赛，所以已经适应了从外面听到的那种吵闹的噪音，可是当我真的坐在赛车里面之后，那种巨大的声音还是让我大为震惊，尽管我已经戴上了全护式防撞头盔，这种声音还是让人感觉震耳欲聋。同时，亲身体验一把在赛道上极速冲击的经历也让我大开眼界，说实话，这短短的9秒钟改变了我的人生。当我从赛车上下来的时候，一个赛车手说的一句话以及她对我的支持让我终生难忘。那位车手的名字叫作卡拉·皮特奥，她当时对我说：“你的生命只有一次，根本就没有彩排。”的确是这样，所以我决心要去完成自己的心愿。让我很高兴的是——也让我一直很感激的是——丽萨出人意料地对我表示了极大的支持。对此，我一直都非常感恩。所有的赛车运动都带有一定的危险性——所有人都知道这一点。而且确实会有事故发生，我就亲眼目睹过几次赛车事故。不过，尽管赛车比赛看起来很危险，安全还是被放在第一位的。车手会采取各种安全措施，确保在事故发生之后，99%的人都能够安全逃离。我想丽萨是知道这一点的，而且她也知道没有人能改变我的主意。我们俩刚认识的那段时间，我迷上了滑翔和卡丁车，所以她很清楚我身上带有那种追求刺激的基因。丽萨明白这对我来说非常重要，所以让我非常高兴的是，她竟然陪我一起去看一辆待售的大功率高速中型汽车。紧接着在那一年的年底，雷厉风行的我已经给自己买下了一辆4.6升的福特野马。

但是仅仅获得丽萨的支持是不够的，还有很重要的人需要我去说服。说得准确一点，是好几个重要的人。如果我想参加2007年的全国赛车锦标赛的话，就必须要让主办方相信，我参加比赛是绝对安全的，这样才能获得比赛资格。做好充足的准备之后，我决定要出马了。先是向汽车运动协会提交了申请表，然后就受邀去接受由医生、赛车运动咨询家以及其他关键医务人员组成的医学咨询委员会的审核。这是个让人非常伤脑筋的过程，因为直线竞速赛是一种需要精准技术的特殊运动，其关键不是要直线驾驶，而是要保持车身直线行驶——后者难度更大。这种赛车的马力有5辆方程式赛车的那么大，要保持其在赛道上直线行驶真的是一个巨大的挑战。虽然我要驾驶的那辆车并没有这么大的马力，但是道理也是一样的。我的力量和敏捷度都不够好，我能保证自己的安全吗？我知道我可以的——否则我不会报名参加比赛的——但是我也知道，医学咨询委员会的成员们会对此表示疑虑，虽然我还可以勉强独立行走，但是见过我本人之后，他们的疑虑也是不会打消的。

其中一位医生让我站起来走到桌子那边去，我照做了——我别无选择——但是走得并不稳当。这是肯定的：我刚刚开了很久的车赶到这里，双腿自然还有些僵硬——这在赛车比赛过程中当然不会造成影响。然后另一位医生让我用力捏他的手指来感受我的握力大小。“他的握力很弱。”他看着我用力捏的时候，如是说道，我的心马上沉了下去。“我的车上装有赛车用方向盘，”我说，“我操纵起来没问题。”幸运的是，医学咨询委员会中有一个名叫大卫·巴特勒的评审，一位英帝国勋章的获得者，他似乎对我这种情况有所了解，因为他马上就同意了我的说法。但是我还是不确定他们会不会放心地让我通过审核。随着面试过程的继续，我似乎已经从他们脸上的表情和肢体动作上看出了答案。这让我越来越紧张。最后结束的时候，我已经确信，自己不会通过审核了。转身离开走到门口的时候，我才想起来还有一句话没有说。于是我转过身去，说道：“还有一件事我希望你们能认真考虑一下，那就是我是自己安全地开了60英里来到这里的。”

我不知道到底是这句话，还是大卫·巴特勒对我的信心起了作用，最后我竟然奇迹般地通过了审核，获准参加赛车比赛了。第二天大卫打电话把这个令人惊讶的消息告诉了我。“你通过了。”他简短地说道，而我已经激动得说不出来话了。

2012年6月21日

加上今天完成的挑战，一共完成了多少项挑战？15项。

今日箴言：嗯，我还能再拿飞行的牧师开玩笑吗?

今天又来到英国Airkix高空跳伞俱乐部做一些有趣的事情。

我不满足于自己去玩儿高空跳伞，我给自己设定的一个挑战就是帮助另外一个人来尝试高空跳伞，尤其是一个身有“残疾”的人。毕竟，我做这些事情的目的就是要去鼓舞那些身有残疾的人，所以这项挑战看起来是非常合情合理的。完成这项挑战的一个重要步骤就是要选择我的“受害人”，一个有兴趣去尝试高空跳伞的人。这个人就是约翰·诺德，埃莉的教父，他在2000年的时候成为我们教堂的神父，之后我们成了特别好的朋友。他到底愿不愿意尝试这件事情？我要给他打个电话才能知道答案。

“约翰，”我说，“我是奈杰尔。我有个问题想问你。你想不想体验一下自由落体的感觉？”

长时间以来，约翰所从事的工作就是不一般的工作，所以基本上没有什么事情能难倒他。他会提出各种刁钻古怪的问题，从来不会错过机会。“嗯，这得看我会落在哪儿，我想。是从飞机上跳下来吗？”

“不是，但是你还是会以接近终极速度的方式下降两分钟。”

我们俩已经有些心有灵犀了。我知道这对他会有很大的吸引力，结果的确是这样的。

“是怎么做到的呢？”他很想弄明白，“我的意思是，不用飞机的话，怎么做到呢？”

我跟他解释说，这次不需要我从飞机上把他扔下去。他听了之后似乎有点儿失望。

“不是飞机，”我说，“就是把你带到Airkix高空跳伞俱乐部而已。”

“哦，就像年初你做的那样。空中跳伞。我想起来了。”

“没错，”我说，“我还要去完成的一个挑战就是——”

我还没说完，约翰就打断了我的话，说道："等我穿上大衣，这就出发。"

★★★★★★★★★★★★★★★

事情就是这么容易，根本就不需要我多费口舌。约翰跟我一样，非常享受高空跳伞的整个过程，这都是意料之中的事情。因为跟我一样，约翰从来不觉得自己是个残疾人，他只是一个正好有点儿身体残疾的正常人。约翰患有脊柱分裂症，但这并没有阻止他去尝试各种新鲜事物，从成为英国国教牧师，到成为优秀的轮椅篮球运动员，再到搬去马拉维——几个月之后就搬走了，去帮助那些比自己更不幸的人。

在考虑完成这个挑战的过程中，我本有很多人可以选择。我选择了约翰，但我也本可以选择艾米，她是近视眼，需要戴眼镜才能看清黑板，也可以选择麦克·杰克逊，他患有糖尿病，需要注射胰岛素。但是约翰和我的情况更相似，平时外出需要坐轮椅，他显然看起来更符合"残疾人"的定义。这就让这件事情看起来更具挑战性。

然而，也许由于我自己也是个轮椅人士，所以我并没有把约翰看作是"残疾人"。我把他当作一个朋友，一个和我有很多共同之处的朋友。他愿意尝试新鲜事物，能分享我的幽默，认同我的人生哲学，即生命就是需要不断地去挑战。尽管我们两个人都是坐在轮椅上的，但是我们跟其他人没有什么不同。我根本不觉得坐轮椅就是一种"残疾"，但是不幸的是，旁人在了解我们之前，首先看到的就是我们的轮椅，然后就将我们定位为"残疾人"。我记得几年前，在我还能靠双腿走路的时候，有一次像往常一样，我又在办公室摔倒了，然后就被送进了医院。具体是怎么摔倒的，在哪儿摔倒的，我已经记不太清楚了，甚至我都不知道自己被送去的是哪家医院——那时候出入医院的急诊室已经成为我的家常便饭。但是当我躺在候诊室的床上，我和一个护士之间的一次对话却让我记忆深刻。当时我的伤口特别疼，止痛剂还没有起作用，所以说实话，她正好碰上我心情烦躁的时候。但是我们俩之间的对话却让我至今难忘。

她走进来帮我换一个干净的水壶，也许是为了表示友好，就主动跟我说话，夸赞起我的轮椅来。“哇，”她说，“他们给你配了一把很酷的椅子。”

“这不是医院的椅子，”我告诉她说，“这是我自己的。”

她的表情和音调马上就发生了改变。“哦，”她说，“我没看出来，真对不起。”这马上让我非常恼火。她为什么要道歉呢？没错，这是我的轮椅——这有什么关系呢？她为什么要道歉呢？她是不是觉得我会因为她搞错了而生气呢？

就在我不知道她究竟为什么要道歉的时候，她又说话了。“哦，”她说，“真可惜。”我本来可以让事情就这样过去的，但是我做不到。也许当时剧烈疼痛的脚踝让我心情暴躁，也许我天生就是一副臭脾气，但是在那一刻，我真的没办法忍下去了。我从床上坐起来，直勾勾地盯着她。“你在乐队做过鼓手吗？”我问她。她摇了摇头，一脸疑惑的表情。“那你尝试过滑水运动吗？”她又摇了摇头。

“我尝试过。那卡丁车呢？参加过卡丁车比赛吗？”她还是摇了摇头。“参加过全国游泳锦标赛吗？”她还是摇头。

“那么这些事情你一件也没有做过？”

“没有。”她回答说。

我对她笑了笑：“真可惜。”

然后我又躺了回去，闭上了眼睛。

我不知道这个护士当时是怎么看我的，但是我觉得自己并没有做错。她需要被人点醒，尤其是考虑到她所从事的那种职业。

当然，现在回想起那段对话，我想她最应该从中得到的一个教训就是，跟候诊室里的病人谈话的时候千万要谨慎……

歧视有很多种表现形式，而且，并不是所有的歧视都是消极的。但是有时候，出于好意的区别对待还是会给受众带来消极的影响。面对别人出于好心提供的帮助，我不仅不感谢，反而觉得被冒犯了，这在别人看来是非常不可理喻的。但是如果好心人在伸出援手之前能仔细想一想的话，可能就会避免这种尴尬的局面。

比如说，我去镇上的咖世家咖啡馆喝咖啡，门口排队的人很多，但我也可以排队。可是有些时候，会有人跑过来，不管我需不需要帮助，就自作主张地给我“开绿灯”，这让我很恼火。让我恼火的并不是这种善意的帮助，而是对方自作主张地认为我肯定需要帮助。人们往往会轻易地得出结论：一看到我坐轮椅，就马上认定我在某些方面肯定需要帮助。

尽管我很感激这种帮助（我怎么能不感激呢？那就太不知好歹了），但是面对这种帮助，我也会不自觉地得出这样一个结论：我自己的独立性被剥夺了。

这并不是说我不知道该什么时候请求帮助——比如说，如果我受伤了，需要帮助，我就会呼救。但是人的本性就是这样，很自然地想要去帮助别人，也很自然地想要坚持自己的独立性。

2012年7月

我们这个暑假过得比之前的任何一个假期都奢侈。通常我们会去英国一些比较近的地方，除了前几年去过一次巴黎迪士尼乐园，而且主要是孩子们想去，而不是我和丽萨想去。事实上，在巴黎迪士尼乐园的那周，我大部分的时间都是坐在轮椅上，充当埃莉的“私人司机”，回家之后发现身上还留下不少的淤青。不过今年，我们运气不错。这多亏了这张50个挑战的清单。我的朋友马克·哈瑞斯邀请我去意大利完成清单上的一项挑战——轻便潜水，他还提议说，正好可以利用这个机会来一次全家旅行，因为这次意大利之旅同时还能帮我完成清单上的另一项挑战：时隔30年之后，再一次于海中游泳。于是，我们就听从了他的建议。

读初中时，我和马克就认识了。第一次见他是在一辆去温布利的大巴上，当时地方教会的青年俱乐部组织我们去那里观看哈林篮球队比赛。很快我们俩就成了好朋友，经常一起去野营。后来有一次和一群朋友们去多塞特郡野营的时候，他让我见识了一下他的那把枪。马克当时是（现在也是）一个很棒的猎手，这几年他已经捕获了很多野猪、鹿以及其他可以宰杀吃肉的动物，在多塞特郡野营的时候他还让我试着射击了一把。

“什么，就这样就可以了？这合法吗？”我问道。他跟我保证说肯定合法。我们在一个农夫的地里野营，马克认识这个农夫，所以这是完全合法的。而且我相信，马克肯定不会干违法的事情，这也就是为什么在海里游泳的时候，我也完全放心地把自己交给他。但是我毕竟不是马克，我之前从来没有开枪射击过。不过马克似乎对我特别有信心，在50英尺开外的地方挂起一包玉米片当靶子，看得我都被逗乐了。可是我想，试一试也无妨。听完马克的指导之后，我仔细地瞄准，然后就扣动了扳机。

由于平衡感较差，我决定开枪的时候要坐在轮椅上。天啊，这是一个多么明智的决定啊！如果我当时是站着的，天知道我最后会落得什么样的下场。枪响之后，我已经不是坐在轮椅上了，而那包玉米片却安然无恙，只能等着另一个"神枪手"哪天把它击落下来吧。我耳朵里的嗡嗡声好不容易才消失，我也从地上爬了起来，这时马克给我解释为什么会出现这么狼狈的局面。

"你的身体没有紧紧地倚住枪，"他用鼓励的口气说道，"你想再来试试吗？"

我没有再试。我想多塞特郡的居民们和我自己都觉得这是一个很明智的决定。

这次应马克邀请去意大利并没有跟枪支有什么交集，但是却遇上很多其他的新鲜事物：意大利食物、意大利人以及美丽的意大利景色。噢，美味的柠檬酒啊，就像我母亲的柠檬蛋白派一样美味，只不过这是装在杯子里、含有酒精的饮料，这就让其更加完美了。这里是意大利民风比较淳朴的地方，基本上没有沾染上旅游业带来的商业气息。马克的家在圣雷莫海边的山顶上，我就是要在圣雷莫海边进行轻便潜水。我们先坐飞机到尼斯，这趟航程本身就是一次冒险，因为这是埃莉第一次坐飞机，她非常害怕。登上飞机之后，我惊喜地发现，近几年来机舱里为轮椅人士准备的设施越来越完备了。而埃莉又坐在我腿上，让我载着她。她越来越紧张，等到飞机起飞，随之给乘客们带来那种熟悉的"后仰"的感觉时，埃莉紧紧地抓住我的手，差不多快切断我的血脉流通了。我尽力让她提前对将要发生的事情、听到的声音和会体会到的感觉做好心理准备，但是恐惧就是恐惧，有时候光靠解释是没办法赶走的。

但是幸亏有云层的帮忙。那天是个阴天，阴沉沉地下着小雨。冲出云层见到阳光的那一刻，仿佛奇迹发生了。突然之间一切都豁然开朗了，因为在我们身下是一层无边无际、软绵绵的白色云层。事实上，那就像是一床棉花，让人感觉非常安全。埃莉对我笑着说："爸爸，我不害怕了。"

有的时候，我们需要的就是一种错觉。

到了尼斯之后，我们终于远离了英国那种阴雨连绵的天气，阳光洒在脸上的感觉真好。我们的东道主第一天为我们安排得特别充实！在去马克家的路上，我们在当地一家小餐馆稍事休息。这是马克的意大利朋友加茜亚和法布里齐奥开的一家小餐馆。马克带着丽萨和孩子们去餐馆外面的一条小河里游泳，而我更喜欢安静地坐在阳台上看风景。有些时候就需要什么都不做，安静地待着。手里拿着啤酒，阳光晒在后背上——这就是幸福。

之后我们就在这家餐馆享用了午餐——我们第一次品尝到了美味的柠檬酒。午餐之后，我们继续上路，来到了马克家，在那里度过了一个特别愉快的夜晚。那天晚上，我们先是认识了马克的朋友迈克（迈克当时也借住在马克家，并且在我完成挑战的过程中给予了很大的帮助），然后又一起享用了一顿丰盛的晚餐。最后丽萨带着孩子们去睡觉了，我们3个人就坐下来一边喝着白兰地一边聊天，这可是在海拔3000米的高度，那景色简直是太美了！这一天简直是太美好了！

第二天，我们就去了海边。马克为我安排的潜水活动是在下周一，所以在接下来的这几天，我们就在美丽的海边观景、休息。埃莉特别开心，她想跟丽萨一起玩沙子，但是马特和艾米在我们还没有把装备打开的时候就已经冲进海里了。我很想加入孩子们的行列，结果我还真的是很幸运。轮椅和沙滩从来都合不来，但是那里的沙滩有一把旧轮椅，专门为了帮助那些轮椅人士能够下水游玩。这仿佛是专门为我准备的，我可不会错过这个良机。几分钟之后，几个热心的志愿者就将我推下水，和孩子们一起玩儿。天啊，感觉真棒！温暖的海水让我感到惊讶，比我们当地游泳池里的水还要暖和，特别舒服。我大胆地扑腾了几下，感觉自己浮了起来，那一刻我开心极了。这就是我想要的甜蜜生活。

★★★★★★★★★★★★★★★

能够在大海中漂浮对我来说是一件意义非常重大的事情：我终于可以在体能上与其他人平等了。我不要靠双腿来站立，其他人也不用，我游得和其他人一样好。这就像高空跳伞一样，在那个过程中，我的指导老师和我在体能上是平等的。这也就是为什么我一直坚持让埃莉学游泳：这种平等的感觉会给予她极大的自信。同时，能像其他的父亲一样，跟马特和艾米一起进行体育活动，这种感觉真的太棒了。

从我还是个小男孩的时候起，我就特别喜欢游泳。我父亲以前常常会带我们去诺里霍兹机场的英国欧洲航空公司俱乐部，在那里教我和我的兄弟姐妹们游泳、潜水。在水里的时候，我才真正会有自由自在的感觉。“你比离了水的鱼更像是离了水的鱼！”我母亲经常这样开玩笑地对我说。

★★★★★★★★★★★★★★★

周六那天，家里的两个大孩子和我一起得到了一个惊喜。我自己的深水潜水活动被安排在了周一下午，但同时，马克想孩子们可能也想尝试一下，所以就悄悄地也为他们安排了一次潜水活动，给了我们一个惊喜。

我和他们一起去了海边。我并没有下水——那样的话，对我的指导老师文森佐来说就太不公平了，因为我们都已经约好了——但我还是很高兴能看着孩子们痛快地玩儿。跟所有的父母一样，我也会因为孩子们快乐而感到快乐。马克后来说，马特生来就是个潜水好手。他一到场地就立刻换上装备，坐上了船，然后就像一个专业潜水员一样仰面潜入水中。对此，我感到非常骄傲。

马特下水之后，就该帮艾米准备下水了。我看得出来，在她看着工作人员给马特换上装备的时候，她有一点点紧张。当她开始换装备的时候，我一直在旁边安慰她，但是最后我还是看见她眼睛里出现了泪花，所以只好把装备又都卸下来了，这才让她松了一口气。不过她还是没有放弃，很快就被说服，只戴着调节器和护目镜下水，这样至少能多多少少感受一下。很快她就跟指导老师一起在海面上游起来了。我也下水和她一起玩儿，感觉特别好，同时低头还能看见马特潜在深水里。我既为马特感到骄傲，也为艾米感到骄傲，因为她至少下水去尝试了一把。也许下一次她就有勇气潜到海底去观赏一番。

周一下午，终于轮到我潜水了。这一次我还是坐着轮椅过来的，只不过这次是一辆设计非常巧妙、适用于海滩活动的轮椅，可以直接下水。穿上紧身潜水衣、背上氧气罐，戴上护目镜、脚蹼和调节器之后，我就准备好下水了。

不过可惜的是，与上周六马特的那次潜水相比，这次并不是特别刺激。前一天晚上，山里下了一场大雨，我们正好就在山里的河口旁潜水，根本什么都看不见，我勉强能分辨出在我前面游泳的马克。所以最后，我们也只能早早地就结束。

我没能像马特一样潜到海底，虽然这多少有点令人失望，但我还是感受了一下深海潜水。至少我又完成了清单上的一项挑战。马克邀请我下次再来体验一把，所以我也并没有太失望。明年这个时候我还会再来……

2012年7月14日

迄今为止完成了多少项挑战？17项。

我和丽萨的第三个孩子出生多少年了？正好10年。

今天，埃莉满10岁了。这让我们像所有的父母一样不禁想到，这10年的时间怎么会过得这么快？我知道自己也快要跟家里那种年长的亲戚们一样，喜欢拍着孩子们的脑袋，感叹：“天啊，都长这么高了啊？”不过说真的，时间怎么会过得这么快呢？想想10年前，我和丽萨还在感叹又有一年不能睡个安稳觉了，又得忙着给她换尿布了，这一切仿佛还在昨天。

★★★★★★★★★★★★★★★

当然，看着埃莉长大是个非常不一般的过程。但是，令人高兴的是，这个过程比我和丽萨预期的要顺利得多。一路上我们也有困难，但这也是为人父母必经的过程。埃莉对腓骨肌萎缩症适应得很好。随着年龄的增长，她开始明白这种疾病会给她的生活造成什么样的影响，她也坦然地接受了。有一次，她确实问过我们，为什么是她患上了这种病，而哥哥和姐姐都没有，对此我们只能诚实地回答：我们不知道。但在那之后，她表现得非常勇敢，慢慢地去适应它。

她小时候最重要的一次经历当然就是2010年的那次手术。至少对我和丽萨来说，那次手术还是让人很有压力的。那是一次比较大的手术，要纠正她步态上的问题：由于腓骨肌综合征，埃利的双脚还是向内侧弯曲。这个手术叫作肌腱转移术，效果非常显著。医生取下一个健康的肌腱，然后转移到双腿上，来弥补不断萎缩的肌肉，同时差不多能让她的双脚恢复正常的姿态——不过以后会如何发展还说不准。埃莉特别勇敢，在这整个过程当中，从来没有喊疼，这就已经说明了一切。我觉得她继承了我那种“该死的，尽管放马过来吧”的无畏精神。至少，到目前为止看来是这样的……

埃莉从昨天就开始庆祝自己的10岁生日了（好吧，她还只是个小女孩儿），就像时下小姑娘们中间流行的那样，她也请求并被准许可以邀请朋友到家里来过夜，一起庆祝。她请来了3个朋友，庆祝活动从下午就开始了。她们占用了整个花房（由艾米负责监督），并且明确地通知我说她们要在那里给所有人化妆。我之所以被“通知”了，是因为作为一位男士，我是不准进入的。之后她们搬去了“电影院”（好吧，实际上就是我们家的客厅，里面已经预备好了薯片和爆米花），我们允许她们晚上在客厅里活动（我们可不傻——这里是家里离我们卧室最远的地方）。

经过了之前的这一天，今天的家庭庆祝聚会就好像是一个庆功派对。我们全家人先是在附近的一家餐厅里吃了午饭，然后晚上在家里庆祝，活动包括——如果你留心的话你会发现，其实这套路跟昨天是一样的——看电影《公主与青蛙》，吃薯片，喝可乐，吃爆米花……

2012年7月15日

今天的这项挑战让我期待了多少周？很多很多周。

在8.12秒的时间里你能行驶多少英里？158.5英里，哇噻！

听到这句话有多少个车迷会嫉妒得要死：数不胜数啊……

在赛车这个圈子里有这样一句话：如果你这辈子想要成为一个身价百万的赛车手，那么你一开始就得是个千万富翁。

简言之，这句话的意思就是说，赛车是一项很烧钱的项目。同时它还容易让人上瘾。就像我的朋友维克·阿马托说的那样，“极速运动特别刺激，而刺激是越多越好”。他说得没错。你所遇见过的任何一个车手（包括他在内）都会告诉你说，一旦你开得很快之后，你就会想要开得再快一点儿，这就是一项不断超越极限的运动。但是为了跑得更快，就必须要投入更多的资金，这就是为什么我特别同情那些车手的赞助商们。

总之，我想说的是，我去过了桑踏-普德赛道，乘坐极速赛车在跑道上体验了一把，感觉太棒了，简直不可思议。仅此而已。

2012年7月18日

拼图完成的情况：这个嘛……

当初这幅《重要发动机及其发明者》的拼图是我挑选的，现在我开始怀疑自己当初做了一个非常错误的决定。的确，埃莉很热心地要帮忙，但是这种帮忙变得越来越空泛而不实际。我想这也不能怪她。尽管我是个男人，对这种由男人发明的高速装置有很大的兴趣，但就连我现在一看见拼图上那些健壮的人和更加“健壮”的发动机，都开始感到厌烦了。不过确实也有些进展——比如说昨天，我就拼好了一辆绿皮火车上的一整个锅炉的部分——可我还是提不起兴趣来，根本就不知道这辆火车叫什么，除了知道这是一辆绿色的火车之外，别的我一无所知。这差不多就是我现在对待这幅拼图的态度。

今天早晨，我花了整整一个小时的时间来寻找一块印有人头像的拼图。当我打开拼图盒盖子的时候，里面大把的拼图块儿发出的那种声音就让我感觉厌烦。我已经放弃了当初那种要用这幅拼图来展现“发动机历史”的雄心壮志。我现在只想赶快把这件棘手的事情完成。其中一个原因就是，每当我拿起一块儿拼图，感觉看上去就像我要找的那一块儿，结果我的判断很快就被颠覆了。有时候我拿起一块儿拼图，看见上面的图案，突然就意识到，盒子里的有些拼图块儿根本就不是这幅拼图里面的。比如说，据我所知，发动机的发展史上可没有小叮当什么事儿。但想想这也并不奇怪，因为几天以前，埃莉为了遵守当初说好要跟我一起完成这幅拼图的承诺，来到了茶几前，在茶几的另一头摆开了一幅迪士尼的拼图。我提醒自己说：“绝对不能心软，一定要抢回你的地盘儿。”

但是情况变得越来越好了。拼拼图是个慢工细活儿，对我手指的灵敏性和我的耐心都是一个极大的考验。尽管这对我来说是个很大的挑战，但我还是放弃了小叮当图案的简易拼图，选择了这一幅，因为这本身对我来说就是一项很好的治疗。我一直都想要试着做些陶器，因为用简单的泥土做出陶器的过程——拿起一块儿黏土，用我仅有的那些手劲儿，来做出一些可以使用、可以欣赏、可以称赞的东西——特别吸引我。这并不是我一时兴起，突发奇想地对自己说："对！我要去试试这个！这就是我一直想要做的事情。"不过，我要说明的是——而且我也已经跟很多人澄清过了——这个想法绝对不是因为看了黛米·摩尔和帕特里克·斯威兹在《人鬼情未了》中的表演而产生的。

今天，多亏了罗伯·毕比的帮助，我才得以实现我制作陶器的愿望。罗伯·毕比在距离我家45分钟车程的地方开了一家陶器制作中心，名为罗伯·毕比陶艺。他非常热情，立马就推着我上了制作台。在我制作出第一个陶罐之后，他还善意地给我一些建议。对于一个初学者来说，我的第一个陶罐已经做得很不错了。至少线条流畅，而且更重要的是，不会左右晃动，摇摆不定。我对丽萨的态度很坚决：她不能在我旁边转悠，把事情搞砸。不过，跟以前一样，我一开始的那种灵巧性很快就消失了。接着做出来的第二个、第三个以及第四个陶罐都七倒八歪的，这再一次验证了一个道理：初学者往往只是在一开始会有点儿运气罢了。

不管怎样，陶工旋盘确实能让人内心平静下来，我已经做好准备再次迎接拼图的挑战了……

2012年8月

2012年8月15日

到目前为止到访了多少个首府城市？1个——爱丁堡。终于成行了。

坐在轮椅上，要喝多少杯混合麦芽威士忌或单一麦芽威士忌才能算是真正喝醉了？4杯。

这个城市真是太棒了，且听我慢慢道来。我到底在爱丁堡做什么呢？没错，根据我面前iPad的这张清单，我和我的哥哥盖里是一定要去爱丁堡的。我很幸运，我跟我的兄弟姐妹们都相处得非常好。他们今年——事实上，是一直以来——都给予我很大的支持和鼓励。小的时候，我们常常会觉得兄弟姐妹为你所付出的一切都是理所当然的，认为那就是他们应该做的。但是现在回想起来，我才意识到他们真的特别伟大。我从来没有觉得他们因为我患有腓骨肌萎缩症而对我区别对待——对我来说，这是一件好事。而且最重要的是，他们从来不会过度保护着我。我清楚地记得，小时候我会问哥哥们，我能不能跟他们一起出去玩儿，他们中有人就会说：“可以，但你先到楼上去穿一件背心。”

当然，等我下来的时候，他们已经溜走了。但是我知道，似乎所有的哥哥们都会这样做。大哥哥们出去玩儿的时候不想让弟弟们在旁边碍手碍脚，不过最蠢的还是我自己，当时就没有想到，大夏天的出去玩儿根本就不需要穿背心。

让我高兴的是，埃莉和马特及艾米之间的关系也是如此。就跟我的兄弟姐妹们一样，马特和艾米会鼓励埃莉，但是绝对不会过度保护她。马特喜欢争强好胜，不太愿意妥协，看着他对埃莉和艾米一视同仁，我特别高兴。他们的确也会吵架，但是孩子们不都是经常吵架的吗？这很正常，也是成长过程中很必要的一个过程。对此，我们已经很满足了。

小时候，我和盖里也跟其他兄弟一样经常吵架，但是父亲去世之后，作为兄长，盖里给了我很大的帮助：随时在身边给我建议，当20岁左右的我狂妄自大、行为不端的时候，他总是能及时点醒我。而且我们俩能理解彼此的幽默。所以，在节日期间，我们俩在爱丁堡会合（他从德国坐飞机过来，我从彼得伯勒坐火车来），真是太合适不过了。

此次爱丁堡之行还有一个好处就是：我的清单上有一项挑战是“创作一个短喜剧”，这样我就有机会在这次旅行当中得到一些灵感和创作素材。但实际上，最后我并没有得到太多灵感和素材，原因是我对整个旅程的记忆都特别模糊，而之所以特别模糊是因为我们俩去参观了格兰高依酿酒厂，由于盖里要开车，所以当然得由我来“尽礼数”，也就是不光喝下我自己的那份，还要帮他喝掉另一份。

2012年8月23日

哇——塞——！

我的朋友维克·阿马托的座右铭是“极速运动特别刺激，而刺激是越多越好”。他把这句话写在了自己的赛车上，这句话就解释了我为什么要在清单上列出今天要完成的这项挑战。我从来没有骑过摩托车——不过话可别说得这么绝对！——但是我可以骑水上摩托车，我想这是最接近摩托车运动的一个项目了，唯一的不同之处就是在水上骑行。

这一次又幸亏得益于朋友们的帮助。我在雷丁拉古娜公园里骑了水上摩托车。雪莉和他的儿子詹姆斯特别慷慨，特别热情，他们允许我免费在他们的湖上折腾，爱玩儿多久就玩儿多久，只为了帮我完成清单上的这项挑战。

2012年8月29日

每个人的生命里，都会有阴雨天……或者，就像威尔士人所说的那样：“欢迎来到威尔士！”

我也很希望，那张50项挑战清单上的每一个项目都是很特别的——很有趣，很难忘，让我“想再来一次”！——但是，唉！我到访的第二个首府城市，加的夫，却并没有让我有这种愉悦的感觉。今天一开始就不顺利，然后就像经常发生的那样，这一天变得越来越糟糕。此次短途旅行我们只有两个人——准确地说，是我和马特两个人——我们俩来到威尔士的首府城市各有自己的目的。对我来说，很显然是为了完成挑战清单上的项目，同时也是因为这么多年来久闻这个城市的大名，很想来这里看看书中所描述的那些美丽的建筑。马特来这里的原因很简单，就是来感受一下《神秘博士》中的场景，这部BBC制作的英国系列科幻电视剧就是在这个城市里拍摄的，这里还有一个关于《神秘博士》的展览。

由于坐火车比较麻烦而且很贵，所以我们决定开车去。结果到了之后，我们预定的城市中心酒店已经没有残疾人专用停车位了，所以我们遇到的第一件麻烦事儿就是找地方停车。好不容易花了40分钟才让酒店帮忙找到了停车位，但是却要为此另付一大笔费用，这自然让我心里很恼火。

随后发生的事情并没有让我的心情有所改善。酒店入住都办理好之后，我们叫来了一辆出租车带我们去看《神秘博士》展览。

“你们好，”计程车司机说道，此时天已经开始下雨了，“请问去哪儿？”

“《神秘博士》展览馆，谢谢。”我说，“快点儿开车！”事实上，我并没有说那句“快点儿开车”，但是我现在真后悔当时没有说这句话。由于之前处理停车位的问题，我们已经快没有时间了。我们在展览馆预定的参观时间是下午1：30到2：00，而上车的时候就快要2点了。那位计程车司机一脸茫然。“那个地方在哪儿？”他问道。这下子好了，我心想，彻底赶不上展览了。《神秘博士》有上百万的忠实观众，特别火爆，而我们却偏偏遇上一个计程车司机（而且还是在这部电视剧的拍摄地加的夫），根本就不知道《神秘博士》展览在哪里。

不过我们还是找到了展览地点，到了之后（冒雨去的），我们还是玩得很愉快。如果您喜欢这部电视剧，而且不需要在那儿找停车位的话，我推荐您可以去一次加的夫。至于其他的，的确，建筑很漂亮，加的夫这里的人也很热情好客，但是停车真的很麻烦。我的建议是：如果你打算去加的夫的话，别开车去，乘坐“塔迪斯”（《神秘博士》中的时间机器）吧。

2012年8月31日

结束了一波三折的加的夫之旅之后，让我心情豁然开朗的是，我在月底痛痛快快地打了一场球。我之所以在清单上列出“再打一次乒乓球”这一项，是因为我在大学期间还能双腿站立的时候经常打乒乓球。我从来没有坐在轮椅上打过乒乓球。当然还是因为手部的握力不够，我可不想球拍飞出去，把别人打晕了。不过，这个问题用那种结实有黏性的旧绷带就可以解决了。有的时候我甚至会想，腓骨肌萎缩症组织应该请我去做一次讲座，教大家各种使用黏性绷带的方法。那样的话，我父亲也会为我感到骄傲的。每当面对腓骨肌萎缩症给我带来的问题时，我都会想起我的父亲以及他对我的教诲，记起他跟我说的那句话：要直面困难，要看自己能做什么，而不是纠结于自己无法做的事情。这几句富有哲理的话仍然每天都在我耳边回响，尤其是在我情绪低落的时候。可以很自豪地说，我的球技也不是很差。陪我打球的是耐心的琳达，我当然不是她的对手，也显然比不上自己当年大学时候的水平了，但是如果勤加练习，再加上绷带的帮助，说不定我也能变成高手，或许还能参加下一届奥林匹克运动会呢。同时，8月份里我不仅进行了体能上的突破，同时还经历了一次不期而遇的思想的洗礼。一天晚上，我用iPad听着音乐放松身心的时候，一件意想不到的事情发生了。当时耳边的曲子是多才多艺的福音派创作型歌手格雷厄姆·肯德里克所写的。在我去教堂的那段时间，我经常作为鼓手演奏他的音乐。尽管我已经不在教堂里演奏了，但是我一直都喜欢听他的音乐，因为他的歌曲节奏简单，鼓点清晰。虽然我只剩下一根声带，不经常唱歌，但是一听到格雷厄姆的歌，我就情不自禁地跟着唱起来。

他的歌曲里有一句歌词对我触动特别大。“有人口渴吗？”歌里反复唱道，我思考了很长时间，他为什么要这样问呢？我现在觉得有点儿明白了。这句话显然让我开始思考自己的信仰，更确切地说，是思考自己信仰的缺失。我的信仰已经消失很长时间了，而在这之前我已经都习惯了这种状态，满足于这种状态。我并没有感觉到自己的生命有什么缺失。是真的没有任何缺失吗？我也不知道。我只知道，最近我脑子里又开始思考这个问题，结果，我看待事物的态度也发生了变化。我口渴吗？难道就是这个意思吗？那样的话，也许我真的口渴了。我不知道这种处世态度会让我有什么样的改变，但是有一点很清楚：我已经准备好踏上征程了。

2012年9月

2012年9月4日

“他像小鸟儿一样自由飞翔……”不错，这首歌只有上了年纪的人才听过，才会唱，不过这是当时我脑子里蹦出的第一首歌，所以就这样吧。

这是我本月要完成的第一个挑战，一个让我意犹未尽的挑战，那就是实现我的一个人生梦想——乘坐一次高空热气球。起初我以为这会很麻烦——怎么能把轮椅搬到热气球的篮子上呢？——不过，我的教练员大卫·格龙布里奇后来解释说，这是一种特殊的热气球篮子，有一边可以向下折，形成一个斜坡。而且，我还非常荣幸地成为这个热气球首次上天的第一位乘客，丽萨和孩子们还会在场观看，这让我更高兴了。不过，对观众们来说，这可不是什么休闲的野餐活动。我们从格洛斯特郡斯特劳德的一个运动场上起飞，由于是随风飘行，所以我们也不知道自己要飘向哪里。所以当我们这个“巨型野餐篮”起飞之后，观众们就得赶忙跑去开车，赶上后援团队，尽力和他们一起跟上热气球……

然而，此时高空中的我却无心牵挂地面上上演的那种类似《怪车大赛》中的场景。热气球发明者孟戈菲兄弟真是太伟大了，竟然发明了这种无与伦比的事物，真的是独一无二。热气球起飞的时候特别平稳，我几乎都感觉不到。当时我正仰头看着燃烧器，之后猛一低头，发现在短短的几秒钟之内，我们已经上升到了100英尺的高空中。

最后我们一直上升到3000英尺左右的高空，俯瞰格洛斯特郡，那景色简直是太美了。我把这幅美景给拍摄下来了：在完成这项挑战之前，我给自己买了一台运动摄像机，算是送给自己的礼物，而且我知道这也不单单是送给我自己的礼物，因为当丽萨和孩子们跟上我们之后，他们也能通过摄像机感受一下在高空中所看到的那种叹为观止的景色。下次一定也让他们尝试一下！

2012年9月8日

现在已经完成了多少项挑战？23项。

世界上的好人真多啊！当我在清单上写下“观看逍遥音乐节演出”这一项的时候，我是想任何一天晚上的演出都可以，根本没有奢望会是昨天晚上的那场演出。大家都知道昨天晚上的那场演出总是座无虚席，一票难求。但是年初我通过电话和邮件竟然订到了这场演出的票，而且还是我和丽萨的双人票，这就更是意义非凡了。

从各方面来看，我的妻子都是值得嘉奖的——首先，嫁给了我这样一个疯狂的人，就应该得一枚奖章。不过，今年她应该得到更多的奖章。因为她不仅耐心地陪我去完成各种疯狂的挑战，同时还要承受我的大无畏精神给她带来的压力。暂且不说丈夫外出完成各种疯狂的挑战，经常不在身边给她带来很多不便，更严重的是，她还要每天提心吊胆，害怕丈夫在外面受伤或者丧失行动能力。我再也找不到像丽萨这样支持我的妻子了，所以我决定要犒劳一下她。那天我们俩都穿得特别正式（在夏末秋初温暖的阳光下，还是多少感觉有些热），先是在皇家艾伯特音乐厅的埃尔加餐厅用餐，感觉特别棒。我对美食不是很有研究——当然，除了法式蛋奶布丁之外——但是好吃就是好吃。的确，价格也是不菲，尤其是在我们要省吃俭用去还贷款的情况下。不过入乡随俗，该花的还是要花的，包括那两杯醇美的香槟鸡尾酒。音乐会本身也特别棒，我们就坐在打击乐器组旁边，音响效果特别好，我们并没有感觉刺耳，反而每种乐器的声音都听得非常清楚。唯一让我摸不着头脑的是，为什么指挥在每一章（还是每一首？抑或是每一段？我不知道该怎么称呼）乐曲结束之后都要退场。想休息一下？你肯定看出来了——我并不是个内行。不过，话又说回来了，虽然内行可以看门道，外行也可以看看热闹。当乐队开始演奏《统治大不列颠》的时候，在场的数千名观众开始跟唱起来，这让我顿时激情澎湃。几百面英国国旗在半空中挥舞——一片红白蓝色的海洋。事实上，我后面的那位女士有些过于激动，一直用她手里的国旗拍打我的脑袋。

但是我一点儿也不记恨她。今天晚上是个非常难忘的夜晚。

2012年9月10日

我现在有多少件英国马甲？1件。

我觉得再穿这件马甲的可能性有多大？没有。

也就是说，我可以去eBay上把它卖掉了……

当然，我之所以列出这张清单，并踏上完成这50项挑战的征程，有许多原因。然而，今天随着新学年的开始，我脑子里想到的只有这一个原因——也是主要原因——我最小的女儿。对马特和艾米来说，他们面对的是学校生活中那些常见的挑战——新的老师，新的目标，以及重要的考试——但是对埃莉来说，她面对的是比大多数人都要困难的挑战，因为她要转去新的学校了。这不是全日制的学校，她下午还要回到原来的小学去上课，不过一周之后，她就要在上午去另外一个学校上课，罗文盖特学校，这所学校更能满足埃莉这种情况的学生对数学和英语学习的特殊需求，但是这不仅仅是为了让埃莉获得学业上的帮助。我们希望这同时也能让她对即将到来的大挑战做好心理准备：明年她就要像我当年一样，去一所专业类的中学读书。眼下每天上午去罗文盖特学校就读就是为了能让以后的过渡更容易一些，但是我们感觉她不会喜欢这所学校。然而今天，埃莉跟我们一样，满脸笑容。那是因为，她的老师们以及几个勇敢的（或者说是大胆的）助理要带这一年新入学的60个孩子去当地的活动中心进行5天的活动，我一直认为这是一种有组织的疯狂行为。在这个活动中心里，孩子们有机会尝试各种体能上的挑战，包括组装独木舟、游绳下降、攀岩、高空绳索以及各种团队活动。

我们知道，埃莉对此既兴奋，又紧张，当我们看着大巴载着她离开，跟她挥手告别的时候，我们也是既兴奋又紧张。这是埃莉第一次离家这么长时间，不过当大巴从我们身边开过的时候，尽管她的朋友都是泪眼汪汪的，我特别欣慰地发现，埃莉没有掉眼泪。也许我完成50项挑战的过程的确对她产生了影响……

2012年9月11日

完成我的挑战之一，即与一个一级方程式赛车队共度周末的希望有多大？非常大。

眼下的心愿是：能圆满完成挑战。

如果没有朋友们的帮忙，我的挑战征程又能完成得怎样呢？我一直在思考这个问题。而今天当我开车前去完成这次挑战时——去参观印度力量一级方程式赛车队的工厂——我又想到了这一点，因为今天要不是我的朋友格雷厄姆·拉斐尔帮忙，这次参观根本就无法成行。拉斐尔经营着一个名为“赛车奋进号”的组织，帮助负伤的军人体验极速赛车的乐趣，他非常热情地为我提供了帮助，对此我不胜感激。这是个很好的机会，我可以见到印度力量的市场部人员，然后跟他（她）讲我的那张50项挑战的清单，如果够幸运的话，可以说服他（她）帮我完成这项挑战。但是就像我不得不把福特野马卖掉的那一天，我满腔的热情马上就要被接下来发生的事情所浇灭了，因为它让我不得不正视自己行动能力上的缺陷。

事情发生的时候，我正开车行驶在去往印度力量工厂的双行道上。当时我在外道上行驶，心里特别高兴地期待当天的旅行。突然内道上的一辆大卡车直接冲到了我的前面。我不知道它为什么要变道——它当时的车速大概只有50英里/小时。可我根本就没时间去思考原因了，而是得尽全力避免追尾，因为我的车速比它要快多了。所以我就像所有人都会做的那样：脚下猛踩刹车。只是根本就刹不住，就好像我车上根本就没有刹车似的。

恐慌之中我才意识到，我的膝盖根本就没有力气控制脚部用力踩下去了，因为之前在交通拥挤的路段走走停停，我膝盖的力气已经用尽了。

我又试了一次，使劲儿想挤出脚部肌肉的最后一点儿力气，但还是毫无效果——没办法紧急制动——眼看马上就要撞上前面的卡车了，我别无选择，只能急转方向盘，避开它。右边有路障，我只能向左边转，心知很有可能撞上一开始导致那辆卡车变道的障碍物。

我的心剧烈地跳动着，但是当我从卡车身后开出来之后，发现前面一览无余，根本就没有任何障碍物，我这才松了一口气。不过同时我脑子里也闪过一个问题：这辆卡车到底为什么突然闯到我前面来了？

我想，就是这个问题对我震撼最大。我可能感觉能控制自己的行为，但是却无法控制他人。尽管我的这辆小马自达当时表现得很不错（也许正因为如此，我才幸免遇险），但是这辆车的制动所需要的腿部力量明显超出我惯常的能力范围。万一下一次我刹不住车发生了意外怎么办？万一下一次路前面真有障碍物怎么办？

后来我还是设法降低了车速，那一刻，我才意识到刚刚自己有多么幸运。而对任何人来说，尤其是我，都不应该用这种险境来测试自己的运气。尽管我特别喜欢我的经典跑车，我还是更喜欢活着。当我抵达印度力量工厂之后，我决定一回到家，就要换一辆新车。

2012年9月13日

突然之间感觉：整栋房子里莫名其妙地特别安静，即使家里还有两个青少年。

突然之间发现：哦，我知道了！因为听不见家里一直响着的那种迪士尼动画频道背景音乐了……

2012年9月17日

有时候一贯正确是一件好事，但是有些时候却相反。我们的确猜对了，埃莉确实在外出活动中玩儿得很开心。最让她开心的是荡秋千——“爸爸，秋千有40英尺高！”——更让我们吃惊的是，埃莉说她还尝试了游绳下降。虽然时间并不长，因为实在是很恐怖，但是她还是去尝试了一下。回家的时候，她带回来一大包要洗的脏衣服，还有很多很多难忘的回忆。

现在活动结束了，让我们高兴不起来的是，果然如我们预想的那样，埃莉并不喜欢这所新学校。

尽管这所学校肯定是对埃莉有好处的，而且我们之前也跟她谈过为什么要到这所学校去读书，但是埃莉在罗文盖特学校的第一个上午就不是很顺利。当年马丁代尔学校让我感觉在很多方面都重获自由，不管是意料之中的还是意料之外的，虽然我转学去马丁代尔的原因有所不同（我主要是因为身体原因，而埃莉则是因为教学和社交方面的原因），我和丽萨还是认为罗文盖特学校也会让埃莉有同样的自由感。毕竟，这所学校就是为了满足这类孩子的特殊需求而开设的，可以提供普通学校无法给予的帮助。该学校只接受有特殊教育需要的孩子，而且孩子的情况各有不同。一些孩子患有脑瘫或者唐氏综合征，另一些患有阿斯伯格综合征或有行为方面的问题，还有一些孩子是严重残疾。

这对埃莉来说是个全新的环境，并且她就读的普通学校的教师认为这会对埃莉有所帮助，因为之前有6个孩子都从中获益了，我们也这样认为。我之所以在清单上列出一些肢体灵敏度方面的挑战，就是为了用一种潜移默化的方式让埃莉乐观地去面对她手脚力量变弱的事实。普通学校里的老师也认为在埃莉完全转入一所特殊中学之前，最好先有这样一个过渡的阶段。这是她第一次置身于跟她自己一样有特殊需求的孩子们中间，我们希望她能交到一些朋友，跟她目前小学里的那些朋友们不同，这些新朋友将和她一起转入特殊中学。我们打算在她11岁的时候，将她转入弗艾尔中学，这所学校专门接收有特殊教育需要的孩子。还有一个潜在的好处就是，由于埃莉特别自信，在罗文盖特学校里，她能体会到成为班里能力较强的学生是多么自豪。

但是很显然，这个过渡阶段会比较复杂。埃莉上午在罗文盖特学校学习，然后丽萨把她送去原来的学校吃午饭，并在那儿完成下午的课程。丽萨把埃莉安顿好回来之后，从她脸上的表情，我就知道情况不是很顺利。

“埃莉怎么样？”我问。

丽萨皱了皱眉。“不是很高兴。她不明白为什么必须要去罗文盖特学校。”

说实话，我明白埃莉为什么会这么想。她在那里不认识任何人，还无法理解自己需要去那里读书的这个事实，她不想与自己原来的朋友们分开。

“尤其是不想与乔蒂分开，”丽萨叹了口气说道，“所以她特别不开心。”

肯定是这样的，我想，因为乔蒂是她最好的朋友。

换作任何一个人都会不开心的，我可怜的女儿。

2012年9月18日

一早上就遇到了难题，埃莉上午不想到新学校去。昨天她在那儿过得并不开心，而且也不理解我们为什么要把她送去那里。在我们的执意要求下，她还是去了，但是回来的时候却情绪很低落。她泪眼汪汪地告诉我们说，她记不住同学们的名字，在学校里也不认路。尽管她原学校的一位工作人员马特为了帮助埃莉更好地适应，也跟她一起去了新学校，但是马特和埃莉也是刚刚认识，对埃莉来说，他也是一张陌生的面孔。最主要的是，埃莉要尽力去了解他。

这些都是大难题。我自己去适应这种转变是没有问题的，回想我在埃莉这个年纪的时候，我觉得自己适应得非常好。但是要看着自己爱的人去适应这个过程却是非常困难的。同时，我今天还要去完成一项挑战。很凑巧的就是，今天的这项挑战是“放飞机翼风筝”。我们之所以让埃莉承受目前的这一切，就是想让她“飞起来”，所以把放风筝的地点选在罗文盖特学校附近简直是再适合不过了。这样，当丽萨把埃莉接出来，送她回原学校吃午餐的时候，她们就正好能看见我们放风筝了。这个挑战很好玩儿，一方面让我暂时忘记了埃莉目前的处境，另一方面是因为它跟我小时候放过的风筝完全不一样。普通的风筝一旦方向把握不好，就会一头栽下来。而我这次放的机翼风筝只要稍微有风，就能腾空而起，飞得很高。事实上，很可能是机翼风筝把人带离地面。之前，坐在轮椅上玩风筝冲浪根本就不在我的挑战清单之列，但是今天过后，我想这项挑战也可以算是顺便完成了吧。

2012年9月19日

今天早上，埃莉大哭大闹了一场。她在罗文盖特学校的新班级每个周三都去游泳，但埃莉坚决不愿意跟他们一起去游泳。这并不是因为她不喜欢游泳——她一直都很喜欢。这是我特别想让她从小就学会的事情之一，因为我知道，这样她就会像我一样，享受跟其他人平等的感觉，在水里，她就可以忘记自己的双腿。我明白她为什么不愿意跟新同学一起去游泳，因为到时候就得置身于陌生人当中，自从手术之后，埃莉就对身上的刀疤和肌肉张力的缺乏特别在意，不喜欢别人好奇的眼神。这些并不是埃莉今天告诉我们的，但是我们心里知道。她只是说自己觉得不舒服，我们知道她极其不愿意跟新同学一起去游泳，所以生病肯定只是一个借口而已。最后，我和丽萨只能陪着她一起去学校，跟老师说明手术的情况之后，老师终于同意她这周可以不参加游泳活动了。

2012年9月20日

事情没有任何好转。今天早上，埃莉又说肚子痛，不想去上学了。这真是个棘手的问题。没有人想让自己的孩子平白无故地增添烦恼，但同时，我们也想让她学会坚强地面对生活中的困难。我们不断地安慰她说，从长远来说，这对她是有好处的。最后，尽管一路上掉了不少眼泪，埃莉还是被我们送去了学校。

不过那天放学回家的时候，她的心情还是很糟糕，对此我依然表示理解。这次她沮丧的原因是，在学校里玩儿的时候，有些她还不认识的同学跑过来拥抱了她一下。她不希望自己的个人空间遭到侵犯，我和丽萨觉得这也是合情合理的。另外还有一个原因——一个我有切身体会的原因——如果有人走过来，在她不经意的时候触碰或抓住她，她很有可能会失去平衡而摔倒在地。

2012年9月21日

今天过后将会有多少项挑战已经完成？25项。真不敢相信我已经完成了一半的挑战了！

在我去完成今天的挑战之前，我先得去摆平一项更大的挑战。我和丽萨今天早上又陪埃莉去学校了，跟老师谈谈她不喜欢被同学拥抱的事情。结果事情谈得非常顺利，学校方面让埃莉的辅导老师马特来监督其他同学，确保埃莉不会再被“意外拥抱”。得知老师会帮助自己解决问题之后，埃莉蹦蹦跳跳地就去上学了。

解决了这个难题之后，我就开始准备去完成今天的挑战了。我希望这个过程能更加“一帆风顺”，因为今天的挑战是驾驶帆船。用过这个双关语之后，如果再用“扬帆起航”这个词，就显得过于俗气了。但是当我和北安普敦郡帆船协会的主席罗伊·柴尔德一起出发的时候，我真的感觉是要扬帆起航，踏上一次历险的旅程，就像我一开始决定列出这张挑战清单时的感觉一样。我还记得自己当时心里想——如果我没记错的话，我甚至还说出来了——当一扇门关上的时候（当时我刚刚失业），另一扇门就会打开。这句话真是太正确了。这扇打开的大门是特别多彩的一扇门：给我带来无数宝贵的机会。不过同时，离年底只剩下不到三个月的时间了，我也感觉很累了。当然，是很开心的累，终点线就在眼前了，我想要冲到终点。我就像一个还有一英里就跑完了全程的马拉松运动员，感觉胜利在望的同时，双腿也已经在打战了，我想冲过终点（当然是想拿第一名），然后骄傲地回头看着自己走过的这段路程。

2012年9月22日

至今完成了多少项挑战？27项，真是让人如释重负啊！

不过今天的这项挑战基本上可以不算数。（当然，清单上其他的还是算数的。）

在有压力的时候，做点体能运动是有好处的。最酣畅的就是把自己的沮丧心情发泄在一团面团上。不过“定期烤面包”（当然，究竟多少天烤一次完全由自己来决定）的这项挑战，根本就不是把沮丧心情发泄在一团面团上那么简单。

人们传统上认为，最好吃的面包是手工制作的面包，而且在揉面的过程中，烘焙师能感受到内心的宁静。但实际上（当然仅仅是对我和埃莉来说）这种美丽的说法根本就是骗人的。因为虽然听起来很棒，而且我也很佩服那些烘焙师能花上好几个小时投入到面包制作的艺术过程当中，我还是很快就发现，其实有一个更简单的方法，那就是买一个面包机，倒进去面包粉，然后插上电就可以了。这样我这个“烘焙艺术家”就可以抽身去做其他不那么累胳膊的事情了，比如说哄劝倔强的女儿帮自己完成1000块儿的拼图。这幅拼图从2月份就动工了，让人恼怒的是，到现在还没有完成。而对我们俩来说，拼拼图也能起到消除压力的作用。那边面包在烤着，这边拼图逐渐完成（不过速度非常慢），带来的结果就是（除了孩子们可以把自制的面包带去学校当午餐之外）我不再像之前那么焦虑，害怕自己会让拼图上那些威严的工程师们大失所望。看在老天的分儿上，至少他们当中有两位修建了整列火车。然而，我在烤面包这件事情上出名的原因（也是埃莉出名的原因）是，在面包机里烤了一大块儿面包，结果完全不记得了。真的不记得了，直到几个星期之后，面包机里散发出来的变质味道才让我想起来……

2012年9月24日

又一周开始了，意味着新一轮的厌学情绪又开始了。周末还好好的埃莉又开始喊身体不舒服了。我们差不多是把她“押送”到学校去的。然后我给特殊教育需求协调员打电话，聊了一下我们眼下想帮埃莉做的事情。我自己上过特殊学校，所以很理解埃莉的感受。被迫与自己的好朋友分开，被扔到一个完全陌生的环境当中，这种感觉太糟糕了，尽管与70年代我上学的那个时候相比，为有特殊需求的儿童设立的学校已经有了很大的改善，可如今和自己的朋友们分开，即使只是每天上午，还是很让人沮丧的。虽然一开始把埃莉送去特殊学校的这个想法并不是我和丽萨提出的，但是我们俩非常支持这种做法。的确，这会让埃莉承受一些压力，但我们相信，在这件事情上，利远远大于弊。真心希望我们的这种做法是正确的。

2012年9月26日

唉，天啊。真的是没完没了……今天，埃莉为了游泳的事情又大哭了一场。别无他法，我们只能再一次陪她去学校。尽管我们很支持埃莉去这所学校读书，但是这显然已经成为一个症结性问题，起因还是这么无关紧要的事情。

这趟去学校还是很有效果的。老师看着埃莉满是泪痕的脸，终于同意让她退出游泳课了。这和那位特殊教育需求协调员的意见完全不同，他坚持认为我们不能顺从埃莉的意愿，必须要让她上游泳课，这样她才会明白，自己不能总是得逞。

但是问题在于，我们之所以让埃莉到这所学校里读书，主要是想让她集中精力学好数学和英语，她本来就不需要上游泳课。她去年上过游泳课了，而且游得很好。现在也差不多每周都和我、马特以及艾米一起去游泳。

从学校里出来的时候，我们感觉心情好多了，毕竟终于有人肯听从我们的建议了。关于要不要顺从埃莉的意愿所开展的这些争论实际上已经给埃莉带来很多不必要的压力。现在问题解决了，希望情况能就此好转。

过去这几天里，除了埃莉的事情，我脑子里还纠结着另一件事情。也许是因为我一直在思考埃莉目前所处的困境，也许是因为这种情绪已经酝酿了好几个月，只是在这几天里达到了高潮——我自己也不知道。我只知道，我发现自己会默默地与上帝进行内心的对话。

自从几周前我听了那些歌以后，这种情况已经持续一段时间了。我不知道这张50项挑战的清单是否推动着我去实现上帝为我筹划的未来。我真的不知道，但我确定的是，我最近发现，在我信仰缺失的这段时间里，上帝其实一直都在我心里。上帝并没有消失，只是我丢失了自己的信仰而已。原因很简单：我的祷告都没有应验。但是那是因为上帝忽视了我吗？不，我不再这样认为了。我开始明白，自己一直在祈祷错误的事情。我应该请求上帝来帮助我渡过难关，赐予我勇气，指引我前进。作为一个俗世牧师，丽萨一直想让我回到教堂做礼拜，但是我最近在和她聊天的时候特地跟她说，如果我真的回到教堂做礼拜，那也是因为自己真心想回去，而不是因为妻子的要求。而且这需要一个过程，我要确定自己先找到重回教堂的正确原因。眼下，我正在祈祷上帝赐予我力量，给予我指引，让我们帮助埃莉度过这段艰难的时期。我感觉并不是找回了一件丢失很久的东西，而是突然找到了一个我自己都不知道已经丢失了的东西。这感觉美妙至极，我一直在寻找的就是这种感觉。不过尽管如此，我并不是一个模范信徒。我不太喜欢盛大的仪式，有时候甚至会有点儿不恭敬。而且在听布道的时候，我经常走神。甚至还有一次，布道听到一半，我感觉实在很无聊，就直接溜走了。请不要误会我的话：并不是所有的布道都这样无聊，只是个别情况而已……我喜欢单独跟上帝对话，而不是对别人大谈《圣经》中的训诫。如果在我没有任何思想准备的情况下，就被人照着《圣经》训诫一番的话，我会非常反感，而且会非常明确地表达出自己的厌恶情绪。

不过，如果有人问我的信仰是什么，那就是另一个问题了。然后我就会告诉他，当然会的，而且是非常高兴地告诉他。我想所有坐在轮椅上的朋友都能帮我证明，我们这些人很容易招来别人同情的目光和抚慰，尤其是在教堂这种地方。

我不想让大家觉得我不知好歹，但是我想每一个正常人都不喜欢陌生人走过来拍打自己的肩膀。我知道他们为什么这样做，因为我坐在轮椅上。如果我是站着的，他们可能就不会这样做了。当我在教堂里的时候，我不喜欢旁人走过来，在我面前屈尊俯就地蹲下来，把我当作一个坐在小推车里的孩子一样。幸运的是，这样的人并不是很多。这样最好了，因为如果遇上这样一个人，我通常不会掩饰自己的反感：我一定会当面指出来。也许等我50岁的时候，我会对这种事情多点忍耐性。或者……不，也许还是不会的！

2012年10月

2012年10月18日

让我们来看一下拼图的进展如何吧。嗯，怎么说呢？显然还是没有完成。不过左边似乎是一列快要完成的蓝色火车。本以为在最后期限之前可能完不成，但现在看来，还是很有希望的。对于拼图的其他几个部位，如果我能找到伊桑巴德·金德姆·布鲁内尔的上腹部那块拼图的话，那就太好了，可是怎么找也找不着。肯定是被贝利吞下去了！

低头看着我的蒸汽机拼图，我突然意识到，虽然拼图还没有完成，但是我在其他几个进行当中的挑战上还是取得了很大的进展，而且这几项挑战也并不需要我长时间地趴在茶几上为拼图上那几位著名的工程师寻找其身体部位的拼图。

我为自己设立的一项对体能要求不是很高的挑战就是“创业成功”。这一方面是出于现实需要（因为要偿还贷款），另一方面也是为了向孩子们证明，不管是自己创业还是为别人工作，决定权都在自己手中。关键是要对自己的能力有信心并做出最大的努力。我曾经有机会和艾米一起进行一次实践活动。那年春天，她们学校开展了“与爸爸一起工作一天”的活动，艾米就在那一天跟我学习设计网页，同时还帮我设计了一个公司的标志。到目前为止，这个挑战已经被成功完成。尽管为了完成清单上的挑战，我还暂时不能接下比较大的项目，但是眼下已经进入10月份了——我离职已经有整整一年了——说实话，我这个刚起步的公司已经逐步步入正轨，并日益壮大。

不过我可没有“日益壮大”。鉴于我另一项进行中的挑战是“减肥”，这应该是个很好的消息。的确，我的体重没有下降很多（减轻的体重甚至都不够个位数），但是我在饮食上更加注意了，因此吃得更健康了。

同时，我认为清单上还有两项正在进行当中的挑战可以算是完成了：“为我们的网络杂志报道国际汽联在欧洲举办的赛车比赛”以及“将通过50项挑战清单募集来的善款捐献给腓骨肌萎缩症组织”。前一项挑战的完成情况可能没有达到我的预期（经营一份网络杂志是一个非常耗时且成本很高的项目，至少在目前看来，我们必须暂时延缓该项目），但是我至少还是全程报道了国际汽联欧洲锦标赛的第一轮比赛。至于为腓骨肌萎缩症组织筹钱这项挑战，还在进行当中，我已经为其筹集到1000英镑，但是我不会就此止步。我的目标很远大——筹集5000英镑——但是我确信一定会实现的。我必须要做到，因为该组织确实很需要资金继续运作下去，而这个组织必须运作下去，因为他们在普及该疾病的知识、提供支持、资助医学研究方面做出了巨大的贡献。

2012年10月25日

成功做出多少件木工作品？3件——其中有两件是我自己做的。

还有多少项挑战尚未开始？9项。噢，加油……

我在想，木工们是否有一个共同点，一种说不出来的特质？我也说不上来，但不管是什么特质，都是很宝贵的特质，因为木工们似乎总是生性平和，待人接物都非常友好。在马丁代尔中学读书的时候，我就特别喜欢上木工课。我喜欢待在木工工作室里，也许是因为那让我感觉不像是在学校里。那是一间六七十年代非常常见的单层小屋，与主楼分开，并且视野非常开阔——可以看见旁边的一座小学以及我们学校里的大操场。我很喜欢屋子里的味道，由于所有的木头都被存放在储藏室里，所以闻起来就像森林里的味道，偶尔还夹带着清新的木胶味。我很喜欢小屋里的布局——两行座椅，每行摆放了3张厚重的木制工作台，每个工作台上都有钳子和成套的工具，你只要坐下来动手操作就可以了。我喜欢那种期待的心情，你只需坐下来拿起一块儿木头，动手操作面前的工具，来创造一个既美观又实用的器具。但是最主要的是，我特别喜欢我的木工课老师。这位慈祥的老人快70岁了（显然还没有退休的打算），特别友好，就像自己的爷爷一样，总是笑眯眯的，穿着一身平整的白大褂，胸前口袋里总是别着两根铅笔。他当了一辈子的老师，将自己对木工活儿的热爱传递下去。在我们做木工活儿的时候，他就给我们讲以前那些学生们的各种故事，希望能激发我们对木工活儿的热情，并将此作为我们的事业。

但是，有些故事也太不靠谱了。我记得他曾经讲过，有一个找不着工作、生活落魄的年轻人一天下午来参加他的手工课。“于是我就教他换窗框，”他给我们讲道，“就用了一个下午的时间，结果那个小伙子天生就是个做木工的好手。第二天他就可以出去给别人换窗框了，之后就靠着这个手艺生活得很不错。”

我们没有人相信这是真的（证据就是我们都亲身体验过，木工活儿可不是那么简单的），但是不管我们相信与否，都不重要。这些故事就像是他的工具一样，尽管只是已经有些钝了的凿子，但还是会起作用的，因为每次听完之后，我们都备受鼓舞。

我特别想尝试一下的事情是使用那台机床——工作室里有几台这样的大机器——这台机器就像是所有木工工具当中的国王。最后我的机会终于来了（在我毕业去上大学之前，我制作了一个灯架），果然跟我之前想象的一样刺激，一样有派头。说实话，那个灯架本身看起来并不起眼，但是我母亲一直留着它，直到她去世，可那时，这个灯架已经被我哥哥刷上了难看的蓝绿色。之后我们在跳蚤市场上把它卖给了另一家人，但愿它现在还能用。

★★★★★★★★★★★★★★★

所以，做木工活儿对我来说是个再合适不过的挑战了，因为这会让我想起很多快乐的往事。当我发出去的请求终于得到回应的时候，我特别高兴。英国木头车工协会的副主席麦克·唐纳文给我回了一封邮件。麦克不仅是个大人物，而且还特别慷慨，非常有才华。他热情地邀请我去他家，使用他的机床来制作木工作品。

我做了两件木工活儿。第一件是个象棋棋子儿——一个“兵”，做第二件的时候，我的手部肌肉有些累了，所以麦克来帮我的忙，我们用一块紫杉木做了一个花瓶。最困难的步骤就是磨光，因为机床还在转动，木头也在转动，你要用手牢牢地握住砂纸。而对我来说，握住砂纸非常困难，因为我的手部力量不够，砂纸几乎就要从我手中飞出去，在工作室里飞舞了。最后，我和麦克两人通力合作，由我来设计，麦克亲手制作了一个巴西紫檀木碗，碗底镶嵌了一枚1962年的1便士硬币，1962年正好是我出生的那一年。

可是你猜怎么着？大家都特别挑剔。

“只有一枚棋子你怎么下象棋呢？”当我非常自豪地展示出我的“兵”之后，丽萨开玩笑地说道，“你还要回去把另外15枚棋子都做出来吗？”

好吧，我想，至少他们会夸夸我做的花瓶吧。他们的确挺欣赏的，但是也并没有我想象中的那么惊喜。家人总是这样：他们一直都不会让你太过得意忘形。

接下来是那个巴西紫檀木碗。

“看，”我对埃莉说，“看见碗底的那枚硬币了吗？那是跟我同一年出生的硬币。”她朝里面瞥了一眼。“哦，但是这有什么用呢？”她有点儿不太明白，“等你把玉米粥倒进去之后，你就看不见这枚硬币了，不是吗？”

2012年10月27日

包括这项挑战，至今已经完成多少项挑战了？34项。

噢，太棒了。现在我完成挑战的速度几近光速了。

好吧，有点儿夸张了。

拼图进展情况：今天是开始拼拼图的第300天了……唉，我也记不清楚了。我只知道，还有一列红色的火车没有拼好。我真是讨厌所有的红色火车。

不过，还有一个好消息就是：我们终于玩了一把悠波球！

在我想告诉孩子们的那些道理之中，尤其是对埃莉来说，最重要的就是除非自己亲自去尝试一把，否则永远都不知道自己是否喜欢这件事，是否擅长或者特别讨厌这件事。

毕竟，在一旁观看别人做一件事情，从中能得到的体会非常有限。有时候，甚至还会得出错误的结论，因为有些事情看上去跟亲自体验一把的感受是完全不同的。

玩悠波球一直是我最渴望去完成的挑战之一，于是这个周六，在这个明媚无风的秋日里，我们就准备去体验一下。

虽然我说是“我们”，但是埃莉今天上午并没有跟我们一起去。她和丽萨待在家里。她还太小了，不能玩悠波球。不过也许她对此也没有兴趣。

“你想去试一试吗？”当我在日程表上标出这个日子的时候，我问她，“等你长大了，想自己去尝试一下吗？”

她思考了一会儿，然后摇了摇头。

“不想，”她说道，“一点儿都不想。”

“为什么呢？”我问她。埃莉总是有她自己的原因。她可能不会说出来，但是心里一定是有原因的。结果这次真的有她的理由，而且还不止一个。

“因为我不喜欢倒立的感觉，”她说，“我不喜欢特别快地滚动。因为我会晕车，所以我猜我在悠波球里一定也会头晕。”

理由很明确，也很有逻辑性。我也不得不佩服她：我的埃莉总是有自己的主见。

然而，当我们来到克罗伊登，发现卫星导航系统将我们带到一个森林当中的时候，我第一个念头就是：也许，我也应该像埃莉那样提前想清楚才对。你可以说克罗伊登是个好地方，我知道很多人都很喜欢这里，但我并不是冲着它的名气来的。我只是之前以为这里会——该怎么说呢？——比我们眼前看到的景象更加有秩序一些。至少应该有个建筑物，也许上面用大字写着“来玩儿悠波球吧！”这样的标语。或者，至少有点儿人烟吧。

“爸爸，你确定是在这里吗？”当我们把车停在看上去是指定区域的地方时，马特这样问道。环顾四周，我自己也产生了怀疑。不过这时，艾米发现了一组贴在树干上的小标志，显然是通往悠波球活动场地的指路标，这个场地肯定是在山顶上。我们似乎离目的地已经不远了，于是我们从车里爬出来——坐在轮椅上的我、艾米、马特和他的朋友萨姆——沿着箭头指示的那条小路出发了。虽说是“小路”，但实际上脚下长满了野草，就像铺上了一层绿色的地毯——真的是绿色的地毯，上面还有成堆腐烂的落叶，中间还夹杂着泥土和树枝。后来当我得知这堆枯枝烂叶真的是人工铺设的覆盖物时，我简直不敢相信，于是就问他们为什么不能直接铺一层沥青。他们不能这样做，因为这里是自然景观，不允许在里面铺路，这也就是为什么小路的尽头唯一的一座人工建筑物就是一个小木屋，立在一个斜坡的顶部。今天特别冷，站在那里登记进入的时候感觉更冷了。排队等候的时候，我们看见不断有悠波球从山顶上滚下来。这时候，我们都还对此非常兴奋。接下来就轮到我们了。玩悠波球的时候，你肯定要被固定在球里，跟另一个人面对面仰面躺下，膝盖弯曲，上身和脚踝都被固定在球壁上，感觉很稳当，也很舒服。我甚至有点儿迫不及待地想快点儿开始了，尤其是想结束之后看我们拍到的照片，因为我们把今年夏天我给自己买的那台极限运动专用相机给带过来了，我把它系在艾米的头上了。

一切准备就绪之后，我和艾米就要出发了（马特和萨姆会在我们俩之后上场），这时候我终于开始感觉有点儿紧张了。不过这是那种通常情况下会产生的适度紧张吗？我也说不上来。好吧，该怎么形容一下悠波球滚落的这个过程呢？除非是一件被扔进滚筒洗衣机里的套头衫，否则你还真是无法彻底体会那种感觉。不过，如果你想象力丰富的话，还是可以大胆设想一下的。幸运的是，与洗衣机里的套头衫不同的是，我的身体是固定在球壁上的，不过不是完全固定：胸部和脚部都很稳定，但是其余的部位，从腰部到膝盖，在我们滚落下去的过程中，基本上都是悬在半空的。我们这一对父女，就这样一路沿着满是枯枝杂草的山路滚落下去。如果我们真的是洗衣机里的套头衫的话，拿出来的时候一定已经彻底被甩干了。

滚落的速度也非常刺激，不过还是让人有点紧张。因为刚一开始滚落的时候，艾米额头上的照相机就松动了。虽然还没有完全脱离系带，不过上下颠簸得厉害，仿佛随时都会从额头上脱落下来，然后一路上撞击着我和艾米的任何身体部位。

即使到了山脚下，那种刺激的感觉仍然持续着。我们一直滚落直到最后停下来，艾米大笑不止——她特别享受这个过程——但是停下的时候，我正好悬在半空中，摆着一个非常难受的姿势，身体的重量全部压在双腿上。由于我的身体条件特殊，我没办法跪下来，当时那种疼痛简直让人无法忍受，我能做的只能是强忍着不要哭出来。后来我设法让前来帮我们拆卸装备的年轻人滚动一下悠波球，让我能换仰面朝天的姿势。

这样一来，我亲爱的女儿就悬在半空中了，不过还在咯咯地笑。我第一次意识到，一个人可以开心到这种程度。

“我要解开我的带子吗？爸爸？”她故意开玩笑地说道，显然没有注意到我的痛苦。

“不行！”我喊道，真的是喊出来的，“那样你就压在我身上了！”

“感觉怎么样？”负责前来解救我的年轻小伙子欢快地问道。这又让我着急地喊了出来，不过还是保持很礼貌的态度。

“这个嘛，”我婉转地说道，“这么说吧，短时期内我是不会再来体验了。现在，请你赶快把我放出来吧。”

谢天谢地，他终于把我解救出来了。

我为什么要去尝试悠波球呢？就像我后来跟埃莉说的那样，我之所以去尝试，是因为我之前从来没有体验过，想知道我到底喜不喜欢这项运动的唯一办法就是亲自去尝试一把。

“那你还会再去体验一次吗？”我们一起坐下来拼拼图的时候，她问道。

“噢，会啊，”我告诉她，“不过等下辈子吧。”

2012年11月

2012年11月1日

从现在开始到这个月月底，还能设法完成多少项挑战？5项。

可以设法完成多少件看似不可能完成的事情？嗯……

好吧，就当很多件吧，行吗？没有时间在这儿对措辞犹豫不决了。我还得赶时间，记得吗？

好吧，第一件事情是我们今天要去伦敦西区观看表演。我特别想在清单上列入这类事情，不仅是因为特别有趣——不过，真的特别有意思——同时也因为，我希望能向埃莉证明，尽管由于身体条件的限制，我们出行不便（尤其是在伦敦这样的城市里），甚至有的时候无法乘坐火车，但这不应该阻止她去做自己想做的事情。我在她这个年龄的时候有好几次都没办法坐火车，因为车站里上上下下那些台阶对我来说简直就是折磨。所以看到如今伦敦的交通设施得到了这么大的改善，我实在是非常高兴。

我们一起观看了《史瑞克音乐剧》。这并不是我的第一选择，我真正想看的是《敲铜打铁》，如果买不到票，就看《战马》，要是《战马》也看不了的话，就看《泽西男孩》，不过没办法，我在家里势单力薄，少数必须服从多数。所以只能看《史瑞克音乐剧》。当然，这也是非常精彩的。

2012年11月8日

马上就要完成任务啦……已经完成了36项挑战，还有5项挑战正在进行当中，也就是说，剩下的挑战数目已经进入个位数啦——噢耶！

今天我驾驶了一艘小船，玩儿得非常开心。最关键的是，大概在80年代中的时候，我竟然为了去划船而放弃了去看大卫·鲍伊在米尔顿·凯恩斯的演出。的确，现在想想，连我自己都觉得不可思议。不过，那个周末本来应该是去接受“培训”的，属于青年工作者的课外活动。可是那天我们一群年轻人驾着一艘名为“匹斯赛斯”的船在大联盟运河上尽情地游玩儿，我不记得做过跟“培训”有关的事情，只不过是在船上大吃大喝，玩儿得特别开心。现在回想起来，也许那比我去看大卫·鲍伊的演出，汗流浃背地挤在几千人当中，却只能远远地看见他的身影要高兴得多……

今天我要驾驶的正是当年的那条船——“匹斯赛斯”，这多亏了我的朋友西蒙·可科斯的帮忙。当我把这项挑战告诉他，并提到说我曾经开过一艘名为“匹斯赛斯”的船时，他大笑了起来。“我能帮你！”他非常肯定地说道，“奈杰尔，你知道吗？这就是命中注定的。”

原来，西蒙的阿姨布伦达·黑尔，在西灵顿小船协会工作，负责管理并保养那里所有的船只（包括“匹斯赛斯”）。西蒙打电话帮我从中联系，并最终实现了他的诺言，这样我今天才得以成行，来重温当年的记忆。“匹斯赛斯”长72英尺，重20吨，熟悉航海数据的读者们也许能想象得出来。不过扫兴的是，当我们去船坞准备取船的时候，我发现，当年无需坐轮椅的时候，我可以坐在船后部，但是如今必须要坐在轮椅上，而船后部的空间根本就不够。于是，我只能换乘另一艘名为“星星”的小船，这样才能盛得下我和我可靠的轮椅。

所以在这次挑战之中，真正的主角就是“星星”，尽管一开始我的本意是选择“匹斯赛斯”。我还有一个未完成的挑战是“抓一条大个儿的海鱼”，这个挑战有点儿难。如果我之前考虑周到的话，我本来是可以带一根鱼竿过去的。

2012年11月10日

还有多少项未完成的挑战？13项——包括正在进行当中的那些。

水是生命之源。如果没有水，我们会怎么样？单从我自身角度来说，如果没有水的话，这张50个挑战的清单会完成得如何？如果没有水的话，有很多挑战都是无法完成的。比如说，两天之前的那项挑战，还有飞艇冲浪，以及轻便潜水。实际上，仔细想想，很多挑战都必须要在不同形式上涉及水。不过今天，我的这次黑潭之旅并不需要雨水，丽萨和埃莉也不希望遇上阴雨天。说实在的，我想黑潭那里的居民也不想要下雨天，除了矗立在海边的那个“庞然大物”。然而，天气变幻莫测（想什么呢，奈杰尔，别傻了，这可是11月份的北英格兰），我们还是遇上了瓢泼大雨。

我们3个人来到黑潭，完成今天的挑战，即参观英国地标建筑之一黑潭塔，就想体会一下埃德蒙·希拉里（世界最著名的登山家之一）那种高处不胜寒的感觉。马特和艾米之所以没有来，是因为他们俩都去参加教会青年小组组织的周末活动了。他们肯定不会像我们这样被雨淋，事实上，他们想被雨淋都很难。我们刚出发半个小时，倾盆大雨就开始瓢泼而下。不过，即使黑潭塔塔顶铺盖着防水油布，整座塔看起来还是非常雄伟壮观。塔顶似乎正在进行维护，这也就意味着我们也许不能登上塔尖了，但是我并没有感到很失望。反而让我感到很高兴的是，由于雨下得太大，我们不得不到附近的一家快餐店（哈利·冉斯登餐馆）暂避一下，而不用顶风冒雨地开车回去。吃过饭之后，天也放晴了，我们（尤其是埃莉）也趁机休息了一会儿，然后前往码头，在那儿玩儿了一个小时，非常开心。可是，黑潭的天气似乎就是不想让人开心地玩儿，我们刚一回到那儿，就又开始下雨，而且直到我们开车离开的时候，雨还是在下。

能赶快离开那里，我们特别高兴（对不起了，黑潭）。不仅仅是因为下雨，而且更重要的是，这并不是我想象中的黑潭。让我失望的不是寒冷的天气，而是那里的整个氛围。当天晚上，在回酒店的路上，我们看到的不是街灯（除了低飞飞机的警示灯之外，没有任何街灯），而是镇上大批的警察和醉酒的年轻人。所以，从总体上来说，这并不是我最满意、最完美的挑战。事实上，也算有点儿失败了。不过，快餐店里的炸鱼和薯条非常好吃！

2012年11月15日

第28项挑战——去蹦极……

但是底线是：我是不会跳的，好吧，是不会特地去跳的。我决定改为滑雪，因为我毕竟不是《第九鹰团》里的人物，还没有疯狂到那种地步。我就去尝试一下那种常规的向下俯冲项目。其实我特别想去蹦极，但是以下几个因素让我不得不改换其他项目。首先，丽萨不想让我去蹦极。她对此非常担忧，这也是情理之中的事情，因为她害怕我会受伤；其次，我本打算找一个可以捆绑全身安全吊带的蹦极活动地点，而不仅仅是在腿上系安全带，同时还得是水上蹦极，而且还不用我费力爬上去，所有条件考虑进去之后，就很难找到一个合适的地点；最后，在我内心深处，还是有一种"自我保护"的本能在不停地作祟。尽管我特别想向埃莉、马特以及艾米证明凡事皆有可能，但是还是会遇到限制性因素的。综合来看，也许"奈杰尔·霍兰德去蹦极"这件事情还是很有难度的。

所以还是滑雪吧，这也可以接受。我已经在位于米尔顿·凯恩斯综合体育区的英国残疾人滑雪运动中心预定了课程，那里有一个室内滑雪场，使用的是真正的积雪，而且还有为轮椅使用者准备的全套设备。同时这里还有特别耐心的教练员（我的教练员萨姆·科比也算一个）。

整个过程非常有趣。很快我就不仅学会了摇摆，而且还学会了俯冲，这样我就能在这种自上而下的运动过程中体会到那种久违的极速刺激。的确，我摔了好几跤，但是哪个滑雪的人不摔跤呢？我做得不错——事实上我在第一节课上表现得非常好。以后一定让孩子们都来挑战一下这个项目。

2012年11月21日

真糟糕！我对完成一级方程式赛车这个挑战期待很久了，但是今天早上我却收到了一封来自印度力量车队的邮件，信上说，他们没办法为我提供帮助了。这对我来说是个特别大的打击，一方面当然是因为那张50个挑战的清单，另一方面也是因为我自己，因为我真的特别想去实现这个挑战。

不过千万不能放弃，也许还有机会。至少我努力去尝试过了，这就是那张挑战清单的意义所在。好吧，继续前进，继续前进……

2012年11月28日

我特别期待自己能赶快去游览清单上最后一个首府城市，其中一个重要的原因就是我又可以坐飞机了。我很喜欢坐飞机。而且截至目前，我也很喜欢贝尔法斯特这个城市，爱尔兰人果然像大家说的那样热情好客。

这个挑战也完成得非常顺利，因为我是和我的朋友西蒙·可科斯一起去的贝尔法斯特。他与贝尔法斯特那里的国际商业联络网的成员很熟，所以我们得到了意料之外的热情招待。国际商业联络网的成员朱莉·盖里去贝尔法斯特机场接我们，这真是帮了我们很大的忙，因为我不确定像我这样坐在轮椅上到底能不能找到计程车。然后朱莉与埃迪·欧文体育中心的经理托马斯·费根联系，为我和西蒙安排了一次卡丁车体验之旅。我已经有很多年都没有开过卡丁车了，但是我愿意去尝试一下。我先是试了一下手动控制的卡丁车，但我手部力量不够大。而从健康及安全方面考虑，都不能使用绷带，于是最后我还是决定选择标准的卡丁车。虽然情况好多了，但是我还是不太能驾驭刹车踏板。所以为了安全起见，我还是退出了，让西蒙一个人去体验了。不过我们有机会在赛车模拟器上进行模拟比赛，特别让人高兴的是，尽管我的车最后被撞翻了，但我还是赢了西蒙。比赛结果？请注意，仔细想想吧，如果在一共八名赛车手中获得了第七名或第八名的话，我是根本就不会写下来的。所以，我肯定不是倒数一二名。下午的时候，朱莉特别热情地带我们参观了贝尔法斯特历史上的动荡地区，这么多年来都是在电视上看到这些地方，现在能亲眼见到这些地方并感受一下它们身上所承载的历史，是一件非常棒的事情。最让我印象深刻的是建筑物墙壁上留下的那些壁画，记述了多年以来这里的斗争历史，同时也生动地提醒世人，再也不要让历史重演了。最后——也是非常意外的是——贝尔法斯特之行竟让我有机会同时实现了另一个挑战：做一次演讲。事实上，这项挑战本来已经算是完成了，因为我已经接受腓骨肌萎缩症组织的邀请，于明年去他们那做一次演讲。同时，我已经进行了一次规模虽小，但是意义同样重大的演讲。不久之前，我在附近教堂为青年小组发表了一次演讲。我本来可以讲讲我自己的事情，讲讲那张50个挑战的清单，这当然会比较容易，但我想还是让他们对人生有更多的思考才好。所以我利用那次机会跟他们谈了谈“残疾”这个问题，跟他们分享了我最喜欢的一个心得体会：身体残疾和心理残疾之间的区别。

这次在贝尔法斯特的演讲稍有不同。我面对的是国际商业联络网的成员，而且是在一大早上6：30，绝对不开玩笑！基本流程就是你用60秒钟的时间来做陈述，让听众了解你的公司或组织。我谈的是这张50个挑战的清单，让我非常自豪的是，我的这次演讲是没有经过事先准备的，也没有演讲稿，完全是即兴演讲。所以可以说，我这项挑战完成得非常成功：太棒了！当然，我还算不上一个专业的演讲人，但是这次经历已经让我信心大增！谢谢，贝尔法斯特！

2012年12月

2012年12月2日

1000块儿的拼图已经完成了多少块儿？999块儿。

大功告成。

他们今天晚上会在威灵堡的大街上跳舞的，我保证，因为——哈哈！——拼图终于完成了。的确，弄丢了一块儿，但是没关系。听说历史上的波斯地毯织工们为了表示对上帝的虔诚，都会故意在里面缝错一针。所以我认为在拼拼图的时候，弄丢一块儿反而是应该的，这样才能证明这个过程的艰辛与漫长。

何况，那块儿很可能已经被狗吃掉了，所以也只能这样了。比分情况：奈杰尔和埃莉得1分，拼图得0分！

2012年12月7日

清单上的挑战：在附近游泳池游50个来回。

实际上完成的挑战：骑手摇驱动自行车向山上骑行5英里。

我不是一个轻易放弃的人，从来都不是，也永远都不会变成这样的人。而且上个月我已经放弃了蹦极的挑战，所以现在很不愿意再换掉这一个。但是在生活当中，我们有时候不能逞强，只能接受现实。而现实就是，由于我今年春天曾经住院治疗，所以还想在游泳池里游那么远的话简直就是疯了。而且，我的肩膀也肯定承受不了。尽管我一直坚信世界上没有不可能的事情，但是前提是这件事情不能超出一个人的体力承受范围。我的肩膀一直有问题，需要注意保养。但这种问题并不是腓骨肌萎缩症造成的。我也很希望如果自己患有一种疾病之后，就不会再患上其他任何病症，但是很遗憾的是，我跟上千人一样，患有这种肩膀疼痛症。2008年我不得不接受右肩手术，也就是说，在那接下来的几个月里，我只能用左手推轮椅，结果轮椅基本上就是在原地打转儿，地毯差一点儿就被磨破了，这样就让我的身体处于一个非常不利的状态。由于人的肢体基本上是对称的，所以如果是左肩膀接受了手术的话，结果也是一样的。

不过我的肩膀和我的腓骨肌萎缩症也是有联系的，因为我要使用轮椅，所以与其他人相比，我更需要肩膀及胳膊的力量，所以我要现实一点儿，要保养好自己的肩膀。不管怎样，我都不能游50个来回，即使可以，游泳池里的冷水也会很快就让我抽筋，一旦抽筋，我的肌肉就更没有力量了。

所以，即使很不情愿，我还是不得不把这一项挑战替换掉，换成另一项不需要下水，而是测试我耐力的挑战。我决定要用健身房里那种手摇驱动自行车向山上骑行5英里。我并没有放松对自己的要求：我把自行车的阻力设定得特别高，所以我必须要用力才行。我花了30分钟才骑完了5英里，到最后实在是筋疲力尽了。我骑行的速度很快，中途只停了两次——都是为了在手上缠上更多的绷带，这样我就能牢牢地握住车把手。因此这其实也是一个很艰难的挑战，那么我为什么还要担心别人认为我这是在逃避困难呢？我并不需要为自己证明什么，不是吗？毕竟，我已经证明了我并不是一个轻易放弃的人，而且我不是还参加了半程马拉松比赛吗？也许我得调整一下心态了，因为我知道丽萨会提醒我，这一年真的是非常棒的一年！我很高兴这一年马上就要结束了，不是因为我想让它早点儿过去，而是我喜欢自己到时候能回过头来，看到自己取得了很大成就的那种自豪的感觉。我觉得自己刚刚赢得了历史上里程最长的马拉松比赛。我特别想一边跳一边喊："我赢了！我赢了！"同时，这也让我陷入了思考当中。这一年的疯狂经历对我来说意味着什么？有一点是确定的，那就是让我更加专注于我的家人。这次疯狂之旅的出发点就是为了向埃莉证明，任何事情都是有可能的，同时对马特和艾米也一样。我感觉我已经让他们都意识到，他们今后的生活都是充满惊喜与热情的，能够活着，这本身就是一件非常幸运的事情，生活本身就是一个很大的机会，等待着我们去把握。

2012年12月9日

我的生日！

好吧，就像生日的时候经常做的那样，这是个"年终盘点"的时刻。今天是我的生日，如今已经50岁了，可我还是不想长大。当我躺在床上，等着丽萨为我端来生日里的第一杯茶的时候，我回忆这一年自己做过的所有疯狂的事情。有些挑战很简单，完成得也很自然，根本就不困难，反而很有趣，比如说制作法式焦糖布丁，学做一道汤。相反，有些挑战对我来说则特别困难，比如说骑水上摩托车、尝试室内跳伞运动、陡坡滑雪、体验赛车在8秒钟之内加速到160英里/小时的刺激感，以及在阳光灿烂的意大利进行轻便潜水。当然还有一些非常痛苦的时刻，最难忘的一次就是我膝盖后弯，被悬在悠波球中的那一次，我差一点儿疼得喊了出来。我把当时的情况录了下来，但是我已经把这段视频归入“不再使用”的文件夹里，因为每次看这段视频，我就感觉当时那种剧痛又回来了。另外，还有那些周期较长的挑战给我带来的平静的喜悦，比如说教给伊恩一些网站设计的知识，在学校组织的“跟爸爸一起去工作”的活动中，教艾米设计网站，这些都让我体会到了给别人传授技能的满足感。我还在威灵堡的城堡剧场举办了自己的摄影作品展。确实，我并不是最好的摄影师，但我的水平也不是很差。我能够拍下一辆汽车或摩托车以接近300英里/小时的速度疾驰的那个瞬间，这一直是我非常自豪的一件事情。

同样让我感到自豪的是我终于完成了这项挑战：写一部喜剧短剧。就在截止日期之前完成了这个小作品（随书附上，见后文），我特别开心，特别骄傲。最开心的事情就是逗别人笑，不是吗?

2012年12月10日

我现在多少岁? 50$\frac{1}{365}$岁。

已经完成了多少项挑战? 46项。

如果事情进展顺利的话，最终还会完成多少项挑战? 4项。

生活当中有些时候，我们必须要务实。毕竟，并不是所有事情都在你的掌控之中（后面会详细叙述这一点）。这并不是说我已经放弃了剩下的这四项挑战：与一个一级方程式赛车队共度周末、见到约翰·克里斯、抓一条大海鱼，以及让自己的照片刊登在一家全国性报纸上。相反，我仍然对完成这四项挑战抱有很大的希望。不过我会把它们留到下一年，今年就到此为止了。任务完成了，而且我也特别自豪。经过了酿酒厂之行，加的夫之旅，滑雪以及悠波球运动（尤其是悠波球运动，提醒自己一下，以免以后忘记了这一点），我现在感觉一个人在97岁之前都不算老。

当然，为了我的50岁生日，免不了要庆祝一番。由于昨天正好是周六，所以我们就在昨晚举行了聚会。结果，这次聚会就成了“双重庆祝会”。今年年初的时候，我就打算要在50岁生日的时候举办一次庆祝会，后来我很快就意识到，由于很多人都为我今年的活动提供了帮助，所以这次聚会也应该庆祝这张50个挑战清单的完成。于是，等我开始筹划这次聚会的时候，就邀请了所有我需要感谢的人，结果规模就越来越大。最后都不能在家里举办聚会了，因为空间不够大。于是我们在西维尔的飞行员酒店举行，一方面是因为那里的艺术装饰风格的建筑非常美丽，另一方面是因为离我们家只有10分钟的车程。聚会上的娱乐项目很简单，我邀请了今年春天在当地一个酒吧里听过的一个爵士乐队，名叫林肯·诺尔·特里奥。当时他们的音乐就给我留下了很深的印象，于是我那时候就对他们发出了邀请。多么棒的聚会啊！我的哥哥们和嫂子们都来了，还有我哥哥马克的儿子理查德也来了，我感觉我生命中所有的亲人都来了。最大的惊喜是我看到我的妹妹妮可拉也来了。她本来跟我说她太忙了，没时间回英国，但是却悄悄地为了参加这次聚会专门从美国赶了回来。为了给我个惊喜，我的兄弟姐妹们都故意瞒着我。但是看到妹妹出现，我激动得都说不出话来了，平静之后却打开了话匣子，不停地问她：最近过得好不好？旅行顺利吗？什么时候回去？能在这儿待多久？虽然这听起来有些多愁善感，但是看见妮可拉我简直是太高兴了，甚至都激动得哭了出来。

于是，仿佛突然之间，我已经50岁零一天了。我肯定需要一段时间来适应这个事实，同时，我感觉自己就跟49岁的时候一样——精力充沛，随时准备好接受下一个挑战……眼下就有一个我要应对的新挑战，因为我们的朋友韦伯一家给了我一张参观伦敦O2体育馆的优惠券——不仅我可以去，丽萨、马特、艾米和埃莉都可以去。“别担心——那里有残疾人专用设施！”理查德开玩笑地说道，“我已经确认过了！”一开始，我以为这只是个玩笑，但后来才发现是真的。那好吧，放马过来吧！

不过我难忘的50岁生日聚会又把我带回了15个月之前的那一天，在我让我最小的女儿帮我为挑战清单出谋划策的那一天。我当时就应该知道她一定会“难为”我的，这是毫无疑问的，因为——因为她毕竟是我的女儿嘛，肯定会带有我的“疯狂”基因，如果她真的什么“阴谋”都没有的话，我反而会更奇怪的。后来丽萨跟我确认说，埃莉的确为我准备了一个很大的“惊喜”，说实话，我真的不知道这个“惊喜”会是什么。尽管埃莉看上去很乖巧，但是她内心还是很叛逆的。过去这一年疯狂的历程对她究竟有什么样的影响，这是一个非常值得玩味的问题。我自己真的感觉非常幸运。回想起来，这一年我得到的各种支持与鼓励真的让我非常感动。我也再一次看到，我的家人和朋友有多么伟大。至于埃莉，别人曾专门向我问起过她，他们想知道我这一年的疯狂挑战究竟对她产生了什么样的影响，毕竟这就是我踏上这段旅程的原因。

对此，我认真地思考了一下，发现其实根本就没有产生任何影响，至少目前还没有。就像我说的那样，她是我的女儿，从小到大，她都在看着我做各种疯狂的事情。如今她已经是赛车场上的常客了。我想，要等以后，也许等她真正开始面对自己的人生挑战时，回想起这一切，她才会真正理解这其中的意义。那时候她就会有自信地说道："如果爸爸可以做到，我也可以……"这就是我所期望得到的成果，对三个孩子来说都是如此。但是当时在聚会上，埃莉还是装作一副若无其事的顽皮样子。后来当我看着丽萨、马特和艾米，以及周围所有的朋友和亲人的时候，我才意识到似乎所有人都知道了埃莉的这个"阴谋"，只有我一个人被蒙在鼓里。当时埃莉慢慢走向我，手里捧着一份包装非常精美的礼物。我的第一个念头就是，肯定跟那张可恶的拼图有关，也许是火箭的模型，或者是关于蒸汽火车的历史书，再或者就是伊桑巴德·金德姆·布鲁内尔的回忆录。我接过这份礼物，一边打开，一边对她说："拜托别告诉我说又是一张拼图。"

"你真的不知道吗？"埃莉带着调皮的笑容对我说，"爸爸，当然是给你的粉红色染发剂。"

后记

THE 50 LIST

也许大家都知道的一项为人父母、教育孩子的法则就是，永远不要做出你无法兑现的承诺。如果疑惑的话，一开始就不应该做出承诺。这并不复杂，不是吗？这种承诺包括让人高兴的承诺——买一辆新的自行车，参加运动会，睡前讲故事——还包括那些让孩子郁闷的承诺（千万不要草率地应承孩子，否则你很可能会后悔）。所以，在我开始制定那张50项挑战的清单时，我对埃莉做出了那个承诺，心里非常清楚，如果之后她还是想这样做的话，我就必须硬着头皮去完成这个挑战。后来她真的提出了这个要求，我也只能这么做了：把我的头发染成粉红色。尽管看起来很滑稽，我还是很高兴。不仅仅是因为这让埃莉很开心（当然每一个父亲都希望能听到女儿开心的笑声），同时也因为这也许能教给她一个与“努力就会成功”同样重要的道理：做人要一诺千金。但是把头发染成粉红色并不是我的第50项挑战，从来都不是。观察敏锐的读者会发现我是非常不情愿地把它列入了“备选”项目。这就是说这张挑战清单上还缺一项，还只有49项挑战。那第50项挑战呢？到底挑战内容是什么呢？我把这个挑战忽略掉了吗？直接跳过了吗？还是故意避而不谈？其实正好相反，尽管有很多次我很想跳过这项挑战，因为除了染成粉红色头发之外，这应该是清单上最难的一项挑战了。这是耗时最长的挑战——甚至比那张可恶的拼图花费的时间还要长。当我最终完成的时候（差一点就过了最后期限），我非常确定地感到，这是一个让我感情投入最大的挑战，一个比我预期的更加困难的挑战。因为它，我筋疲力尽，同时也成长了很多，别人告诉我说这是正常现象。我知道我肯定不会忘记它，根本不可能。

那这到底是什么能让我永远记住这张50项挑战清单呢？让我记住我这段宝贵的人生经历呢？对了，你们猜对了，就是你们手中的这本书。

附录

我和女儿的50个约定

-体验室内跳伞运动

-驾驶汽艇

-驾驶四驱越野车

-打鼓

-教会一个人坐在轮椅上靠两个轮子保持平衡

-参加半程马拉松赛

-制作一个法式焦糖蛋奶布丁

-现场观看《英国疯狂汽车秀》

-参加温德尔健步走

-在罗金厄姆赛道上驾驶沃尔沃S60

-参观伦敦著名的极速咖啡屋

-卖掉福特野马

-鼓励另外一个身有残疾的人去完成我这张清单上的一个挑战

-继30年之前再一次在海里游泳

-体验轻便潜水

-体验赛车在1/4英里之内加速到160英里/小时的刺激

-制作一个陶土罐

-游览苏格兰的首府

-骑一次水上摩托车

-游览威尔士的首府

-再打一次乒乓球

-乘坐一次热气球

-参加逍遥音乐节

-放一次机翼风筝

-驾驶帆船

-定期烤面包

-减肥

-多玩桌游

-为我们的网络杂志报道国际汽联欧洲赛

-通过这本书为腓骨肌萎缩症组织筹集善款

-创业成功

-学会煲汤

-（献血）学会车木头

-玩悠波球

-去伦敦西区看一场演出

-驾驶一艘运河小船

-游览黑潭塔

-（体验蹦极）学会滑雪

-做一次演讲

-（在附近泳池里游50个来回）用手动自行车上坡骑行5英里

-游览北爱尔兰的首府

-教会一个人创建一个网站

-完成一幅（5000）1000块儿的拼图

-举办一次摄影作品展

-写一部喜剧短剧

-创作并出版一本书

还没有完成的挑战：

-与一个一级方程式赛车队共度周末

-与约翰·克里斯见面

-抓一条大海鱼

-在一家全国性的报纸上刊登自己的一幅摄影作品

备选挑战（也就是埃莉建议的那个挑战）：

-把头发染成粉红色

我的喜剧短剧

[渐入：出场]

汽车在志愿者中心门口停了下来。奈杰尔松开脚刹，然后拨通了中心的电话。里面正在办公桌前工作的一名女志愿者透过窗户玻璃看见了奈杰尔，奈杰尔也看见了她。

奈杰尔：您好？

志愿者：您好。请问有什么需要帮忙的吗？

奈杰尔：是的。我就坐在你们窗户外面的汽车里。我需要你们的帮助。因为我需要坐轮椅，平时身边都会有人帮我把轮椅从车里拿出来，但是今天我是一个人开车来的。你们能帮我一下吗？

志愿者：请您稍等一下，好吗？

奈杰尔：好的，没问题。

这名志愿者用手捂住电话听筒，然后把两名同事叫到她桌子前面，跟他们说了几句话。她给他们指明奈杰尔的方位，然后他们就扭过头来盯着坐在车里的奈杰尔。

志愿者：您好？

奈杰尔：我在听，您好。

志愿者：很抱歉让您等了这么久，但是恐怕我们这儿没有人能帮您。因为中心有规定，我们不能处理轮椅的问题。再见。

这名志愿者放下电话，她的两名同事也回到座位上继续工作。百叶窗被拉了下来，上面显示出以下这几个字：在您身边，为您提供友好的建议。

奈杰尔：但是您这儿是志愿者中心啊……喂？喂？

奈杰尔环顾了一下四周，看有没有人可以帮他把轮椅从后备箱里拿出来。他看见两名交通管理员走过，于是就打开车窗，喊住了他们。第一个交通管理员是一个高个子的男人，名叫乔治，看起来非常官方；另一个交通管理员个头很小，名叫丹尼斯，虽然也很聪明，但是还比不上他的同事乔治。

奈杰尔：您好，打扰一下，请问您能帮我个忙吗？

乔治：可以，先生。我能为您做点儿什么？

丹尼斯：……帮您？

乔治不满地看了丹尼斯一眼。

奈杰尔：是这样的，我的轮椅在后备箱里，我自己没办法拿出来。您能帮我一下吗？

乔治：哦，我很想帮您……

奈杰尔：谢谢您，您真是太好了……

乔治：但是恐怕我没办法帮您。

丹尼斯：他没办法帮您。

奈杰尔：您不能帮我？

乔治：我没办法帮您。

奈杰尔：为什么不能呢?

乔治：因为这身制服，您懂吗?

奈杰尔：我不明白……

乔治：如果我不是穿着这身制服的话，我很愿意帮您把轮椅从后备箱里拿出来。但是由于我穿着这身制服，我就代表着我的雇主，我们有严格的规定，不能随便帮别人提像轮椅这样的物件。

奈杰尔：我就想请您帮我把轮椅从车里拿出来，这很困难吗?

丹尼斯：嗯，是的。

乔治：还有，既然我已经在这儿了，您不介意我检查一下您的蓝色徽章（蓝色徽章项目允许一定的残疾人在泊车限制区泊车）吧?我肯定你一定手续都是齐全的，但我还是得检查一下。

奈杰尔：好吧，可以。

奈杰尔把他的蓝色徽章递给了这名交通管理员。就在乔治抬起眼镜仔细检查这枚残疾人停车徽章的时候，奈杰尔看见一个摄影师从车旁经过，于是喊住了他，请他帮忙。

奈杰尔：您好，请问您能不能帮我把轮椅从后备箱里取出来呢?

摄影师：嗯，可以，没问题。

这个摄影师走到车后面，把轮椅从后备箱中取了出来。然而他马上被这辆轮椅流畅的线条所吸引，于是就举起照相机，开始给它拍照，拍完之后又放回了后备箱。与此同时，奈杰尔和那名交通管理员的对话还在继续。

乔治（仔细地检查蓝色徽章，确保人与照片是匹配的，丹尼斯也凑过来看）：嗯。您还有其他的证件吗?

奈杰尔：没有了，为什么这么问？

乔治：照片里您留着胡子。

奈杰尔（焦急地看着摄影师在车后面拍照）：是的，不过那确实是我。您能看出来的，不是吗？

乔治：哦，是的，先生。不过我们还是得提防那些破坏制度的人。

丹尼斯：制度……

奈杰尔：是的，这我知道，但您能很清楚地看出来那就是我。我只不过就想把轮椅从后备箱里拿出来，然后去超市买点儿东西而已！

奈杰尔又回过头，发现那个摄影师已经把轮椅放回了后备箱，正准备离开。

奈杰尔：他到底在干什么？嗨！

乔治：我记得曾经有一个人拿出一枚蓝色徽章，说那是他自己的，结果上面清楚地显示着一位老妇人的照片。我们可不能放过这种人，对吧？

奈杰尔：是的，确实是。

乔治：你知道的，为了识破他，我可是费尽了心机。

奈杰尔（根本就对乔治的话不感兴趣）：真的吗？

乔治：那当然。那是我人生中最骄傲的时刻之一。

奈杰尔同情地看了他一眼。这时候，一辆货车停在了奈杰尔的车旁，货车上下来一个鼓手。他手里拿着鼓槌，脖子上缠绕着一条毛巾。

奈杰尔：不好意思打扰一下。您好，您能帮我个忙吗？您能帮我把轮椅从后备箱里拿出来吗？

鼓手：当然可以，没问题，兄弟。

奈杰尔（以为自己很快就能从车上下来了，感到稍微轻松了一点儿）：谢谢您。

鼓手：不客气。

鼓手绕到车后面，取出轮椅，放在地面上，突然发现可以用轮椅做小推车，帮自己把成套的鼓乐器从货车上卸下来。

乔治：那可不，我见过很多狡猾的司机，比如说上回那辆冰激凌贩卖车，满车铃铛作响，一下子停在了双黄线上，显然是违反了停车规定，我狠狠地教育了他一番。

丹尼斯：当时那不是一辆救护车吗？

乔治：没人跟你说话的时候就闭嘴，丹尼斯。丹尼斯还在实习期，不懂规矩。不管怎样，还是小心为上，这些都是要接受检查的。

奈杰尔（一直在盯着那个鼓手）：您那边怎么样了？

鼓手：没问题，快好了。

那个鼓手用轮椅把自己成套的鼓乐器送进了附近的一座大楼里，然后又把轮椅送回了车里。

奈杰尔：什么？我只是想让您把轮椅取出来，帮我拿过来。嗨？嗨！（看着鼓手渐行渐远，他小声地说道）他去哪儿了？为什么又把轮椅放回了后备箱……

乔治：你知道的，干交通管理员这一行，就必须时刻保持高度警惕，不能松懈。前几天，一个老妇人没有出示她的蓝色徽章就随便停车，虽然这听起来有些严厉，但我还是给她开了一张罚单。

丹尼斯：那位老妇人不是你母亲吗？

乔治：是的，不过我还是得对工作负责任。

丹尼斯：说得不错，不过你还用轮夹把她的车给锁住了。

乔治：违反规定就要受到严厉的惩罚，丹尼斯。

丹尼斯：我知道，可是你用轮夹锁住的是她的轮椅！

乔治（冷淡地说道）：不用你提醒我，丹尼斯！

这时志愿者中心旁边大楼的大门打开了，走出来一个水管工，走到门口的时候他转身对里面的人说话。

水管工：我很快就回来，就出去取一段管线回来安装散热器。

奈杰尔（看见了水管工）：您好，打扰一下，您能帮我个忙吗？

水管工：可以啊，兄弟。我能帮你干点儿什么？

奈杰尔：您能帮我把轮椅从后备箱里取出来吗？

水管工：没问题，当然可以，兄弟，放心吧。

奈杰尔：谢谢您！

水管工绕到车后面，立马发现轮椅的一段框架结构特别适合做管线，正好是他找的那种。他把轮椅取出来，开始切割那段框架。切割的声音很大，旁人都听得见。

乔治：当然，要想成为一名成功的交通管理员，需要很多年的磨炼，我已经在这个岗位上干了20年了。

奈杰尔（毫无兴趣）：真的吗？

乔治：是啊，当然，一天假都没有请过。

丹尼斯：你不是曾经被停职察看过吗？

乔治（非常紧张地笑了笑）：哈哈，丹尼斯，你是在开玩笑吧？

丹尼斯：我没有开玩笑，有一次你给警察局局长开了张罚单，结果就被停职察看了。

乔治：他违章停车。

丹尼斯：他当时正在执行特殊任务，也就是保护市场的豪华座驾。

奈杰尔（感觉水管工应该已经把轮椅取出来了）：您在后边还顺利吧？

后面无人应答。奈杰尔环顾了一下四周，发现轮椅又被放回了后备箱里。那个水管工走回了志愿者中心旁边的那座大楼。打开门之后，他就跟里面的人说话。

水管工：搞定！你们觉着铬合金的管线怎么样？

那个水管工进去大楼之后就消失不见了。大门被关上了。

奈杰尔：到底是怎么回事儿？

乔治：我只是在履行工作职责，先生。

奈杰尔（全然不知自己的轮椅已经被切割过了）：不，我是说我的轮椅。我得下车。

就在这时候，奈杰尔看见了一个小丑。他仔细又确认了一遍之后耸了耸肩，心想，今天可真够离奇的。

奈杰尔：您好！

这个小丑猛地停下了脚步，四周看去，想弄清楚声音是从哪儿来的。

奈杰尔（挥了挥手）：您好，这边，是我！

这个小丑没有说任何话，只是用面部表情、手势和一些小道具来交流。他四下张望，最后看见了奈杰尔。

奈杰尔：能请您帮我个忙吗?

这个小丑露出一个灿烂的微笑，非常热情地点了点头。

奈杰尔：太棒了！您能帮我把轮椅从后备箱里取出来吗?

这个小丑又点了点头，然后从衣袖里变出一束花儿送给奈杰尔。然后他来到车后面，开始又切又锯，发出的奇怪噪音旁人都能听得见。与此同时，奈杰尔还不得不忍受乔治这个古板的交通管理员以及他说出来的那些无聊的工作事迹。

乔治：还有一次，我不得不给一辆从大陆来的大型运货卡车开罚单。你知道的，他们来到这里，就得遵循这里的停车规定。我费了好大的工夫才爬上车，把罚单贴在挡风玻璃上。但我最后还是做到了。

丹尼斯：没错，不过那个卡车司机根本就没有注意到你，直接开车就走，结果你还趴在车玻璃上。

乔治：不用你提醒，丹尼斯！

丹尼斯：那次后来你被带到哪儿去了?

乔治：那些现在都不重要了，丹尼斯。

丹尼斯：纽卡斯尔，对吧?

乔治：这只不过是个误会。

丹尼斯：为什么会产生误会呢？那个卡车司机不会说英语吗?

此时，奈杰尔根本就无法相信自己在后视镜里看到的场景：那个小丑正骑在一辆独轮脚踏车上。奈杰尔根本就不知道，这辆独轮脚踏车就是用他的轮椅改装而来的。

奈杰尔：到底是怎么回事？我只不过想找人帮我把轮椅从后备箱里取

出来，这个请求很过分吗?

这时，奈杰尔又看见一辆卡车停在了自己的车旁边。卡车车身上写着“废铁回收商”。一个回收人员从卡车上跳下来，奈杰尔喊住了他。

奈杰尔：不好意思，打扰了，兄弟。能请您帮个忙吗?

回收人员：可以，我能帮上什么忙?

奈杰尔：您能帮我把轮椅从后备箱里取出来吗?

回收人员：应该可以。

这个回收人员绕到车后面去了，奈杰尔非常希望这次他真的能帮自己把轮椅取出来。

奈杰尔：谢谢您!

乔治：好了，我得去工作了，还有别的车要检查，还要开罚单呢。

丹尼斯（小声地说道，不想让乔治听到）：还要去爬别人的卡车呢。

等到这两个交通管理员走了之后，奈杰尔终于可以打开车门了。他活动了一下双腿，希望这次终于能够从车上下来了，但是突然发现自己的轮椅已经支离破碎，正被扔到废铁回收车上。

奈杰尔：这到底是怎么回事儿?

唯一剩下的就是轮椅上的一个车轱辘，此时正沿着街道滚落下去。志愿者中心的女士们打开了百叶窗，看着窗外这一幕。奈杰尔回过头来盯着她们，于是她们赶忙拉下百叶窗，结果百叶歪歪扭扭地垂下来，原来印在上面的“在您身边，为您提供友好的建议”几个字只剩下“您为您”这几个字了。

[淡出：结束]

致谢

THE 50 LIST

完成我这一系列挑战需要很多帮助，在这里，我想要感谢那些一直支持着我的亲人和朋友们，没有他们的帮助，这些挑战就更加困难了。

当我把这张50个挑战的清单拿给西蒙·可科斯看的时候，他对我说：“你必须宣传一下。”于是，他帮我联系了一下他的朋友，然后一切都顺理成章地发生了。同时我还要感谢西蒙的是，他陪着我去完成了很多挑战，而且还有很多都是在他的帮助之下才得以实现的。

伊恩·布莱克特一直跟随我左右，帮我拍照片，录视频，开车送我去完成各种挑战。他对我的这次挑战之旅绝对持有百分之一百的热情。

克莱夫·瓦格纳将我们录制的视频加工制作成了几段非常精彩的视频作品，并传到了50个挑战清单的网站上，同时也给了我很大的帮助。

同时，我还要感谢以下这些为我实现挑战提供了关键帮助的人们：马特·拉尔夫、露西·塞加尔，以及《金铅笔》节目的所有录制人员，他们让我拥有了一次难忘的经历。

北安普敦郡帆船协会的罗伊·柴尔德

JB滑雪中心的詹姆斯·墨菲

拉古娜公园的负责人雪莉·麦克劳德-罗斯和她的儿子詹姆斯·麦克劳

德-罗斯

米尔顿·凯恩斯室内跳伞中心的安迪·戈德温

保时捷体验中心的马克·哈瑞斯、迈克·杰克逊和杰瑞米·帕尔默

桑踏-普德赛道的卡罗琳·戴、史蒂夫·华纳、巴伦·夏普以及约翰·哈克尼

热气球体验中心的大卫·格龙布里奇

约翰·诺德

定制蛋糕店的老板艾格·德哈

北安普敦郡的马自达MX-5车主俱乐部

感谢我的哥哥盖里，教我品鉴单麦芽威士忌

感谢我的哥哥马克给予我支持和建议

感谢不时会让着我的孩子们

琳达·弗里曼

SK赛车运动中心的史蒂夫·科乐特和托比·曼尼金-科乐特

凯瑟琳·多诺霍

罗伯·毕比陶器制作中心

迈克·多诺万

西灵顿运河船只协会的布伦达·黑尔

英国残疾人水上运动中心的萨姆·科比

教堂青年小组3：16里的所有年轻人

感谢我的家人容忍我把那幅拼图在茶几上摆了一年！

西蒙·可科斯、朱莉·盖里、托马斯·费根以及国际商人联络网

北爱尔兰

克莱夫·瓦格纳和艾莉森·佩蒂特

朱丽叶·姆森、维多利亚·马克布朗和琳妮·巴雷特-李

感谢在我的50岁生日上给我留下难忘回忆的林肯·诺尔·特里奥爵士乐队

摄影师迈克·斯托克斯

最后要特别感谢腓骨肌萎缩症组织给予了我如此大的帮助。

英国腓骨肌萎缩症组织旨在增加社会对腓骨肌萎缩症（又称“遗传性运动感觉性神经病”或者“遗传性神经性腓侧肌萎缩”）的了解，为此类疾病的患者提供支持与帮助。

想要了解该组织更多的相关信息，请登录http：//cmt.org.uk或者拨打联系电话：08006526316或者01202432048。

如果您有意愿捐助善款，请登录http：//www.justgiving.com/the50list。

我与孩子的××个约定

编者按

1年之内，50项约定，对于任何家长无疑都是巨大挑战。这位从小患有腓骨肌萎缩症的英国父亲，用他对女儿的承诺感动了整个世界。支撑他创造奇迹的，是对孩子用心深远的爱，只希望孩子有一天理解其中的真正含义，自信地说出："如果爸爸可以做到，我也可以……"

这本《好爸爸能做到——我与女儿的50个约定》得到了家长朋友的热情反馈，有人说看完这本书之后，很期待看到中国家庭的"本土化"约定，是这份热情和分享的渴求感染了我们。于是，磨铁黑天鹅品牌中心发动不同的网络征集平台，调动起身边的资源，在全国范围内海选出不同风格的约定，并且把这些"全国征集版"约定汇集成册、随书附送。

征集而来的约定，有的出自爸爸之手，有的来自妈妈口述，但在"约定"这种最感性最温暖的形式里，我们读到的是爱、是希望，读到的是孩子和家长思想的碰撞与交融、情感上的独立与依恋。这些约定，带我们真正走进了孩子的世界。

有的家长把约定写成诗歌："约定，即许诺/源于爱，生长于期盼，收获于快乐！/你，是我和爸爸的约定！/幸福，是我们一家人的约定！……"有的家长把孩子日常生活中充满灵感和创意的话收集起来，写成一个个小约定："我是火车，妈妈是铁轨，我要紧紧靠着你；长大之后要考清华大学，跟妈妈结婚……"这些语言来自家长对孩子生活的用心捕捉。有的家长带着孩子每年从一种小动物身上学习一种品

质，有的家长和孩子互换角色来促进孩子的自我约束，还有的家长和孩子的约定竟是再生个弟弟陪着玩……总之，这些约定如此发自肺腑，活泼、生动、有趣，让人心动、兴奋，让人看到了家庭生活的温馨一角，也看到了时下不同家庭的教育理想。

在征集期间，时常会有家长朋友打来电话，聊着自己和孩子的约定，不知不觉就聊到夜里，还意犹未尽地睡不着。所以在出版这本书的过程中，我的内心常处于感动和亢奋状态，一本温暖的书，的确有这样的力量，让人走进其中无法自拔。征集到最后，发现约定太多而篇幅有限，所以许多约定无法一一囊括书中，在此对所有用心完成约定的家长和小朋友们表述歉意。

最后，愿这些美丽的约定，成为家长们沟通的桥梁，陪伴孩子度过快乐的一生！

黑天鹅产品经理

芮　雪

妈妈红杏　　　户外摄影师

女儿小驴佳佳　9岁

约定：我们一家去找非洲猎豹玩儿去！

小驴佳佳自述：我要去非洲旅行，是因为看了蒂皮姐姐的书《我的野生动物朋友》，上面有她和小猎豹在一起玩的照片，还有很多她和动物在一起的故事，可好玩了！我一直缠着爸爸妈妈，央求他们带我到非洲去旅行。

开始，他们不同意，根本没重视我的想法，后来呀，我不断地与他们说呀说，一有机会就跟他们磨，最后，他们终于重视起来了。我们开始一起研究这个非洲约定，研究各种可能性，无非也就是钱呀、时间呀、安全性呀什么的。

再后来，我的这个梦想变成了全家人的梦想，爸爸开始到处找资料，妈妈开始联系她代言的品牌。我也没闲着，设计了各种赚钱的方式，卖我的画，写故事，可惜，都没实现。不过，我做了一个最大的贡献，就是提出了去非洲旅行的建议！

妈妈说，爸爸就惯着我，什么都瞎答应！当我们的非洲之旅如愿以偿时，我有点不相信这是真的。而且我见到猎豹时的感觉就跟做梦似的：那是在途中，遇到的是一只受了伤的三只腿猎豹。这是一只从悬崖上摔下来的小豹子，腿摔残了，跟不上队伍，就离群了，后来有一个农场救了它，把它养起来了。小豹子不怕人也不伤人，我还用手去摸了它。

直到从非洲回来时，我的梦还没有醒，我很惦记那只受伤的小豹子，很想再跟农场里的人问一下：那只小豹子还好吗？

妈妈朱元元　国企员工

儿子鲁洽闻　3岁

约定：长大之后要买海滩、考清华、跟妈妈“结婚”！

我们家的约定非常非常多，孩子的愿望也非常多，简单概括几个吧！

孩子喜欢看绘本，看完《逃家小兔》之后，妈妈就做比喻说，宝宝如果是火车，妈妈就是司机，带你去任何地方。宝宝摇头说，宝宝是火车，妈妈就是铁轨，我要紧紧靠着你。

孩子不舒服，我搂他在怀，说：“还记得吗？你小时候，妈妈就穿这件红衣服抱你喂奶。”宝悠悠唱起：“……我们好像在哪见过，你记得吗？”（电视剧《我们结婚吧》片尾曲）这些日子一直哼这一句，唱完后还信誓旦旦地说：“等我长大我要和你结婚！”任凭你讲道理，他就要。

又一个周末，一家三口在海边散步，边走边聊好多的汽车。宝宝自言自语，以后长大挣了钱就买辆红色的小汽车。妈妈顺势问，那给妈妈买什么呀？宝宝指了指周围，用手画了一个大圈说，买这片海滩，他想想又说，嗯，再给自己买下这片海。（还是对自己比较好啊！）

有时我常开玩笑问孩子：鲁洽闻，你长大考清华还是考北大？孩子每次都掷地有声，态度坚决地说：考清华！而且志在必得的样子。考到清华你要找谁？儿子答：找在北京工作的雪阿姨（我从小一起长大的朋友）。有一次，我打电话给雪阿姨，在电话中问：鲁洽闻，你到北京找谁？儿子冲着电话，很给面子地回答：雪阿姨！我趁热继续引导：那你长大后考清华还是考北大？儿子迟疑了一下，说：考北大！唉，明明约定好考清华的，不知道啥时候又改考北大了呢？！

妈妈张艳　大学老师

儿子天天　6岁

约定：要妈妈送一个弟弟陪着玩儿

我家的大儿子天天，在4岁的时候突然说，一个人太孤单，想要个小弟弟一起玩儿。我从来没有想过要二胎，所以心里很矛盾。但天天仿佛能看出我的心思，他这样安慰我说：等有小宝宝了，我会帮你照顾的。我一个人实在太寂寞了。

我和老公商量了下，决定帮助天天实现这个愿望，独生子女很可怜，我想送给他一个有兄弟或姐妹陪伴的快乐童年。现在老二出生了，天天很开心，不但帮我带孩子，还在出去玩的时候主动关照弟弟，怕弟弟受到欺负。

如今老二已经快两岁了，兄弟俩相亲相爱。弟弟并没有因为哥哥的爱而变得不自立，哥哥也没有因为父母把爱分给弟弟而觉得受冷落，我感觉很欣慰。想想孩子因为我的付出而有些许快乐和进步，那么这点牺牲又算得了什么呢？这个约定成了我们全家人最幸福的事。

爸爸云峰　明星造型师

儿子金牛　4岁半

约定：父子角色互换，儿子喊我“宝贝”！

我儿子金牛的叛逆期似乎来得很早，没等他会喊我爹就开始跟我杠上了！总是不按照我的意愿去玩啊、吃啊。在他1岁之前，跟我总是很陌生，那种距离感和对我的不需要让我非常失落。我经常出差，忽略了这个小家伙的成长。

慢慢地我发现，教育和引导孩子是要动脑子讲方法的，其实孩子最需要的，是能和他一起玩的伙伴，所以我跟金牛的约定是做角色换位的游戏，来增进感情。

在家里，我时常演儿子的角色，而金牛演爸爸的角色。他会非常逼真地效仿我和他妈妈，以及外公、外婆对他平时苦口婆心的教诲，包括

口头禅、手势、动作，他都能惟妙惟肖地演出来！最重要的是，他会把自己的错误用大人的话讲出来，或者装成语重心长的样子说：孩子啊，你为什么总是不好好吃饭？你为什么总是喜欢不停地玩手机游戏？你晚上为什么总是不按时睡觉？等等，而且还会把这些问题造成的后果耐心地给你讲一遍 ，最后还得加上外公的那句“下回注意喽！啊！”

有一次，他见我叠一件花衣服，就告诉我赶紧放下，说：“宝贝，咱们是男子汉，这些女孩子的东西，咱不碰。”通过这种换位的游戏，我真的发现儿子的一些坏习惯慢慢地改掉了，变得通情达理、非常有礼貌。

不过这个小秘密一般只限我们内部家庭成员知道。有一次送快递的来我们家，听到我儿子的话，很惊讶，但我和儿子相视一笑，这是我们心照不宣的约定。

妈妈赵宁　　演员

女儿李雨菲　5岁

约定：和爸爸的约定，对妈妈也要保密！

我们家的宝贝，特别喜欢她爸爸，还单独和爸爸分享小秘密，一个只有他俩知道的小秘密。有时，她会和爸爸咬耳朵，作为妈妈的我，常不知道他们在说什么。有一次，我实在控制不住了，问道："你们究竟

在说什么呢？怎么不告诉妈妈呀！”宝贝很得意地说：“这是我和爸爸的秘密！”

有一次在吃饭的时候，爸爸无意中说漏了女儿的小秘密：“小宝贝把家里的小兔子放在了床头，还说她是小兔子的妈妈……”

没想到这话被孩子听见了，“哇”地一声就哭了，然后很委屈地说：“爸爸，你为什么把我们的秘密说出去，我再也不和你说我的秘密了！”就这样，她哭着就跑进了卧室，我和她爸爸愣在那儿，半天才意识到我们的错误。用成人的思维方式来理解孩子的世界，让女儿真的很伤心，因为我们没有尊重与她的约定。

过了一会儿，爸爸走进卧室，不知道用什么办法哄好了女儿，接着两人又开始窃窃私语。我本想走进去看看他们在聊些什么，却突然停住了脚步，还是让孩子和爸爸去解决比较好。这一次，宝贝开心地跑了出来，大声对我说：“我和爸爸又有了一个新的秘密！”爸爸也很开心，说：“对，爸爸不会再说漏了，放心吧！”

其实，我们应该尊重孩子，给她一个空间，来安放她的童年回忆。

妈妈赵翠云　央视记者

女儿张楚卿　两岁半

约定：好妈妈说话绝对算数！

女儿像许多这个年龄段的小朋友一样，喜欢看动画片，玩家长手机。每次在满足她之前，我和女儿总有这样一番对话：

妈妈：我们只看一集动画片，好吗？

女儿：好！

妈妈：我们拉钩，守约定吧。

于是我和女儿的两只小指相扣，大声说：拉钩上吊，一百年不许变，谁变谁是大白兔！

之后女儿满心期待着即将上演的动画片，我随声附和。

妈妈：说话算数吗？

女儿：算数！

清脆的一声回答之后，女儿开心地看电视了。这样的场景每日在家中重复，我和女儿约定每天只能看一集动画片。有时女儿哭闹着想再看一会儿，我便很严肃地与她对话。

妈妈：我们刚刚拉过钩，你要守约定啊。你说话算数吗？

女儿哭闹几番无果，也就作罢，另寻其他乐事了。

女儿平时和姥姥生活在一起，我和爱人周末去陪她。每到和她分别的时候，我们都会拉着手约定下周五再见。

妈妈：女儿，我要上班了，你听姥姥话，妈妈下周五回来陪你。

女儿：妈妈不要上班，陪我玩嘛。

妈妈：可是，我要上班挣钱，给你买好吃的，送你上学啊。

女儿：妈妈不要挣钱，我要妈妈，妈妈抱抱。

这种对话加上女儿的恳求拖拽，让人心碎。几经反复，女儿才会可怜巴巴地放弃。

那一日，分别的时候再次来临。我正准备展开持久告别仪式的时候，女儿干脆地说：妈妈上班挣钱吧，我给你开门，妈妈下周再见。说着，还跑到门口，为我打开屋门。

霎时，我的眼泪充满眼眶。难道我的孩子一夜之间就长大了吗？她相信妈妈说话算数，下周五一定会准时回到家中吗？她相信我们的约定吗？我感觉好像错过了什么……

走出家门，我在心中与女儿约定，我们要尽快生活在一起，我要每天见证她的成长，这个约定要在今年内履行，妈妈说话算数！

爸爸秦建光　网球教练
女儿秦西　　7岁

约定：每周不少于两个小时的网球训练！

女儿两岁半入托，先后学了舞蹈、美术、围棋、钢琴、跆拳道、游泳、自行车、轮滑等一大堆爱好。几年走过来，许多项目浅尝辄止，只有个别的在坚持。自从入选健美操校队之后，她很开心，每周有10多个小时的训练时间。我作为网球教训，其实很想让她把网球作为未来的一技之长，所以我曾试探她，说健美操训练太占时间，影响学习，让她退出，她当时就急了。

于是我跟女儿约定，每周要进行不少于两个小时的网球训练，才同意她继续留在健美操队，她勉强接受。我不否认兴趣是最好的老师，但我一直相信，很多孩子现在不感兴趣的项目对日后长远发展很有帮助，所以有时我的态度会变得坚决和强硬。

如今孩子逐渐长大了，我发现自己以前那种强硬的做法也需要改进了。和女儿的约定开始变得柔和轻松起来，常辅以美食大餐和小礼物等奖励。几个月坚持下来，效果还不错，不但每周的网球训练时间都能保证，而且她喜欢的健美操也没有放弃。当她自己看到进步和坚持的力量，也有了信心。在运动中培养孩子的品质，有效地引导，才是最重要的。

爸爸朱禹豪　汉太普CEO
女儿桃桃　　两岁

约定：每年学一种猫的品格

桃宝贝是我的小情人，从她呱呱坠地到咿呀学语，从她蹒跚学步到如今小鸟依人，时间过得真的好快，总觉得陪伴她的时间太少，给她的爱不够尽意。所以，工作忙碌之余，我总是喜欢带着桃宝贝在小区楼下追逐玩耍，陪她看她最喜欢的猫咪。对了，关于猫，我们还有一个美丽的约定。

桃宝贝从开始认识图片时就特别喜欢猫，每每拿着猫咪的图片，她就特别开心地笑，那个时候她才几个月。现在桃宝贝会说话了，总是看到猫就喵喵地学叫，表情就像一只撒娇的小猫一样，可爱极了。

桃宝贝喜欢关于猫的一切，猫的图片，猫的玩偶，猫的故事。我也喜欢猫，喜欢猫的性格和猫的生活方式。所以，我跟桃宝贝有了一个关于猫的约定——在桃宝贝成年之前，每一年，我都会给桃宝贝一个关于猫的礼物；每一年，我都要教桃宝贝学习一种猫的品格。

猫的温柔野蛮，猫的安静优雅，猫的神秘性感，猫的独立自尊。

有一点慵懒，有一点任性，妩媚而敏感，自由而潇洒。

如猫一般的生活便是我对桃宝贝最真的祝愿，不一定富有，但一定要有猫一样高贵的灵魂，可以很依赖很依赖一个人，但也可以很独立很独立地自己生活，以最优雅的姿态在阳光下自由穿行。

爸爸张渊　编辑

儿子杰希　7个月

约定：功夫不负有心爹啊！

因为从事育儿知识传播工作，我深知父亲在孩子成长中所发挥的重要作用。于是，从儿子杰希出生的第一天起，我心里就暗自跟他许诺：不管老爸工作有多忙，每天会和孩子至少一起玩半个小时。儿子现在太小，我没法跟他约定做太多事情，但讲故事、念童谣、飞机抱、举高高、“荡秋千”、做鬼脸……是我这个新手爸爸换着法儿地讨好他的方法。后来，在杰希6个月大的时候，老婆略带醋意地告诉我：“每天下午5点过后，儿子总喜欢扶着安全围栏站起来，冲着挂在墙上的你的艺术照，咿咿呀呀地喊，兴奋不已。”我知道儿子在盼我下班回家，完成我们心照不宣的约定，真是功夫不负有心爹啊！

我很庆幸由于工作原因有更多的机会去跟其他小朋友接触，我愿意努力在成人世界里做一个具备常识的大“小孩”，俯下身陪着孩子一起成长，该哭就哭，该笑就笑，该玩就玩，抬头看到鸟就讲鸟，地上看到草就说草……终将有这么一天，杰希会慢慢长大，我会欣慰地在自己的世界里慢慢变小！

爸爸蒋振东　作家
女儿蒋睿秋　3岁半

约定：写一本书，记录发光的日子

我在北京工作，女儿和妈妈在武汉生活。作为不在孩子身边的父亲，有时走在街上，看到和她年龄相仿的孩子，就想起她，想象她在做什么，到超市看到儿童用品也想买给她。去年儿童节答应带她去武汉动物园玩，当我坐了一夜火车赶到家时，女儿还在睡觉，老婆说女儿一晚上醒来好几次，盼着天亮就能看到爸爸了，每次醒来都问天亮了没有。后来在动物园里，我们一起给小鹿喂草，看海狮表演，学企鹅走路，女儿玩得都不知道累，看到哪个小动物就让我讲这个动物的故事。如今，3岁半的女儿，已经会讲100多个故事了。有时我想，我要写一本书，记录女儿说过的话，记录每一个温暖发光的日子，再神奇地将日子变成永远也讲不完的故事。在一起你是一切，不在一起一切是你，对于我和女儿，这是最好的诠释。

妈妈白丽暄　私企员工
儿子么么　　两岁

约定：好妈妈不打不骂

我儿子么么很顽皮，精力旺盛过头。每天上蹿下跳，又学会了耍心眼儿气我。最初试过给他摆事实讲道理，但不管用。尤其下班回家很累时，就更没耐心了，最后对小家伙以简单粗暴的体罚收场（打小手和小屁股）。

可是，那天，有一件事让我狠狠地反省了一下。

么么趁我吃饭的时候，把我的鞋子翻出来，套在自己脚上，很得意地满屋溜达，我又累又饿，没有管他。孩子溜达到饭桌边上，跷着脚问我吃啥呢？然后小手一抓，汤就洒了一桌子，我的鞋子也成了汤泡饭。油乎乎的现场，让疲惫的我立刻火冒三丈。我把他推到一边，边收拾边对他嚷：么么，你怎么这么不乖啊！为什么这么不让妈妈省心啊！烦死了！！……等我的火发完了，再看一眼么么，他跟受了惊的小猫儿一样，

站在我推他的那个位置上，一动不动地看我，很可怜的样子。看到我终于注意到他了，他就蹲下来，把地上的饼干捡起，边捡边带着哭腔小声地嘀咕：干吗推我！干吗推我呀！

看着他委屈的表情，我很心疼，但又不想让他感觉我会纵容他，就故作严肃地跟他讲道理。吃完晚饭，带他下楼玩儿，突然想起刚才的情景，后悔不应该把工作的情绪带回家里，就想跟么么道歉。么么当时正骑滑板车，我拉住他，跟他很认真地承诺，以后在任何情况下，妈妈不会再大呼小叫了。么么很开心，不住点点头。我让么么监督我，把这个约定当成我们的“君子协议”。么么扔下滑板车，抱着我，不住地安慰我：妈妈不生气了！妈妈不上火了！么么乖！那一瞬间，我真的很感动。我想，这个约定是一个好的开始，一个约束，因为我决心要做一个不打不骂的好妈妈。

妈妈程戈　记者

女儿芊芊　4岁

约定：彩虹之约

女儿3岁多时，一次例行的睡前故事时间，我给她讲了一本小兔汤姆的绘本《汤姆的外公去世了》。听完故事，女儿问我去世是什么意思，是不是就是死了？我说是，汤姆的外公去了天堂，再也见不到他了。女儿一下子哭了，搂着我说：妈妈，你不要死，不要去天堂。我给她擦着眼泪，轻声地跟她说：每个人都会死，都会上天堂，妈妈现在不会死，那是几十年以后的事了。女儿哭得更凶了，边哭边说：妈妈，你不要死……那一晚，她哭了很久才睡着，而我则有些失眠，不知道我的解释对不对。此后，女儿越发地黏我，有时玩着玩着突然蹦出一句：妈妈，你不要上天堂。每当这时，我总会拥她入怀，亲着她的小脸说：不会的，妈妈不去天堂。后来，女儿不再说起“上天堂”，开始一句接一句地夸我。“妈妈，你是天下第一美人。”（从《大耳朵图图》里学的）“妈妈，你做的菜最香，你是厨艺高高高高手。”（一边啃着我做的蜜汁鸡翅一边说）“妈妈，你真能干，你的手最巧。”（在我帮她完成幼儿园布置的环保手工作品的时候）这连番的“马屁”拍得我浑身舒泰，惹得她爸爸嫉妒不已。有一天我送完她在幼儿园附近吃早点，碰上了她同班同学的妈妈，聊着聊着，那位妈妈告诉我：“听我家闺女说，午睡的时候你家芊芊哭了，边哭边大叫：我妈妈是世界上最好的妈妈……”那顿饭吃的什么我已经不记得了，脑海里留下的只有女儿边哭边喊的身影。我知道，那个小人儿是爱我的，但我不知道那爱有那么重。在这之前，那个约定都被我当成哄小孩的玩笑，而在那一刻，我开始认真了。女儿今年4岁，我37岁。往多了说我还能陪伴她50年，在这50年里，珍贵的童年记忆只有短短数年，每一天都值得珍惜。于是，不爱运

动的我四处搜罗适合孩子的好去处，每到周末都变着花样带女儿疯玩；常吃外卖的我成了菜市场的常客，挖空心思琢磨又营养又健康的美食……而我的用心也得到了女儿最好的回报。就在不久前，给女儿洗完澡，拿浴巾擦身时，女儿突然唱起了歌：“爸爸给我温暖，妈妈陪我成长，我和妈妈要永远在一起……”那稚嫩的声音、单调的曲子称不上多么优美，但却是我听过的最好听的歌。唱完后女儿仰着脸笑着对我说：“妈妈，这是我自己编的歌，好听吗？”我一把抱紧了她，亲吻着她香滑的小脸蛋，眼泪不争气地流了下来。

“小宝贝，我用彩虹和你约定，一起走过童年的记忆，快乐地长大，迎接灿烂的未来，就像红橙黄绿蓝靛紫。”这是我和女儿都非常喜欢的一首歌《彩虹的约定》。在孩子成长的过程中，我们总会和他们定下大大小小的约定，这些约定就像七色的彩虹一样，扮靓了孩子的童年。而在这些约定的背后是永恒的爱。“亲亲宝贝，陪伴你直到永远。”这是彩虹的约定，是我和女儿的约定，也是千千万万父母和孩子们共同的约定。

来自网友的有趣约定

Joanna：

【约定】 我是大自然的爱好者，喜欢在家里养花种草，还养了许多昆虫和小动物，比如蚯蚓、蜗牛、蚕宝宝、蝌蚪、鱼、乌龟……我和女儿时常一起观察动植物的生长，它们给我们带来了无比的乐趣。最近我俩迷上了“再创作”，和“自然笔记”不同，我们通过观察再加上自己的想象力，创造出属于我们的欢乐。所以，我们想把这种快乐和创造快乐的方式传递给和我们一样喜欢大自然的朋友们。

七十二七一：

【约定】 我们的约定很简单，每天陪孩子至少读一本书，每年都陪孩子感受季节的变换，陪他一起看春天的花、淋夏天的雨、拾秋天的落叶、堆冬天的雪人，在孩子高飞前，多多地陪伴他。

豆童宝宝：

【约定】宝宝的成长，就像一颗小苗，播种、发芽、开花、结果，每个生长阶段各有不同。而每个生日对于宝宝来说，就像是成长路上的一串又一串的小脚印。每个女孩子都有一个公主裙的梦想。从穿着公主裙的小公主，到身披婚纱的新嫁娘。从爸爸的怀抱，到老公的怀抱。就这样，每年生日，给豆豆的礼物里面一定要有穿公主裙和爸爸的合影，直到成人礼的那一天，到结婚的那一天。

Chenchen620205：

【约定】一位妈妈曾和她6岁的女儿约定，在医院里每接受一次治疗，妈妈就答应她实现她一个愿望！可是做过敏测试一次扎几十针，尤其是打进口针时非常疼，年幼的小女孩儿忍不住了。有一天她和妈妈说：妈妈你可以替我难受吗？妈妈坚定的眼神与话语让她一直难忘！那个小女孩儿就是我，我妈妈那时也病着。

M&M：

【约定】一起去印度学瑜伽。

Shaolin：

【约定】我和孩子有个约定，去美国看麦昆。麦昆是动画片Car里的一部车，勇敢，活泼，幽默，有爱心，更有天才技能。儿子从3岁起就爱上了它，一直深信它生活在美国的水乡温泉镇。我从不打破这种幻想，并约定和他去看麦昆，带上来自中国的礼物。美好单纯的心愿，就像金子一样需要呵护。

浩洋和可乐：

【约定】我的孩子浩洋今年快4岁了，之前的每天晚上，我都等他入睡后再离开。弟弟可乐的出生，让我感到精疲力尽，我和浩洋约定，每天晚上我们互道晚安，我即离开，他自己入睡，试着坚持21天，他欣然答应。一切都进展得很顺利，我们都备感放松，每天都鼓掌鼓励“今天是第x天了哦！”前天晚上是第18天，他说睡不着，我问那怎么办。他让我给他唱首歌，居然要求唱生日歌，然后满足地睡下。昨晚他说，妈妈，我要坚持到100天！由衷地为孩子内心的勇气感动，他们才是我们做父母的最好的榜样！

悦耳听风：

【约定】我们家的零食按需求定量给孩子，不多，不少，可以让她有吃零食的乐趣。但是每当她生病的时候，零食就是大忌。所以，女儿小饼这时就格外忧伤，站在冰箱门口，说："妈妈，我想吃巧克力。"这时，我就会说："等你的病好了，就可以吃了。"小饼闻言，默默走开。遇到病总是不好时，她就会不高兴，发小脾气。我总是用这个话告诉她，然后在她的情绪反复和疾病康复过程中做斗争。每次她的病好了，我就专门站在冰箱前，打开门，愉快地大声喊道："小饼，来吃巧克力了。"小饼飞快地从卧室跑出来，满心欢喜地迎接自己的零食时刻。现在她5岁了，这些约定她都顺理成章地接受，也不会出现情绪的反复。有的时候到超市，走过巧克力货架的时候，小饼的眼睛也会闪耀光芒："妈妈，生病的时候不可以吃哦!"

A—万红：

【约定】我是一个单身母亲，有两个女儿，我一直困惑如何让女儿和未来再找的另一半愉快相处，所以近十年都是单着。去年底，快1两岁的小女儿金金和我聊天，问我是不是没有追求者，我不知如何作答。她快人快语地告诉我，她希望自己的妈妈有魅力、有人追。她说，妈妈，你找爸爸找错了，愿你再找一个对的人，如果你能找到一个让我们都幸福的新爸爸，我和姐姐也会向你学习，长大也能找到自己心仪的对象的。这是多么温暖的约定啊！为了自己，为了孩子，为了这个家的幸福，我们一起努力着。

三月苏安：

【约定】我的宝宝还小，才14个月，但是在他几个月大的时候，我私自签订了一个10000天的阅读承诺。虽然现在是我读给宝宝听，想到以

后能和她一起遨游书籍的海洋，还是很期待。因为我喜欢读书，最近给侄儿辅导功课，也和他签了个约定，同样是关于阅读的。侄儿语言组织能力很差，希望通过日积月累的阅读能得到提高，现在每天晚上做完功课就一起阅读《包法利夫人》。

天使小公主：

【约定】老公和5岁的女儿约定每天早晨跑步。第一天早晨，女儿不用叫，自己主动起来，跑步回来神清气爽，很开心地说自己明天还和爸爸一起跑步。第二天早上，老公准备出去跑步，看着女儿没有起床的意思，就自己去了。女儿醒来之后哇哇大哭，还埋怨爸爸不讲信用呢。现在，跑步这个约定已经坚持下来形成习惯了。

Phoebe：

【约定】在我怀孕之前，先生和我都渴望有个女儿，那时女儿在我们的字典里就是温柔、优雅、甜美的集合。当我们如愿得到女儿时，却发现，她离我们的预期越来越远。她调皮、活泼，有主见，运动能力强！可这些特质在我们眼里远远比不过温柔优雅！我们想要一只天鹅，但上帝给了我们一只雏鹰！我费尽心思改造她，她曾为了让我满意试图被我改造，可那违背她的本真与内在的冲动，最终我很绝望，我能看到她小小心灵的焦虑不安。现在，我和我的女儿有个约定，约定我看见她，而不是别人的投影与我目标的投射！有了这个约定，我开始不纠结于如何限制她、矫正她，我自己也开始进入松弛灵动的状态，我发觉现在我们才真正体会到母女之爱汹涌而来的美妙与美好！坚持我们的约定，我看见的不是别人，是你！

Shacky：

【约定】我和我的女儿约定，当我们生气时，我们就念我们的魔法

咒语：小熊，小熊，乖乖！然后给对方一个大大的拥抱！

小卡：

【约定】我的孩子如今刚刚半岁，目前无法跟他商量任何"约定"，但我心里一直有份期望，那就是希望在他慢慢懂事以后，我们一起拼完1000片凡·高的"星夜"拼图。怀孕的时候我已经完成了一小部分……所以，这也算是我和他的约定吧。

舍问：

【约定】我的宝贝女儿6月就要出生了，作为准爸爸我心里有一些小激动，也有一些小忐忑，我希望给她我生命中最美好的东西，那些远比外物更长久的心灵的力量，比如在知足中学着奋斗、在平淡中寻找激情、在误解中仍旧坦然。但我知道，她要得到的这一切是我不能给予的，只能通过她的经历、她的感悟和她的磨难去逐渐获得。所以在这里，我想和我的宝贝女儿做一个约定。这个约定就是：在任何时候我都尊重她的个人意愿，不会禁锢她的自由发展，并且鼓励、陪伴她更多地经历人生的种种悲欢喜乐。

穷开心：

【约定】

上个月的一天，我准备出差，临行前，4岁的女儿媛媛突发奇想，对我说："爸爸，你出差的时候要是想我了，就给我写一封信吧！"我满口答应了，第二天我便来到了千里之外的深圳。出差期间虽然很忙、很累，但我仍然牢记着跟媛媛的约定。在踏上归途的前夜，我拖着疲惫的身躯从外面回来，坐在宾馆的桌前，从抽屉里拿出信封和信纸，开始提笔给女儿写信。我在信里写下了对女儿的思念，共两页纸。刚收到信时，老婆念给女儿听，听了一半，女儿说："别念了，我太感动了，都

要哭了！”老婆以为她只是要找借口快点出去玩，没太在意，继续念着。快读完的时候就看见她在抹眼泪，等信念完了，她跑到客厅扑到我怀里带着哭腔说：“爸爸，我爱你！”把我吓了一大跳，直到看见老婆手里的信才明白，我紧紧地抱着女儿：“乖，不哭了，我也爱你！”其实我的信里没有华丽的辞藻和刻意煽情的话语，只是用平凡的文字吐露着一个普通的父亲对远在千里之外的女儿的思念，同时也是为了兑现与女儿的约定。

蚂蚁撼大树：

【约定】我曾很长一段时间从事中外文化交流工作，这段经历让我亲眼目睹那些早早经过国外独立生活训练的孩子所具备的眼界、见识、能力、心智等特质，这些特质是辗转在各个培训班埋头苦读的孩子所望尘莫及的，尤其是他们身上所表现出来的独立思考和解决问题的能力，足以让他们在世界的任何一个角落都能很好地生存。所以，送儿子去看世界一直就是我的目标。我也和儿子约定，等他中学毕业的时候，让他去国外独立生活一年，通过自己的亲身实践，去了解另一个国家的文化和生活。

网友：小雨滴儿

约定：请允许约定可以延迟！（节选）

约定，即许诺，
源于爱，生长于期盼，收获于快乐！

你，是我和爸爸的约定！
幸福，是我们一家人的约定！
……

一天，
你的一句
“妈妈我想去坐直升飞机”
一句正常却足以让我吃惊的话语。
心中一下子波涛澎湃，
这是一个“宏伟”愿望，
来自一个还不足三岁的孩子！

我是装作没听见还是……
突然我一下子蹲下来，
看着那个小脸蛋，
说：“好的，有机会妈妈带你去坐直升飞机，好吗？”
我是一不小心蹲下来的吗？
内心的坚定告诉我，
那是一股母爱的力量！
那是一个约定的姿势……

转眼，
已是春暖花开，
我们约定的幸福似乎也是这样的颜色；
勾勾手，跟我走吧……

汽车还在高速路上，
我们就依稀看到了一架直升飞机。
车里一下子热闹了起来，
难以按捺的惊喜，
因为梦想即将转化为现实！
靠近了，更近了，
直升飞机从我们的头顶飞过了……
你拉着我的手要和我去追，
急切的脚步稍有趔趄，
末了只能傻傻地看着它飞去。
我以为你会失望地哭，
可你却乖乖地盯着天空，
是在慢慢收获期盼吧，
是不想错过它的每一步吧。

你在看飞机，
我在看着你，
你的成长一下子又让我感到懵懂。
因为小孩儿还不适合乘坐，
所以这次的约定好像又要继续下去……
宝贝，请允许我们的约定可以延迟，好吗？

感谢少年商学院、Everkid儿童户外机构、宝宝地带亲子网、父母必读杂志社、自媒体大小爱玩、自媒体宝宝阅读的大力支持。微信扫描二维码加关注，获取更多育儿内容：

少年商学院　Everkid儿童户外

宝宝地带　父母必读　大小爱玩　宝宝阅读